VERBORGENE
PROVENCE

Jean-Pierre Cassely

JONGLEZ VERLAG
Reiseführer

Jean-Pierre Cassely, der ursprünglich aus Marseille stammt und jetzt in Cassis lebt, arbeitete zehn Jahre lang für den Fernsehsender France 3, bevor er sich (mit seinem langjährigen Kollegen Philippe Carrese) im Bereich Ton, Video und Fernsehen selbstständig machte. Dann, eines Tages in Paris, hatte er ein Aha-Erlebnis. Bei Besuchen an außergewöhnlichen Orten war er den Geheimnissen der Île Saint-Louis, verborgenen Plätzen in Montmartre und der schwarzen Komödie am Friedhof Père-Lachaise auf der Spur. Auf dem Heimweg im TGV brütete Jean-Pierre bereits über all den alten und neuen Geschichten, die er im Laufe seines Lebens zusammengesammelt hatte. Seine erste „außergewöhnliche" Führung fand im Dorf Cassis statt, gefolgt von Marseille, Aix, Sanary und erst kürzlich Toulon. Auf France Bleu-Provence kann man Jean-Pierre während seiner täglichen Sendung „Provence insolite" (Außergewöhnliche Provence) hören. Dort präsentiert er vor allem „Promis aus vergangenen Zeiten" mit humorvollen Anekdoten und dem einen oder anderen Skandal.

Informationen zu seinen ungewöhnlichen Führungen (auf Französisch) finden Sie unter: provence-insolite.org

Dieser Reiseführer ist das logische Ergebnis einer Begegnung zwischen einem Geschichtenerzähler, der interessante Fakten über die Provence sammelt und einem Verleger, der „das Außergewöhnliche" zu seinem Motto erklärt hat. Die beiden hatten sofort einen guten Draht zueinander und hoffen nun, dass sich die einzigartige Atmosphäre dieses Buches auf die Leser überträgt und sie zu neuen Abenteuern animiert.

Der Titel *Verborgene Provence* entstand als Folge einer Beobachtung: die Reiseführer, die den Bewohnern der Provence und regelmäßigen Besuchern der Region zur Verfügung stehen, beschreiben alle dieselben bekannten Orte. Man findet sehr wenig bis gar nichts darin, was jemanden, der die Region bereits gut kennt, überraschen würde.
Geschrieben von einem Kenner der Provence, ist dieser Reiseführer sowohl für Einheimische als auch für neugierige Reisende gedacht. Die darin porträtierten Orte sind außergewöhnlich und recht wenig bekannt und fordern die Leser auf, die ausgetretenen Pfade zu verlassen.

Über Anmerkungen zu diesem Reiseführer und seinem Inhalt sowie Informationen zu den Orten, die darin nicht aufgeführt sind, freuen wir uns sehr und bemühen uns, diese in zukünftige Ausgaben aufzunehmen.

Kontaktieren Sie uns:

- Jonglez Publishing
  Paul-Lincke-Ufer 39
  10999 Berlin
- E-Mail: info@jonglezverlag.com

Aubenas
VALENCE, LYON
Montélimar
ARDÈCHE
DRÔME
Ardèche
Grignan
Valréas
Nyons
S. 248
Rhône
Bollène
Cairanne
Vaison-la-Romaine
Montbrun-les-Bains
Mont Ventoux
Gigondas
Bagnols-sur-Cèze
Orange
Beaumes-de-Venise
Sault
Châteauneuf-du-Pape
Mazan
Carpentras
GARD
Uzès
Pernes-les-Fontaines
VAUCLUSE
Villeneuve-lès-Avignon
Avignon
Gordes
Roussillon
Apt
Châteaurenard
Nîmes
Cavaillon
Bonnieux
Tarascon
Saint-Rémy-de-Provence
Oppède-le-Vieux
Lourmarin
Massif
MONTPELLIER
Mérindol
Les Baux-de-Provence
Cadenet
Chaîne des Alpilles
BOUCHES-DU-RHÔNE
Arles
Saint-Martin-de-Crau
Salon-de-Provence
Aigues-Mortes
Petit Rhône
Grand Rhône
Miramas
Plaine de la Crau
Étang de Vaccarès
Aix-en-Provence
Istres
Camargue
Étang de Berre
Marseille-Provence
Martigues
Saintes-Maries-de-la-Mer
Estaque
MARSEILLE
S. 204
Calanques
S. 156
N
Mer Méditerranée
0
20
40 km

Embrun
BRIANÇON
Gap
N94
D994
Lac de Serre-Ponçon
N85
CUNEO (ITALIE)
D994
Serres
D900
Barcelonnette
D1075
A51
ALPES DE HAUTE-PROVENCE
S. 370
Séderon
Sisteron
Durance
D900
Verdon
Montagne de Lure
Digne-les-Bains
D951
N85
Banon
S. 312
Saint-André-les-Alpes
Forcalquier
Lurs
Barrême
N202
Moustiers-Sainte-Marie
Castellane
Céreste
D4100
D4085
Manosque
D952
Sainte-Croix-du-Verdon
La Palud-sur-Verdon
Luberon
D4096
Gréoux-Les-Bains
Lac de Sainte-Croix
Pertuis
A51
CANNES, NICE
D23
D554
D955
Rians
Draguignan
D3
Barjols
Montagne Sainte-Victoire
Massif de l'Esterel
VAR
D7n
Les Arcs
A8
Saint-Maximin-la-Sainte-Baume
A8
Brignoles
A52
N7
D560
D559
Sainte-Maxime
Chaîne de la Sainte-Baume
Aubagne
Port-Grimaud
Massif des Maures
Saint-Tropez
N8
A57
A50
D98
Cassis
La Londe-les-Maures
Bormes-les-Mimosas
La Ciotat
Bandol
Toulon
A570
Le Lavandou
Hyères
Sanary-sur-Mer
La Seyne-sur-Mer
Île du Levant
S. 98
Île de Porquerolles
Île de Prot-Cros
S. 16
Îles d'Hyères

INHALT

Von Marseille bis Toulon

Provence verte und Zentrales Var

INHALT

Camargue und Alpilles

INHALT

Die Region um Avignon

Der Luberon

INHALT

Die Haute-Provence

Meyrargues
Forêt de Peyrolles
Venelles
Rians
Bois de Mont Major
Varages
Artigues
Esparron
St-Martin
Barjols
Gorges de l'Infernet
Le Puits-de-Rians
Vauvenargues
Saint-Marc-Jaumegarde
Col des Portes
Mgne Ste-Victoire
La Croix de Provence
Bre de Bimont
Puyloubier
Bois de Pourrières
Brue-Auriac
Source d'Argens
Notre-Dame
AIX-EN-PROVENCE
Le Tholonet
St-Antonin-sur-Bayon
Mgne du Cengle
Pourrières
Seillons-Source-d'Argens
Château
Beaurecueil
Châteauneuf-le-Rouge
Les Bannettes
Ollières
Argens
Meyreuil
Rousset
l'Arc
Bras
Luynes
Le Plan
Pourcieux
Arc
Bouc-Bel-Air
Gardanne
Fuveau
Trets
St-Maximin-la-Ste-Baume
Mt Aurélien
La Salle
Peynier
Biver
Gréasque
Belcodène
Oratoire St-Jean-du-Puy
Tourves
Les Ga
Simiane-Collongue
Mimet
La Valentine
Baume de Marron
Mgne de Regagnas
St-Za
Canal de Provence
Pilon du Roi
St-Savournin
La Bouilladisse
Moulin-de-Redon
Rougiers
Cadolive
Chaîne de l'Étoile
Peypin
La Destrousse
Le Pujol
Nans-les-Pins
La Roqu
Chu Gombert
La Bourdonnière
Roquevaire
Lascours
Signal de la Ste-Baume
Mazaugues
Plan-de-Cuques
Allauch
La Coutronne
Plan-d'Aups-Ste-Baume
BAUME
St-Pilon
Les Olives
Napollon
MASSIF DE LA SAINTE
Grotte de l'Espigoulier
Riboux
St-Julien
Camoins-les-Bains
Aubagne
Gémenos
Signes
La Valentine
La Bastidonne
Parc de St-Pons
St-Marcel
La Penne-sur-Huveaune
Cuges-les-Pins
O.K. Corral
Col de l'Ange
Circuit du Castellet Paul Ricard
Ste-Marguerite
Chaîne de St-Cyr
Carnoux-en-Provence
Camp militaire
Forêt de Morières-Montrieux
Belge
Vaufrèges
Roquefort-la-Bédoule
Roquefort
Ste-Anne-du-Castellet
Gd Caunet
Le Brûlat
Grand Cap
Cassis
Forêt de la Gardiole
Ceyreste
La Plaine Barrones
Le Castellet
Le Beausset
Mt Caume
La Cadière-d'Azur
Le Broussan
Baou de Quatre Oures
Le Revest-les-Eaux
Cap Canaille
La Ciotat
Les Lecques
St-Cyr-sur-Mer
Le Plan-du-Castellet
Ste Anne-d'Évenos
Les Moulins
Mt Faron
Sémaphore
La Madrague
Gros Cerveau
Évenos
Gorges
TOULON
Les Calanques
Cal. de Sormiou
Cal. de Sugiton
Cal. de Morgiou
Cal. d'En-Vau
Cal. de Port-Pin
Cal. de Figuerolles
Île Verte
Bandol
Ollioules
Île de Bendor
Sanary-sur-Mer
La Seyne-sur-Mer
Mourillon
Six-Fours-les-Plages
Tamaris
St-Mandrier-sur-Mer
Îles des Embiez
Le Brusc
Les Sablettes
Cap Cépet
Presqu'île du Cap Sicié
N.-D. du Mai
Presqu'île de St-Mandrier
Cap Sicié

Von Marseille bis Toulon

DER PANTOFFEL DER JUNGFRAU MARIA

①

Eine seit dem 13. Jahrhundert verehrte Reliquie

Kirche des Johannes des Täufers
Rue du 14 Juillet, 83640 Saint-Zacharie
Täglich 9–18 Uhr

Foto François-Xavier Emery, mit freundlicher Genehmigung von Éditions Grégoriennes, adverbum.fr

Es ist schriftlich überliefert, dass in Saint-Zacharie seit dem 13. Jh. ein Pantoffel der Jungfrau Maria verehrt wird.

Der „Pantoffel der Jungfrau" bzw. „Babouche" (ein orientalischer Pantoffel) ist bei den Einwohnern besser unter seinem provenzalischen Namen bekannt: *lou san Sabatoun*. 1585 wurde er folgendermaßen beschrieben: „Die Oberseite aus schwarzem Leder, die Sohle aus rotem Leder, vorne etwas zerrissen." Er wird hinter Glas in einem Reliquienschrein aus vergoldetem Holz aufbewahrt, der mit zwei Cheruben mit erhobenen Armen verziert ist.

Es ist nicht belegt, wie genau diese faszinierende Reliquie in das Dorf Saint-Zacharie gelangte. Überlieferungen zufolge landete sie hier im 1. Jh. v. Chr., zur selben Zeit (und im selben kleinen Boot), als die drei Marien und die ersten Apostel in Saintes-Maries-de-la-Mer ankamen (siehe Seite 212). Anderen Quellen zufolge gelangte der heilige Schuh erst später hierher, etwa zur Zeit der letzten Kreuzzüge. So soll er von einem provenzalischen Adeligen im Heiligen Land erworben und hierher gebracht worden sein. Letzteres scheint realistischer, da zur selben Zeit, im 13. Jh., auf die Anwesenheit des Pantoffels Bezug genommen wird.

Heute wird die Reliquie in einem Banktresor sicher verwahrt. Für die Gläubigen ist sie immer am 15. August, an Maria Himmelfahrt, während einer Prozession nach der 9:30-Uhr-Messe zu sehen.

Der Schuh ziert auch das Stadtwappen. Der Umriss der Schuhsohle hebt sich golden von einem azurblauen Hintergrund ab und wird auf beiden Seiten von einem Stern flankiert. Darüber schwebt ein goldenes Kreuz, dessen Enden mit einem dreiblättrigen Kleeblatt verziert sind.

Weitere, mit dem Schuhwerk der Jungfrau assoziierte Reliquien

Die Abtei von Notre-Dame de Soissons besitzt einen Schuh der Jungfrau Maria, der einst von Karl dem Großen gestiftet wurde. Seine Schwester Gisela war Äbtissin des Klosters. Die Kathedrale von Rodez besitzt noch immer einen Schuh der Jungfrau, der ebenfalls im 13. Jh. dorthin gelangte. 1246 bezieht sich ein gewisser Maître Jouy, ein Anwalt, in einem Schreiben auf eine Spende an die Nonnen, mit der Bitte, immer eine Kerze vor dem Altar des heiligen Schuhs brennen zu lassen. Die Kathedrale von Le Puy-en-Velay besitzt ebenfalls einen Schuh der Jungfrau Maria. Er soll ein Geschenk der Stadt Saint Martial im 3. Jh. gewesen sein.

DER CLUB DES 21. SEPTEMBER ②

„Du, der du hier eintrittst – bist du ein fortschrittlicher und toleranter Mann, dann sei uns mehr als willkommen!“

3, cours Louis Blanc, 83640 Saint-Zacharie
04 42 72 99 00 – facebook.com/Cerclesaintzacharie
Winter, täglich 16:30–20 Uhr an Werktagen und 9–20 Uhr an Wochenenden
Sommer, täglich 9–12:30 Uhr und 16–20 Uhr an Werktagen und 9–20 Uhr an Wochenenden

Durch die Revolution entstanden in der Provence Klubs. Sie hießen ursprünglich Cercles Blancs (weiße Klubs) und bestanden aus Angehörigen des Bürgertums, einer sozialen Schicht, die damals das Recht auf freie Meinungsäußerung entdeckte, um sich ab sofort einer sehr französischen Leidenschaft zu widmen: dem Reden über Politik! Danach kamen die Cercles Rouges (roten Klubs), die erwartungsgemäß eher links gerichtet waren.

Der Klub des 21. September von Saint-Zacharie (benannt nach dem Siegesdatum von 1792, das schlussendlich zur Ausrufung der ersten Republik führte) wurde 1882 gegründet. In den Statuten wurden die Mitglieder dazu angehalten, der Republik treu zu bleiben, sich einer Gesellschaft im Sinne der Menschenrechte anzuschließen und Werte wie Fortschritt, Toleranz und Säkularisierung hochzuhalten. Der Klub verfügt noch über schöne Keramikarbeiten aus der Zeit, als das *Syndicat des ouvriers ceramistes* (*Gewerkschaft der Keramiker*) 1911 dort zusammenkam. Früher hatte dieses Handwerk auf der ganzen Welt einen exzellenten Ruf, was bis zum Beginn des 20. Jh. anhielt. Eigentlich ist der Klub seinen 130 Mitgliedern vorbehalten, doch Besuchern serviert man dort sehr gerne ein kaltes Bier oder ein Glas Gambetta-Sirup mit Limonade.

DIE FEEN DER HUVEAUNE

Fünf Feen aus Aluminium am Ufer der Huveaune

Marie, die Fee der Quelle: Les Martelières, 83640 Saint-Zacharie 
Ubelka, die Fee der Brücke: Moulin Saint-Claude, 13390 Auriol 
Manon, die Fee des Flussufers: Parc de l'Ilot des Berge, 13400 Aubagne
Gyptis, die Fee der alten Mühle: Parc du Vieux Moulin, 13010 Marseille (wurde 2014 gestohlen)
Ophélie, die Fee des Sees: Parc Borély, 13008 Marseille 

Seit 2013 sind ein paar bemerkenswerte Frauenskulpturen, oft in merkwürdigen Posen, in vier Städten entlang der Huveaune aufgetaucht: In Saint-Zacharie, Auriol, Aubagne und Marseille. Die von ihren Schöpfern, den Künstlern Lucy und Jorge Orta, „die Feen" genannten Skulpturen, wurden vom für das Flussufer zuständigen Kulturverband in Auftrag gegeben, der sich aus Bewohnern des Huveaune-Tals zusammensetzt. Anlass war die Ernennung Marseilles zur europäischen Kulturhauptstadt 2013.

Die Feen sollten die Aufmerksamkeit auf das Natur- und Kulturerbe der Huveaune lenken und den Zusammenhalt der Menschen in den verschiedenen Gemeinden entlang des 48,4 km langen Flusses stärken. Die Huveaune, die keine Zuflüsse hat, entspringt im Saint-Baume-Massiv und mündet in Marseille, in der Nähe des Prado-Strandes, ins Mittelmeer.

Stromaufwärts beginnend, befindet sich die erste der Feen in Saint-Zacharie in der ZAC (gemeinsamen Entwicklungszone) von Les Martelières. Um sie zu finden, muss man Richtung Nans-les-Pins fahren, den Kreisverkehr bei der Schule überqueren und auf der linken Seite bei der Abzweigung zur Hostellerie de la Foux (zur Zeit geschlossen) parken. Überqueren Sie die Straße und gehen Sie hinunter zum Fluss. Marie, die Fee der Quelle, kniet über dem Wasser und trinkt aus ihrer Hand. Ihr Name spielt auf Maria-Magdalena an, aus deren Tränen dieser Fluss angeblich entstanden sein soll, als sie in der Grotte im Sainte-Baume-Massiv lebte.

Die zweite Statue, die Fee der Brücke, Ubelka (nach dem keltoligurischen Namen des Flusses, der „zerstörerisch" bedeutet), ist in leuchtendes Rot gekleidet und hat ein hexenhaftes Aussehen. Um sie zu finden, muss man die Straße von Auriol Richtung Roquevaire bis zur ehemaligen Saint-Claude-Mühle entlangfahren. Dort befindet sich auf der linken Straßenseite ein Parkplatz. Die Mühle ist jetzt der Sitz von Espace Culture et Loisirs d'Auriol.

Um zur Fee des Flussufers, Manon, zu gelangen (eine Referenz auf den Roman *Manon des Source* von Pagnol, der in dieser Stadt geboren wurde) , braucht man kein Auto. Im Stadtzentrum von Aubagne passiert man den Supermarkt in der Avenue Gabriel Péri. Der kleine Parc de'Ilot des Berges, in dem die Fee sie erwartet, liegt gleich dahinter.

Leider wurde Gyptis, die Fee der alten Mühle, die im Vieux-Moulin-Park im 10. Bezirk von Marseille stand, 2014 gestohlen.

Die fünfte Fee, Ophélie, die Fee des Sees, findet man schließlich in Marseille, im Park Borély.

DAS HAUS DER „MALENDEN FRAU“ ⑦

Naive Kunst mit weiblicher Note

RN 96, 13360 Pont-de-l'Étoile
04 42 04 25 32 – facebook.com/danielle.jacqui.7
Von Aubagne auf der RN96 Richtung Roquevaire fahren. Von Marseille auf der Autobahn Richtung Aubagne/Toulon fahren, die Ausfahrt „Centre Commercial“ nehmen und den Schildern Richtung Centre Commerical, dann Aix und Roquevaire folgen
Eintritt frei – nach Voranmeldung

Pont-de-L'Étoile verdankt seinem Namen der Brücke, auf der Reisende den Fluss Huveaune überqueren und so das L'Etoile-(Stern)-Massiv erreichen können. Doch gleich gegenüber der Brücke erstrahlt die bemerkenswerte Maison de celle qui peint (Haus der Frau, die malt). Wenn Sie mit Kindern unterwegs sind, müssen Sie hier unbedingt halten. Sie werden es lieben. Danielle Jacqui, die „malende Frau", erzählt gerne, wie sie zur Kunst gekommen ist. Auch wenn für sie zu Beginn, wie sie zugibt, nicht im Vordergrund stand, ob das, was sie machte, Kunst war oder nicht. Als kleines Mädchen besuchte sie eine „spezielle Schule", in der vom Krieg traumatisierte Kinder untergebracht wurden: Kinder von Mitgliedern der Résistance (ihre Mutter war eine davon), Kinder von Deportierten, spanischen Republikanern oder Leuten, die während der Besatzung erschossen wurden. Danach besuchte sie eine andere ungewöhnliche Einrichtung, La République des Enfants (die Republik der Kinder), eine Schule, die auf den Prinzipien der „Freinet-Pädagogik" (siehe unten) beruhte. In der Folge wollte sie Goldschmiedin werden, doch Frauen wurden von der Ausübung derartiger Berufe abgehalten. Schließlich eröffnete sie einen Second-Hand-Laden und peppte ihr Geschäft mit Gegenständen auf, die wir heute „Installationen" nennen. Und sie malte. Eines Tages kaufte ihr ein Kunstliebhaber ihr erstes Bild ab. Und sie malte und dekorierte weiter. Sie ließ nicht einen einzigen Zentimeter an freier Fläche übrig. Bis dieses Haus schließlich, in den 1980er-Jahren, fast so berühmt war wie das Palais Idéal von Facteur Cheval (in der Drôme). Der Eintritt in das Haus, dessen Räume so erstaunlich sind, wie seine Fassade, ist frei. Außerdem bietet Danielle Besuchern eine Reihe von Postkarten und Gedichtsammlungen an. Ihr Werk kann man durch den Kauf eines ihrer Gemälde unterstützen (wenn sie es an Sie verkaufen möchte!) oder indem man ihrer Vereinigung beitritt.

Das Freinet-Konzept

Célestin Freinet (1896–1966) experimentierte in den frühen 1920er-Jahren an seiner Schule in Bar-sur-Loup (Alpes-Maritimes) damit, was das Herzstück seines pädagogischen Konzepts werden sollte. Er weigerte sich, Schulbücher oder andere Formen pädagogischer „Hirnwäsche" zu verwenden, machte seine Initiative über die Presse bekannt und baute ein Korrespondentennetzwerk auf. Er organisierte seine Schule im Grunde wie eine Gemeinde, in der die Kinder Freinet und seine Frau Papa und Mama nannten. Handwerkliche Tätigkeiten, Mitbestimmung bei der Tagesgestaltung und die Herausgabe einer Klassenzeitung stellten einige der Innovationen dar, die Teil des Konzepts waren: „Die Demokratie von morgen wird durch die Demokratie in der Schule vorbereitet."

DIE ABTEI VON SAINT-JEAN-DE-GARGUIER

⑧

Eine herausragende Votivbildersammlung

2237, Route de Saint-Jean-de-Garguier, 13420 Gémenos
Zimmer- und Restaurantreservierungen unter: 04 42 32 21 26
Religiöse Aktivitäten und Kapellenbesuche (nach Vereinbarung) unter: 06 59 47 22 33
prieuresaintjeandegarguier.fr

Saint-Jean-de-Garguier ist keineswegs bloß eine kleine Landkapelle, sondern die älteste bekannte Pfarrei in der Diözese von Marseille. Die Abtei befindet sich in der Gemeinde Gémenos, an der Grenze zu Aubagne und Roquevaire. Ihre einzigartige Votivbildersammlung wird an den Wänden der Kapelle eindrucksvoll präsentiert. Einige davon stammen aus dem 17. Jh.

In der Antike war Gargarius, ein Name griechischen Ursprungs (Gargar bedeutet Saat), das einzige Dorf in der Aubagne-Ebene. Es dürfte zu Zeiten der Gründung Marseilles entstanden sein. Um die Bevölkerung der neuen phokäischen Stadt ernähren zu können, machten sich ein paar der Bewohner auf die Suche nach fruchtbarem Land und ließen sich in der Ebene nieder, wo sie Weizen und Wein anbauten. Der kleine Weiler wurde schnell zu einem bedeutenden Knotenpunkt mit einem großen Markt und bis zum 2. Jh. v. Chr. war

er bereits wohlbekannt. Die Menschen kamen von weit her, um hier Rohstoffe zu kaufen.

Dank der zahlreichen Inschriften und Münzen, die bei archäologischen Ausgrabungen im Tal gefunden wurden, wissen wir, dass Gargarius im 1. Jh. v. Chr., nach der Eroberung der Provence durch Julius Caesar, das größte galloromanische Zentrum im Tal der Huveaune war. In der galloromanischen Zeit gab es hier neben verschiedenen Thermen einen griechischen Tempel, der Bacchus und Diana geweiht war. Die heidnische Kultstätte wurde kurz nach dem Edikt von Mailand, im Jahr 313, in eine Kirche umgewandelt. Das Edikt erlaubte im römischen Reich die Ausübung der christlichen Religion, bevor diese später verpflichtend wurde.

Als kultureller und wirtschaftlicher Knotenpunkt erlebte Gargarius, das später zu Gargarie werden sollte, einen großen Zustrom an Pilgern. Man weiß nicht, wann die Verehrung von Johannes dem Täufer ihren Anfang nahm, doch sie hält bis zum heutigen Tag an. Es scheint, dass die Leute nach der Umwandlung des heidnischen Tempels in eine Kirche das Symbol der Reinigung durch Wasser beibehalten wollten.

Während sie früher die Thermen besuchten, um sich zu waschen und heidnische Götter oder den Kaiser anzubeten, wurden sie in der christlichen Tradition durch die Taufe gereinigt und ihnen wurde ein neues Leben im Einklang mit Gott ermöglicht. Und wer verkörpert diese Symbolik besser als Johannes, der Täufer? Die Bezeichnung Saint-Jean-de-Garguier bezieht sich auf Johannes den Täufer, dem man den Namen Gargarie verlieh (was später zu Garguier wurde).

EIN RÖMISCHES GRAB

⑨

Ein Zeuge der Belagerung Marseilles?

Montée Charles-Paya, 13821 La Penne-sur-Huveaune
Auf der Autobahn A50 zwischen Marseille und Aubagne die Ausfahrt 5 La Penne-sur-Huveaune nehmen. Folgen Sie den Schildern zum Dorf und parken Sie so nah wie möglich an der Kirche. Der Fußweg, der zu Le Pennelus hinaufführt, beginnt gleich hinter dieser Kirche

Vom Zug aus sieht man in Penne-sur-Huveaune, einem kleinen Dorf im Tal der Huveaune, eine seltsame Pyramide über dem Dach der Kirche emporragen. Die Entwicklung des Tals wirkte sich auch auf das Dorf aus, eine von 111 Gemeinden, die den Ballungsraum Marseille bildeten und mittlerweile von der Metropole Marseille-Aubagne verschluckt wurden.

Der Fluß Huveaune, der gerne einmal über die Ufer tritt, entspringt im Sainte-Baume-Massiv. Le Pennelus, seine offizielle Bezeichnung, oder La Pennelle, wie die Einheimischen sagen, ist ein römisches Grabmal, das Ende des 1. Jh. v. Chr. entstand. Diese Pyramide aus hohlen Steinen, die seit 1886 unter Denkmalschutz steht, hat eine beachtliche Größe: Sie ist 6,1 x 5,35 Meter breit und 8 Meter hoch. Ihre Anwesenheit hier wirkt etwas surreal, wie ein misslungener Gussversuch inmitten dieses industriellen Umfelds.

Man sollte besser nicht hineinklettern, doch früher dürfte sie sehr wohl als Unterschlupf gedient haben. Die ovale Kammer im Inneren hat einen Durchmesser von 3 Metern und ist 5,4 Meter hoch.

Es gibt verschiedene Theorien, was den Zweck dieses ungewöhnlichen Monuments betrifft. Einige besagen, es könnte ein Wachturm oder ein Monument zum Gedenken an eine Schlacht (nur welche?) sein. Heute geht man aber davon aus, dass es sich dabei um das Grab eines von Julius Caesars Generälen handelt, der während der Belagerung von Marseille verstarb. Das ist durchaus plausibel, obwohl man keine Inschrift gefunden hat, die diese Annahme stützt. Es sei darauf hingewiesen, dass La Penne-sur-Huveaune auf dem Weg nach La Sainte-Baume liegt und dass Caesar von dort die Bäume holte, die zum Bau seiner Festungsanlagen dienten. Er selbst fällte im Wald, der damals als heilig galt, den ersten Baum, da die lokalen Holzfäller aus Angst vor einem Fluch nicht selbst Hand anlegen wollten. Die Ermordung Caesars kurz darauf wurde von den Bewohnern der Provence übrigens auf dieses Sakrileg zurückgeführt.

Was den Namen des Dorfes angeht, der auch dem Namen des Denkmals zugrunde liegt, so stammt dieser nicht aus dem Lateinischen und hat auch keine phallische Bedeutung.

Das Wort existierte bereits, bevor die Ligurer und später die Römer dieses Gebiet besetzten.

DIE GROTTE DES BRIEFTRÄGERS ⑩

„Gott hat mir nun einmal diese Kraft und diese Gnade verliehen!"

Massif de l'Étoile, 13105 Mimet
Das Auto nach dem Ortseingang von Mimet auf dem Parkplatz am Ende des Chemin de la Pignatelle, 600 Meter östlich des Col Saint-Anne, an der Straße nach Notre-Dame des Anges abstellen. Von dort aus geht es zu Fuß auf den Col und anschließend weiter auf der Straße zum Logis Neuf in Allauch. Rund 50 Meter hinter einer Kurve, die das Ende eines Tals markiert, biegt rechts ein Weg ab, der für den Bau und die Instandhaltung zweier Hochspannungsmasten angelegt wurde. Festes Schuhwerk ist hier aufgrund einiger sehr steiler und rutschiger Passagen ein Muss. Das Höhlensymbol auf der Karte IGN 1/25.000 zeigt den Standort der Grotte, der Weg ist mit einer gestrichelten Linie gekennzeichnet

Die Grotte des Briefträgers liegt im Herzen des Massif de l'Étoile. Der Ort ist schlicht und ergreifend und lohnt definitiv die Mühe des

Aufstiegs über einen anstrengenden, kaum markierten Weg.

Woher die Grotte ihren Namen hat, ist nicht bekannt. Was man jedoch weiß ist, dass sie von einem gewissen Antoine Suppa angelegt wurde, der nie als Briefträger gearbeitet hat. Dieser betonte, dass er diese Aufgabe nur „mit Gottes Hilfe" bewältigen konnte.

Den Eingang bildet ein rund zehn Meter langer Felsbogen. Die Kapelle im Inneren erstreckt sich über eine Fläche von fünf auf drei Metern unter einer drei Meter hohen Decke. Die Wände sind sauber und glatt verputzt, ein Zeichen dafür, dass es sich um die Arbeit eines erfahrenen Maurers handelt. In einer Gewölbenische stehen eine Marienstatue und ein Kreuz. Zwei Kreuze wurden in den Fels geschlagen, Inschriften aus blauer Tinte verkünden: „Jesus, oh mein Gott". In einer Metallbox befinden sich Hefte, in die Besucher eine Nachricht oder ihren Dank eintragen können. Antoine Suppa schaffte alle Materialien auf dem Rücken hinauf an diesen Ort, teilweise barfuß oder mit einem Mofa, um die 50 kg schweren Zement- oder Sandsäcke zu transportieren. Seinen eigenen Worten nach musste er seine Kräfte jedoch nicht schonen, da er „die Hilfe Gottes" hatte.

DAS GRAB VON PIERRE BLANCARD ⑪

„Wegen einer Blume werden wir immer an ihn denken“

Cimetière des Passons
Ouartier des Passons (östlich von Aubagne), 13400 Aubagne

Am Friedhof Passons in Aubagne zieht ein einzigartiges Grab die Blicke auf sich. Zu Ehren von Pierre Blancard, der im 19. Jh. die ersten Chrysanthemen von einer Reise nach China mitbrachte, ist es immer mit Chrysanthemen geschmückt.

1741 in Marseille geboren, aber in Aubagne 1826 begraben, wurde Blancard Seefahrer und erkundete die Welt. Eines Tages entdeckte er in einer Pagode in Kanton eine Pflanze, die es in Frankreich nicht gab. Wie soll man das, was er nun tat, umschreiben? Als Borgen? Als Stehlen? Oder als uneigennützigen Beitrag für die europäische Botanik? Wie auch immer, die Pflanze, die er nach Frankreich brachte, vermehrte sich bald. Schließlich sind Chrysanthemen heute die Blumen, die Franzosen am häufigsten auf die Gräber ihrer Verstorbenen legen: Jährlich werden 25 Millionen Töpfe verkauft ...

Durch ihre Frostfestigkeit blüht die Chrysantheme zu einer Jahreszeit, in der sie nur wenig Konkurrenz hat. Deshalb ist sie auch Anfang November zu Toussaint (Allerheiligen), wenn die Menschen auf den Friedhöfen ihrer Toten gedenken, so beliebt. 1980 züchtete ein französischer Gärtner eine Chrysantheme, die 1028 Blüten hervorbrachte, was allerdings nicht mit dem chinesischen Rekord von 3200 mithalten kann. Übrigens wurde Pierre Blancards Notizbuch, in dem er seine Reisen dokumentierte, 2003 zufällig in einem Schrank in der Académie de Marseille gefunden. Seine Grabinschrift ist bewegend: *A cause d'une fleur, on se souvient de lui* (Wegen einer Blume werden wir immer an ihn denken).

IN DER UMGEBUNG

Die Statue von Jean-Baptiste Chaulan, der meinte, die Tugend sei ihr eigener Lohn ⑫

Ein paar Schritte von der Rue de la République, der Hauptstraße von Aubagne, entfernt, kann man im Labyrinth der engen Straßen verschiedene Kuriositäten entdecken, wie die Statue von Jean-Baptiste Chaulan am Ende der Rue Frédéric Mistral. In Marseille geboren und bald darauf ein Waisenkind, wurde Chaulan von seiner Tante und seinem Onkel in Aubagne aufgezogen und suchte sein Glück später als Tischler auf den Kanarischen Inseln. In seinem Testament vom 25. April 1864 vermachte er der Stadt 40 000 Francs, mit der Auflage, dass die sich daraus ergebenden jährlichen Kapitalerträge einem tugendhaften Mädchen aus Aubagne, das selbst keine Mittel besaß, als Mitgift übergeben werden sollten. Die Hochzeit sollte am Feiertag Johannes des Täufers stattfinden. Die erste junge Frau, die diesen Preis 1875 gewann, war Baptistine Magdeleine Dupont. Die Tradition wurde bis 1948 fortgeführt. Vielleicht, weil die nahegelegene Straße Vive la Joie (Ein Hoch auf die Freude) den jungen Frauen danach mehr Inspiration lieferte als die Tugend?

RELIKTE VIER BERÜHMTER LEGIONÄRE

(13)

Legionäre aus Königs- und Fürstenfamilien

Museum der französischen Fremdenlegion, Route de la Thuillière, 13400 Aubagne
04 42 18 12 41
Täglich außer Montag 10–12 Uhr und 14–18 Uhr

Foto: Légion étrangère

Wenn Sie das faszinierende Museum der Fremdenlegion in Aubagne besuchen, wird es Sie vielleicht überraschen, dass diese Elitetruppe der französischen Armee einige Mitglieder aus Königs- und Fürstenfamilien in ihren Reihen zählte.

Nachdem Peter I. von Serbien (1844–1921) die Militärakademie von Saint-Cyr abgeschlossen hatte, schloss er sich der Legion an, um Frankreich im Krieg von 1870 zu dienen. Er erlangte aufgrund seiner Tapferkeit große Anerkennung, wie seine im Museum ausgestellte Bronzebüste verdeutlicht.

Louis II. von Monaco (1870–1949) schlug einen ähnlichen Weg ein. Nach seinem Abschluss in Saint-Cyr, trat er in die Legion ein und nahm aktiv am Ersten Weltkrieg teil. Als er die Armee 1922 verließ, hatte er es bis zum Rang eines Generals gebracht. Als er starb, marschierte die Legion vor seinem Sarg und ihm wurde vom Fürstentum von Monaco der Ehrengrad eines *Légionnaire de 1re classe* verliehen. Viele Erinnerungsstücke, darunter ein Wimpel, verschiedene Orden und Fotos, zeugen von der Militärkarriere dieses Mannes mit dem Spitznamen „Soldatenfürst“.

Prinz Aage von Dänemark (1877–1940) erhielt von seinem König die Erlaubnis, der Fremdenlegion beizutreten. Er kämpfte ab 1922 in Marokko und wurde dort verwundet. Ausgezeichnet mit dem *Croix de Guerre* wurde er in Sidi Bel Abbès in Algerien begraben (wo sich seit 1842 eine der Kommandozentralen der Legion befand) und war einer von drei Leichnamen, die 1962 auf den Friedhof von Puyloubier rücküberführt wurden (siehe Seite 37).

Und schließlich Prinz Louis Napoleon Bonaparte (1914–1997): Als Erbe einer ehemaligen Regentenfamilie, die mit dem Exilgesetz von 1886 in Konflikt geraten war, durfte er nicht in der französischen Armee dienen. Als also der Zweite Weltkrieg ausbrach, beschloss er, unter dem Pseudonym Louis Blanchard, der Legion beizutreten. Er wurde mit Inkrafttreten des Waffenstillstands aus dem Kriegsdienst entlassen, ohne an Kampfhandlungen teilgenommen zu haben (dazu bekam er später in der Résistance Gelegenheit). Seine Legionärsweste von 1920 wird im Museum ausgestellt.

Die Rekrutierungskriterien für die Fremdenlegion sind heute sehr streng, und die Vergangenheit der Kandidaten wird systematisch durchleuchtet. Vor allem Personen, die sich krimineller Handlungen schuldig gemacht haben, werden nicht akzeptiert. Die Praxis, auf ein Pseudonym zurückzugreifen, erfolgt mittlerweile freiwillig, der Großteil der Rekruten dient heute unter ihrem tatsächlichen Namen.

DIE HANDPROTHESE DES HAUPTMANN DANJOU

(14)

Ein Relikt aus dem Gefecht von Camarón

Musée de la Légion étrangère, Route de la Thuillière, 13400 Aubagne
04 42 18 10 96
Täglich außer Montag 10–12 Uhr und 14–18 Uhr

Das Gefecht von Camarón ist die prestigeträchtigste Heldentat der französischen Fremdenlegion. Am 30. April 1863 verschanzten sich 63 Legionäre, die im französisch-mexikanischen Krieg kämpften, in einer zerstörten Hazienda des Dorfes Camarón de Tejeda in Mexiko, umzingelt von 2000 Soldaten der mexikanischen Armee. Trotz der verzweifelten Lage, in der sie sich befanden, hielt Hauptmann Jean Danjou seine Männer dazu an, einen Schwur zu leisten, dass sie nie und nimmer aufgeben würden. Heldenhaft kämpften die Legionäre in einem Gefecht, das elf Stunden dauerte und töteten bzw. verwundeten über 500 Gegner. Als nur noch sechs der Legionäre übrig waren und die Munition ausgegangen war, fanden sie trotzdem den Mut, einen Bajonettangriff zu starten. Als ein mexikanischer Offizier sie aufforderte, sich zu ergeben, stellten die Legionäre Bedingungen. Sie bestanden darauf, dass ihre Verwundeten versorgt würden und dass ihnen das Privileg zuteil würde, ihre Waffen zu behalten.

„Männern wie euch werden wir nichts abschlagen!“, sagte der zutiefst beeindruckte Offizier. Jean Danjou selbst wurde verwundet, als er seine Truppen während des Gefechts inspizierte. Französische Soldaten suchten am Schauplatz der Kämpfe vergeblich nach der Handprothese des Hauptmanns. 1853 war ihm eine Holzprothese angepasst worden, nachdem er bei der Explosion seiner Waffe seine linke Hand verloren hatte.

Erst 1865 wurde die Hand im Besitz eines Legionärs wiedergefunden, der sie von einem mexikanischen Soldaten hatte, der die Hand vom Schlachtfeld geraubt hatte. Das Relikt wurde von Oberst Guilhem nach Sidi Bel Abbès gebracht und landete später im Museum von Aubagne. Jedes Jahr am 30. April wird es, in Gedenken an das Gefecht, während einer feierlichen Zeremonie präsentiert.

IN DER UMGEBUNG

Musée de l'Uniforme légionnaire 

Domaine Capitaine Danjou - Chemin Pallière, 13114 Puyloubier
04 42 91 45 01 - Täglich 10–12 Uhr und 14–17 Uhr

Der Anbau des Aubagne-Museums in Puyloubier beherbergt eine Ausstellung mit Uniformen und Ausrüstung, die von der Legion zwischen 1831 und 1962 benutzt wurden. Sie umfasst 100 Schaufensterpuppen und mehr als 150 Uniformen sowie eine einzigartige Sammlung von 250 Waffen.

Das Invalidenheim der Fremdenlegion

Domaine Capitaine Danjou - Chemin Pallière, 13114 Puyloubier
04 42 91 45 49; Täglich 10–12 Uhr und 14–17 Uhr 

Das Invalidenheim der Fremdenlegion befindet sich in der *Domaine Capitaine Danjou*, benannt nach dem Helden von Camarón. Dieses 220 Hektar große Gelände nimmt immer noch etwa 90 ehemalige Legionäre auf, die hier handwerklichen Tätigkeiten nachgehen. Sogar Gäste heißen sie in ihren Werkstätten willkommen. Es gibt auch einen kleinen Shop, in dem man den Wein, der auf dem 39 Hektar großen Weinberg des Anwesens produziert wird, verkosten und kaufen kann.

Man kann also mit den ehemaligen Legionären Mittag essen. Telefonische Reservierung (04 42 91 45 22) 48 Stunden im Voraus erforderlich.

Das Domaine Capitaine Danjou

Zwischen 1946 und 1954 wurden 10283 der 72833 Männer, die im ersten Indochinakrieg dienten, im Kampf getötet. Dazu kam noch eine dramatisch hohe Anzahl an schwer verwundeten Soldaten, die der Pflege und Rehabilitation bedurften. Auf Initiative von General Koenig beschloss man, eine Einrichtung zu gründen, die für ihre Versorgung aufkommen sollte. Zu diesem Zweck erwarb das Kriegsministerium 1953 ein 215 Hektar großes Grundstück. Am 30. April 1954 (dem Jahrestag des Gefechts von Camerón) wurde das Invalidenheim der Fremdenlegion auf diesem Gelände, das als Domaine Capitaine Danjou bekannt wurde, eröffnet. Um den Bau voranzutreiben, opferten Legionäre, Unteroffiziere und Offiziere jeweils ein Tagesgehalt. Das primäre Ziel der Einrichtung war es, verwundeten Legionären handwerkliche Tätigkeiten zu ermöglichen, die ihnen bei Ihrer Genesung helfen sollten. 1962 wurde das Gelände erweitert, um dort das Carré Legion unterzubringen. Letzteres war durch die Unabhängigkeit Algeriens 1962 notwendig geworden, um die Helden der Legion im französischen Mutterland zu bestatten.

DAS FRESKO IN DER KIRCHE VON CASSIS

17

Zwei unerwartete Soldaten zeugen vom Debakel von 1940

Auf der Avenue Victor Hugo (der Hauptstraße) Richtung Hafen eine der beiden Straßen nehmen, die auf der rechten Seite nach oben führen, die Rue du Docteur Séverin Icard oder die Rue Adolphe Thiers. Über beide Straßen gelangt man zur Kirche

Für Besucher, die sich Zeit für eine nähere Betrachtung nehmen, hält das Fresko in dieser Gemeindekirche eine Überraschung bereit.

1940, nach dem Zusammenbruch Frankreichs vor dem Angriff der Deutschen, war das Land zweigeteilt. Es gab die besetzte Zone im Norden und die „freie" Zone im Süden, wohin all diejenigen flohen, die gute Gründe hatten, die Nazis zu fürchten.

Eine Zeitlang waren Marseille und Cassis deshalb Anziehungspunkt für Denker, Künstler und Musiker. In dieser eigenartigen Atmosphäre schlug der Maler Jean Lair vor, das Fresko in der Kirche zu erneuern, das in sehr schlechtem Zustand war. Vom Zeitgeist inspiriert, verlieh er Jeanne d'Arc eine zentrale Rolle, die ihr Land in längst vergangenen Zeiten von fremden Besatzern befreien wollte. Dorfbewohner dienten ihm als Modell, und er platzierte zwei französische Zivilschutzsoldaten in Uniform (darunter einer mit Helm) rechts von der Jungfrau Maria. Das kuriose Gemälde ist einen Ausflug zur Kirche von Cassis wert, die auf einem schattigen Platz steht und in der Nacht hübsch beleuchtet ist. Jean Lair hatte bereits 1933 einige Fresken für den Justizpalast in Marseille in der Rue Émile Pollak angefertigt, die die Gerechtigkeit mit all ihren Sanktionen darstellten. Darunter die Folter auf dem Roue (Richtrad), das den Treppenaufgang zum Gerichtssaal ziert und die Dinge sofort in die richtige Perspektive rückte ...

Cassis-Stein

Die Kirche von Cassis wurde, wie die meisten Baudenkmäler in der Gegend, aus lokalem Stein erbaut.

Dabei handelt es sich um Kalkstein aus den *Calanques* (Felsbuchten), der *Rudistes*-Fossilien (einfache Muscheln) enthält und hellbeige ist.

Der an den Ufern geschlagene Cassis-Stein wurde mit dem Schiff in den gesamten Mittelmeerraum exportiert.

Aus den Steinbrüchen von Cassis stammen die Steine für die Kaianlagen Alexandrias, Port Saids, die Ufer des Suezkanals, die Tore des berühmten Friedhofs Campo Santo in Genua und das Podest der Freiheitsstatue in New York.

DIE CAMARGO-FOUNDATION

⑱

Eine provenzalische Villa Medici

Avenue de l'Amiral Ganteaume, 13260 Cassis
04 42 01 11 57
camargofoundation.org
Geöffnet freitags im Rahmen einer einstündigen Führung
Anmeldung über die Website erforderlich

Die Camargo Foundation liegt auf dem Weg zu den Calanques und zum Plage du Bestouan und ist eine private US-amerikanische Stiftung, die von Jerome Hill gegründet wurde.

1905 geboren und aus einer extrem reichen Familie stammend, die ihr Vermögen dem Eisenbahnbau verdankte, entwickelte Hill eine Leidenschaft für die Kunst und wurde ein relativ bekannter Maler. Er versuchte sich auch am Kino, an Musikkomposition, dem Schwimmsport, Kunsttauchen, an klassischem Tanz und dem Fliegen von Kampfflugzeugen. Er sprach fünf Sprachen, lernte Chinesisch, war ein Gourmet und schlief nie – wie ein gewisser Bonaparte. Als er sich in den 1930er-Jahren in Cassis verliebte, kaufte er tatsächlich dieselbe Hütte, in der Bonaparte angeblich die Verteidigungsanlage des Fischereihafens neu konzipiert hatte und machte sie zu seinem Wohnhaus. Er gab ihm den Namen „La Batterie“ zu Ehren des Kaisers, der genau an dieser Stelle Kanonen platziert hatte.

1967 gründete er die Camargo-Stiftung, die wie eine private Villa Medici fungiert: sie fördert Geisteswissenschaftler und Künstler, deren Projekte mit der französischen Kultur verknüpft sind. Die Stiftung stellt kostenlos 13 möblierte Wohnungen sowie eine Bibliothek, ein Fotolabor, ein Künstleratelier und ein Musikstudio zur Verfügung. Neben der Wohnung erhalten die Bewohner automatisch ein Stipendium von 3500 Dollar.

Jedes Jahr im April, während des *Printemps du Livre* (dem Bücherfrühling), öffnet die Stiftung ihre Tore für die Öffentlichkeit. Veranstaltungen mit Autoren finden im herrlichen Amphitheater statt, das eine wunderbare Aussicht auf die Mole, den Leuchtturm, das Meer und Cap Canaille bietet.

Virginia Woolf in Cassis

Die englische Autorin Virginia Woolf war in den 1930ern ebenfalls gerne zu Besuch in Cassis. Gemeinsam mit ihrer Schwester, ihren Malerfreunden und ihrem Mann genoss sie das Licht, das Klima, den Weißwein und die Freiheit zu tun, was ihr Spaß machte, fernab von den verstaubten Zwängen Englands im frühen 20. Jh. Während ihrer vier Aufenthalte wohnte sie im Hotel Cendrillon (das jetzt Cassitel heißt), sofern sie nicht Gast auf Château de Fontcreuse war, das damals Colonel Teed, einem Mitglied der bengalischen Lanzenreiter in der britischen-indischen Armee (der vergessen hatte, seine Frau aus Indien mitzubringen ...) gehörte. Virginia Woolf schrieb, dass Cassis der einzige Ort auf der Welt sei, wo sie wahre Glücksmomente erlebt habe. Es sei, meinte sie: „Eine Fahrt hinaus“. Mehr darüber können Sie in *Virginia Woolf à Cassis* (Éditions Images en Manoeuvres) nachlesen.

DAS VERBORGENE BILD DES PRUD'HOMIE

(19)

Despotisch, tyrannisch, teuer, zweifelhaft ...

Fischereigericht – 1, Quai Jean-Jacques Barthélémy, 13260 Cassis

Am Eingang des *prud'homie* in Cassis braucht man viel Geduld, wenn man das Gemälde von 1790, das anlässlich seiner Eröffnung gemalt wurde, sehen möchte. Das Gebäude ist nämlich für gewöhnlich geschlossen. Das *prud'homie* ist das Gericht, das Fischerei- und Hafenangelegenheiten behandelt. Sie können aber auch tief in die Taschen greifen und sich ein schönes Mittagessen in Ninos Restaurant gönnen, das dieselbe Adresse wie das *prud'homie* hat. Übrigens können die Lokalbesitzerin Claudie und ihr Sohn in ihrem Namen um Einlass in das Gebäude bitten. Bevor man nach oben geht, sollte man links neben

der Tür auf eine Marmortafel achten, in die (auf Provenzalisch) die ersten Zeilen des Gedichts „Calendal“ von Frédéric Mistral eingraviert sind. Die Geschichte eines Initiationsritus, die sich zum Großteil in Cassis abspielt. Calendal, ein einfacher Sardellenfischer, überwindet alle möglichen Hindernisse, um das Herz von Esterelle zu erobern, der letzten Nachfahrin der Fürsten Les Baux.

Ist man einmal in dem Raum, in dem das Gericht die Fälle anhört und entscheidet, muss man einen der *prud'hommes* bitten, den roten Vorhang zu lüften, hinter dem sich das wertvolle Gemälde verbirgt. Das unsignierte Bild zeigt den Bürgermeister von damals, Joseph-Victor Roux, mit zwei *prud'hommes*, die einen Zweispitz tragen und ein wichtiges Dokument in Händen halten, auf dem steht: „Erlass der Nationalversammlung vom 8. Dezember 1790, das den Fischern von Cassis das Recht verleiht, ein *prud'homie* einzurichten. Beantragt von Bürger Joseph-Victor Roux, Bürgermeister, der von besagten Fischern als ihr Vertreter nach Paris gesandt wurde.“

Nach der Revolution kamen die prud'homies der Fischer kleinen Gemeinden wie Cassis zugute, die davor auf das *prud'homie* in Marseille angewiesen waren, das sie als „despotisch, tyrannisch, teuer, zweifelhaft und unverhältnismäßig“ empfanden.

IN DER UMGEBUNG

Das Pfeifloch (20)

Pointe Cacau, Calanque de Port-Pin, 13009 Marseille

Das Pfeifloch – auch Neptuns Nasenloch genannt – ist bei ruhigem Wetter schwer zu finden. Man kann das Geräusch nur bei starkem Wind und höherem Wellengang orten. Folgen Sie den Schildern (nur zu Fuß möglich) nach Calanque de Port-Pin entlang des GR (Weitwanderweg) 98-51. Dort wo der GR rechts hinunter nach Calanque de Port-Pin führt, gehen Sie geradeaus weiter. Lassen Sie sich von den bizarren Pfeiftönen den Weg weisen. Das Phänomen ist darauf zurückzuführen, dass sich das Loch oberhalb einer Höhle befindet, die sich mit Meerwasser füllt, wobei die Luft unter großem Druck durch das Loch gepresst wird.

HOCHRELIEF MIT PELIKAN

Relikte des alten Hospizes von Cassis

12, rue Pierre Eydin, 13260 Cassis

Über der Eingangstür der Rue Pierre-Eydin Nummer 12, zeigt ein Hochrelief, das diskret mit der Farbe der Mauer verschmilzt, und deshalb schwer zu erkennen ist, einen Pelikan, der auf einem Nest steht und dessen Junge offensichtlich seine Eingeweide fressen. Es soll daran erinnern, dass dieses Gebäude einst das Hospiz von Cassis beherbergt hatte, bevor es Ende des 19. Jh. seine Pforten schloss.

Im katholischen Glauben ist der Pelikan, der seine Jungen mit seinen eigenen Innereien zu füttern scheint, ein Symbol dafür, dass Christus sein eigenes Blut vergoss, um die Menschheit zu retten. Tatsächlich füttern die Vögel ihre Jungen aus ihrem Kehlsack.

DER GRENZSTEIN, DER DIE TRENNUNG VON CEYRESTE UND LA CIOTAT MARKIERT

㉒

„Ich glaube, er ist aus La Ciotat. Er nimmt lieber alles, als nur die Hälfte"

Chemin Sainte-Brigitte, 13600 La Ciotat
Gleich nach der Brücke unter der Autobahn A50, am Anfang des Weges in Richtung Friedhof

Im 6. Jahrhundert verließen die Bewohner das heutige Gebiet von La Ciotat aufgrund zunehmender Streifzüge von Berberpiraten, die die Stadt dem Erdboden gleichgemacht hatten. Die nach Ceyreste geflohenen Menschen vergaßen darüber mit der Zeit sogar den Namen ihrer Stadt und sagten: „Ich gehe dorthin, wo die Stadt war", auf Provenzalisch: „Anén a la cieuta" ein Ausdruck, aus dem der Name von La Ciotat entstand.

Im 12. und 13. Jahrhundert kehrte die Bevölkerung an die Küste zurück. 1365 verkauft Raymond II des Baux Ceyreste für 6000 Goldgulden an die Mönche von Saint-Victor de Marseille. Der Abt von Saint-Victor steht dem Wunsch der Ciotadens, sich von Ceyreste abzulösen, wohlwollend gegenüber. 1429 wird die Ablösung vollzogen. Die entsprechende Urkunde befindet sich heute im Museum der Stadt. Doch regelt dies die Spannungen zwischen den beiden Gemeinschaften nur vorläufig, denn die „forains", die zwar in La Ciotat leben, jedoch auch Land auf dem Gebiet von Ceyreste besitzen, verlangen, dass auch ihre Ländereien von Ceyreste abgelöst werden, denn aufgrund ihrer zwei Standorte unterliegen sie den Steuern beider Kommunen. 1669 findet ihr Wunsch in dem Beschluss Gehör, die Gebiete der beiden Orte voneinander zu trennen. Aus jener Zeit stammt der Grenzstein.

Ceyreste hat diese zweite Trennung zu seinem Nachteil nie verwunden, daher der abfällige Spruch:

„Cresi qu'es de la Cioutat / Eimo mies tout que la mitat"

(„Ich glaube, er ist aus La Ciotat / Er nimmt lieber alles, als nur die Hälfte")

DER CADE-OFEN VON CUGES-LES-PINS

㉓

Eine Bruchsteinhütte zum „Schwitzen" der Wacholderzweige

Nehmen Sie beim Vergnügungspark OK Corral die RD1, die in das kleine Dorf Riboux führt. Kurz vor dem Wegweiser 0,7 km bis Riboux gibt es links eine für Fahrzeuge befahrbare Piste, die als „SB 110" gekennzeichnet ist. Parken Sie am Pistenrand und nach einem 35- bis 45-minütigen Spaziergang erreichen Sie den Cade-Ofen. Bei der ersten Gabelung auf dem breiten Weg nehmen Sie besser den rechten Pfad und nicht den linken, der als „SB 209" markiert ist. Bei der zweiten Gabelung, den linken Weg mit der Kennzeichnung „SB 110" und „Le Poulet" nehmen. Nach einem langen, geraden Stück und einer Zisterne auf der linken Seite rechts abbiegen, um auf dem Weg „SB 110" zu bleiben. Nach einiger Zeit passieren Sie eine Schranke und ein Schild auf dem „Forêt Domaniale de Cuges-les-Pins" steht. Halten Sie auf der linken Seite Ausschau nach einer roten Markierung auf weißem Hintergrund, manchmal auch auf Steinhaufen. Sobald Sie auf die erste Markierung stoßen, nehmen Sie die rechte Abzweigung und folgen diesen Markierungen. Am Ende des Weges wartet ihr wohlverdienter Cade-Ofen

Im provenzalischen Hinterland hat die Fülle an Wacholdersträuchern die Bevölkerung zum Bau von Bruchsteinöfen angeregt, um aus ihrem Holz das wertvolle Kadeöl (Wacholderteer) zu gewinnen.

Ein Cade-Ofen sieht aus wie eine kleine Bruchsteinhütte. Doch eigentlich ist dieser rustikale Bau ein Kamin, der mit gebrannten Tonziegeln ausgekleidet ist und die Wacholderzweige (in der Provence *cade* genannt) bei einer immensen Hitze von 250° C zum „Schwitzen" bringt, um das Öl (und nicht den Saft) zu extrahieren.

Das Öl ist eine schwärzliche Flüssigkeit, dick und teerähnlich mit einem intensiven und charakteristischen Geruch. In der Provence befinden sich die Überreste von fast 200 Cade-Öfen. Einige davon wurden wiederaufgebaut, befinden sich aber im Privatbesitz. Einer der wenigen erhaltenen Öfen, die erkennbar sind und auf öffentlichem Grund stehen, ist jener in Cuges-les-Pins, der mit viel Liebe vom Verein Chemins du Patrimoine wiederaufgebaut wurde. Die Öfen wurden in der Nähe des Rohstoffs, der Wacholdersträucher, gebaut und mussten nach der Fertigstellung permanent beaufsichtigt werden. Im Ofeninneren befindet sich das fabi (Gefäß), das mit Briketts bedeckt und von Brennholz umgeben ist. Darunter steht eine Art Destillierapparat, der den Wacholdernektar auffängt: das Kadeöl. Schäfer bemerkten, dass das Extrakt bei der Behandlung der Füße ihrer Schafe half und machten es populär. Es wurde auch als Medizin bei Hauterkrankungen verwendet sowie als Seife und Shampoo. Heute wird Kadeöl kommerziell bei Claret (Hérault) hergestellt und in bestimmten, auf Naturprodukte spezialisierten Geschäften, findet man Wacholderzweigstücke, die als Mottenschutzmittel verkauft werden. Gin, das bekannte alkoholische Getränk, wird aus derselben Pflanze destilliert.

Die anderen Cade

Als „Cade" werden auch Pfannkuchen aus Kichererbsenmehl bezeichnet, die über offenen Holzfeuer in Toulons gebacken werden, die ebenfalls fours à cade heißen. Geprägt haben diesen Begriff italienische Einwanderer, die ihre Ware mit den Worten *caldo* anpriesen, was „heiß" bedeutet. Die Zutaten sind dieselben wie für Socca, die in der Region zwischen Nizza und San Remo verkauft werden oder für Panisses, die es in Marseille gibt.

DIE VOTIVBILDER DER KAPELLE BEAUSSET-VIEUX 24

Poetisch, naiv und detailgetreu, gewähren die Votivbilder von Le Beausset einen Blick in die Vergangenheit

Notre-Dame du Beausset-Vieux, Le Beausset-Vieux, 83330 Le Beausset
Von Le Beausset auf der RN8 Richtung Toulon fahren. Nach etwa 1,5 km die Straße Richtung Le Beausset auf der rechten Seite nehmen
Juni, Juli und August von 14:30–19 Uhr, März, April, Mai, September und Oktober von 14:30–18 Uhr, November, Dezember und Februar von 14:30–17 Uhr, im Januar geschlossen
Informationen in der Wallfahrtskirche: 04 94 98 61 53
Informationen in der Pfarre: 04 94 98 70 49

Auch wenn die Aussicht bei Beausset-Vieux atemberaubend ist, vergessen Sie nicht, einen Blick ins Innere des Gebäudes zu werfen, das sich in eine Kapelle und eine Galerie teilt: die Wände sind mit einer außergewöhnlichen Sammlung an Votivbildern versehen, die wunderschön präsentiert sind und von Les Amis du Beausset-Vieux liebevoll restauriert wurden.

Ein Votivbild wird einem männlichen oder einer weiblichen Heiligen (oft der Jungfrau Maria) zum Dank für „ein Wunder" dargeboten. Dabei kann es sich um Schiffsunglücke, Haushaltsunfälle oder Krankheiten handeln, die nach einer Fürbitte an einen Heiligen einen glücklichen Ausgang nahmen. Manchmal besteht die Votivgabe aus dem Gegenstand, der mit dem Ereignis in Verbindung steht: einer Krücke, einem Rettungsring oder sehr oft einem Bild, das von einem lokalen Künstler sehr anschaulich und im naiven Stil gemalt wurde. Daher enthüllen Votivbilder jede Menge über das Alltagsleben der vergangenen Jahrhunderte.

Etwa 15 der Votivbilder in Beausset-Vieux tragen die Signatur von Eusèbe Nicolas, der 1828 in Beausset geboren wurde. Er war taubstumm und von Beruf Tischler. Aufgrund seiner Kommunikationsschwierigkeiten begann er, sich über Votivbilder auszudrücken. Seine Werke sind vielleicht naiv, aber gleichzeitig poetisch und voller kleiner Details. Auf jedem Bild findet man die Abkürzung „Sd.M." (*sourd et muet* – taubstumm).

Die ungewöhnlichste Votivgabe ist eine aus Olivenholz geschnitzte Skulptur mit dem Titel *Saumento* (provenzalisch für Eselin). Sie steht für die Flucht nach Ägypten und stellt sowohl Josef als auch die heilige Maria mit dem kleinen Jesus im Arm und auf einem Esel reitend dar. Josefs Hut ähnelt jenen, die von Arbeitern bis ins 18. Jh. zu ihren Sonntagsanzügen getragen wurden. Infolge eines Einbruchs im Mai 2006 verlor die Kapelle 24 ihrer Votivbilder, allen voran die berühmte Saumeto. Im Juni 2010 fand die Polizei zwei der gestohlenen Votivbilder bei einem Elsässer Antiquitätenhändler. Die Saumeto bleibt verschollen; die bayerische Partnerstadt Scheidegg schenkte Le Beausset eine Nachbildung.

IN DER UMGEBUNG

Geschwindigkeitsbegrenzung 8 km/h (25)

Achten Sie am Eingang des Dorfes Sainte-Anne-d'Évenos auf das Geschwindigkeitslimit, das rechts seitlich auf ein Haus gemalt ist, aber von der Straße aus unmöglich gesehen werden kann. Sie können am Place de l'Eglise parken und zu der Stelle zurück schlendern, um ein Foto von dem historischen und sehr restriktiven Verkehrsschild zu machen (8 km/h), das aus bereits genannten Gründen nur schwer zu befolgen ist.

DIE FREIHEITSSTATUE VON SAINT-CYR-SUR-MER

26

Yes, Cyr ...

Place Portalis, 83270 Saint-Cyr-sur-Mer

Saint-Cyr-sur-Mer besitzt eine beeindruckende Replik der Freiheitsstatue.

Von Bartholdi selbst signiert und aus Gusseisen hergestellt, dürfte sie als Modell für jene in New York gedient haben.

Von Kopf bis Fuß misst sie 2,5 Meter – genauso lang wie der Zeigefinger der amerikanischen Statue.

Anlässlich der Inbetriebnahme des ersten Wasserleitungsnetzes in der Gemeinde wollte man zur Erinnerung an dieses Ereignis ein Denkmal aufstellen. Es wurde beschlossen, dieses prestigeträchtige Projekt über Spenden aus der Bevölkerung zu finanzieren.

Doch Anatole Ducros, ein großzügiger Gönner und Gutsbesitzer in Saint Cyr, zog sich den Unmut der Einwohner zu, indem er darauf bestand, die gesamte Summe zu bezahlen. Trotz der Proteste jener, die sich nicht am Projekt beteiligen konnten, wurde die Statue 1913 eingeweiht.

1990 wurde sie neu vergoldet und fast von den streikenden Arbeitern in La Ciotat entführt, die wegen der Schließung der Schiffswerften aufgebracht waren. Doch die Behörden in Saint-Cyr wurden von anonymer Quelle gewarnt und konnten die Statue in Sicherheit bringen, bis sich die Gemüter beruhigt hatten.

Was das Wasser angeht, haben die zwei Flüsse, die durch Saint-Cyr fließen ungewöhnliche und witzige Spitznamen: „Schmutzig" und „Widerlich" (letzterer ist tatsächlich ein Wadi, das nur bei Regen Wasser führt).

Wie viele Kopien der Freiheitsstatue gibt es in Frankreich?

Mindestens neun. Zusätzlich zu jener in Saint-Cyr-sur-Mer gibt es zwei in Paris (im Jardin du Luxembourg und auf der Île des Cygnes), zwei weitere in Robyon in der Isère und in Barentin nahe Rouen (zu sehen im Film *Das Milliarden-Dollar-Gehirn*, unter der Regie von Gérard Oury, mit Bourvil und Jean-Paul Belmondo), eine in Lunel, eine weitere am Place de la Liberté in Poitiers, eine in Nizza am Quai des Etats-Unis und schließlich eine in Colmar. Das Original steht in New York und war ein Geschenk von Frankreich (oder genau genommen durch Spenden der französischen Bevölkerung finanziert) aus dem Jahr 1886. Das dafür benötigte Metallgerüst wurde von Frédéric-Auguste Bartholdi und Gustave Eiffel hergestellt. Die Statue ist nämlich hohl und besteht aus Kupferplatten, die auf das Gerüst genietet sind. Sie ist ein Symbol für „die Freiheit, die die Welt erleuchtet".

DIE DAVID HERBERT LAWRENCE GEWIDMETE HOLZTAFEL (27)

Der unerwünschte Liebhaber der Lady Chatterley

Beau Rivage Residential Hotel – 2, boulevard Louis Lumière, 83150 Bandol
04 94 29 43 48 – beaurivage-bandol.fr

Das geschichtsträchtige Beau Rivage Hotel in Bandol beherbergte im Laufe des 20. Jh. einige illustre Gäste, wie zwei Tafeln im Eingangsbereich bezeugen. Auf der linken ist zu lesen: „Es ist 3 Uhr Früh, ich habe gerade ‚Bliss' vollendet, Gott weiß, wie sehr ich das Schreiben daran genossen habe, Katherine Mansfield, Beau Rivage, 28. Februar 1918."

Ein Engländer, dem die Inschrift im Vorbeigehen auffiel, war entsetzt, dass es keine ähnliche von seinem literarischen Mentor, David Herbert Lawrence, gab – nicht zu verwechseln mit Thomas Edward Lawrence, dem Autor von *Die sieben Säulen der Weisheit*, besser bekannt als Lawrence von Arabien. So orderte unser Gast eine in Form und Größe identische Tafel, aus demselben Marmor und mit derselben goldenen Schrift wie die von Mansfield. Er formulierte den Text und gab sich große Mühe, nicht auf das bekannteste Werk von Lawrence, *Lady Chatterleys Liebhaber*, Bezug zu nehmen. Die Tafel wurde prompt graviert. Doch der Graveur hatte entweder einen geistigen Aussetzer und schrieb: „D.H. Lawrence, Autor des berühmten Romans *Lady Chatterleys Liebhaber*, weilte von November 1928 bis März 1929 im Beau Rivage, wo er seine Gedichte und Gedanken auf Papier brachte." Das französische Wort *pensées* auf der Tafel interpretierte er als „Gedanken". Er missachtete nicht nur die Wünsche seines Auftraggebers, sondern machte auch einen Fehler: die „Pensées" waren keine von Lawrences allgemeinen Grübeleien, sondern eine Gedichtsammlung, die er auf französisch geschrieben hatte. Der Lawrence-Bewunderer kam am Tag, bevor die Tafel enthüllt werden sollte, aus England an. Als er den fehlerhaften Text las, war er erschüttert und so außer sich, dass über Nacht eine neue Tafel her musste – aus bemaltem Holz, das wie Marmor aussehen sollte und den korrigieren Text trug.

Die abgelehnte Marmorplatte wurde aufbewahrt und befindet sich heute hinter dem Gebäude am Boulevard Louis Lumière. Die falsche Marmorplatte ist über dem Empfangsbüro zu finden.

DIE MAUER DES SPINNERS

Sonnenbaden im Schatten von Raimus Mauer

Rènecros Strand, 83150 Bandol

Es gibt nicht mehr viel, das an die Sommermonate erinnert, die der Schauspieler Raimu in der Villa verbrachte, die er 1935 in Bandol gekauft hatte. Die Straße, in der das Haus (Nummer 103) stand, trägt noch immer den Namen des berühmten Komödianten, obwohl das Haus selbst höher ist und nicht mehr den ursprünglichen Namen trägt.

Raimu wollte die Villa „La Ker-Mocotte“ nennen. Der Name würdigt sowohl die bretonischen Wurzeln seiner Frau Esther (ker bedeutet auf bretonisch Haus) als auch seinen eigenen Geburtsort Toulon (siehe unten). Doch ein Relikt dieser Zeit ist noch erhalten, obwohl es leider aufgrund seiner Unansehnlichkeit unter Eingeweihten als mur du fada (frei übersetzt: die Mauer des Spinners) bezeichnet wird! An einem Sommertag 1938 hielt sich Raimu im Garten seiner Villa auf. Plötzlich sah er, dass seine Terrassenplatten vibrierten, die Erde aufbrach und die Äste der hundert Jahre alten Pinie, die sich immer weiter und weiter neigte, zitterten. Die Pinie riss den Rest des Villengrundstücks mit sich in die Tiefe auf den Strand von Rènecros. Aufgrund dieses Ereignisses war Raimu gezwungen eine Stützmauer zu bauen, die angeblich genauso teuer war wie die Villa selbst. Vielleicht fühlte er sich deshalb in seiner Villa nicht mehr ganz so wohl – ab dem Zeitpunkt nannte er sie jedenfalls „die Festung“.

Die „Mocots“

Den Spitznamen „mocot“ erhielten die Leute aus Toulon von Seefahrern, die dort im Hafen arbeiteten. Wahrscheinlich deshalb, weil sie praktisch außer der Redewendung „e como co“ („so ist das Leben“) kein Wort verstanden, wenn die Einheimischen untereinander provenzalisch sprachen.

IN DER UMGEBUNG

Die Tafel, die an die ersten Flaschentaucher erinnert

Le Barry Strand, Avenue Albert 1er, 83150 Bandol

Eine Tafel neben dem Strand Le Barry erinnert an die Tatsache, dass die „Drei Mousquemers“, wie die drei Taucher genannt wurden, diesen Ort für ihre ersten Flaschentauchversuche im Juni 1943 auswählten.

DER GRABSTEIN VON LA MARTELLE

30

Dieser Grabstein gehört einem Rabbi aus dem 17. Jh.

Chemin du Kiosque, 83190 Ollioules
Von Ollioules nehmen Sie die RN8 in Richtung Toulon. Fahren Sie an der Firma Bénéventi auf der rechten Seite, dann an der Karosseriewerkstatt Colombani und der „Kiosk“-Bushaltestelle vorbei. Am Kiosk, der erst kürzlich restauriert wurde, biegen Sie rechts in den Chemin du Kiosque ein. Bei der Gabelung nehmen Sie die linke Abzweigung Richtung La Burelle und lassen den Chemin de Brignac, eine Privatstraße, rechts von sich liegen. Schauen Sie am Ende der Straße, wenn Sie das Tor nach La Burelle erreichen, nach rechts, wo sie den Stein von La Martelle unter den drei Zypressen sehen können

1927 entdeckte Tercissius Esope (ein Steinmetz mit griechischen Wurzeln) beim Restaurieren einer Ruine im Hinterland nahe Ollioules einen seltsamen Stein, der, nachdem er ihn gereinigt hatte, einen hebräischen Text enthüllte. Der Stein diente später als Bank

und als Ablage beim Waschen und Trocknen von Wäsche, bis ein Geistlicher, Abbé Boyer davon hörte. Er übersetzte den Text und bat „den Entdecker" vergeblich darum, den Stein in ein Museum bringen zu dürfen. Genervt von Archäologen und Historikern, die vorbeikamen, um das Objekt zu untersuchen, beschloss Tercissius Esope schließlich, ihn abseits seines Grundstücks aufzustellen, damit Besucher diesen, ohne ihn zu belästigen, lesen konnten. So gelangte er an den Ort, an dem er heute zu finden ist. Und da die Inschrift für Tercissius Esope komplett unleserlich war, scheint er ihn verkehrt herum aufgestellt zu haben ...

Der Grabstein, der auf einem Grundstück gefunden wurde, auf dem einst eine Synagoge stand, ist dem Rabbi Jinah Duran gewidmet, der am 2. Nisan 5385 (9. April 1625) starb. Der Text besteht aus sieben vierzeiligen Versen und lautet folgendermaßen:

Hier ruht verborgen
ein treuer Hirte
und weise wie Héman
richtet er über seine Gemeinde
Sich unaufhörlich um ein Leben
reich an guten Taten bemühend
Nachkomme bedeutender Vorfahren,
die namhaft und glorreich waren.
Mehrere Male las er
die „Gemara" und die „Mishua";
Diese war stets in seinem Mund bereit
wie ein Mann mit Brot in seinem Korb.
Sein Name war Rab Jonah
Duran, durch seinen Glauben
und seine Intelligenz
Oberhaupt seines Volkes
und Anführer seiner Nation.
Ihm wurde ein Martyrium auferlegt
und sein Schmerz sollte kein Ende finden
bis er schließlich,
gebrochen von seinen Qualen, starb.
Am 2. Nisan stieg er gen Himmel auf,
um in die Ewigkeit einzugehen
Im Jahr von Hash-Sheki
in all seiner Pracht.
Möge Gott gnädig sein
und seine Gebeine
in den Gewässern
des Gartens Eden, beleben.

Die im Text zitierte Familie Duran lebte mindestens seit dem 13. Jh. in Tarascon. Sie tauchen später in Algiers und Venedig auf. Es scheint, als wäre Rabbi Duran das Oberhaupt der jüdischen Gemeinde gewesen, die 1500 aus der Provence vertrieben wurde, sich aber zu Beginn des 17. Jh. wieder hier ansiedelte.

In den 1990ern veröffentlichte der Schauspieler Henri Tiso ein Buch über seine spirituelle Suche, *Le Petit Livre du Grand Livre*, in dem er schrieb: „Ich war von der Inschrift auf dem Stein so angetan, dass ich heute der Überzeugung bin, dass dieses Buch niemals geschrieben worden wäre, hätte ich den Stein von La Martelle nicht entdeckt."

EIN UNGEWÖHNLICHER SPAZIERGANG RUND UM ÉVENOS

(31)

In einen Stein gemeißelt, erinnert ein Graffiti an die Pest im Jahr 1720

Verein „Les Chemins du Patrimoine“
348, chemin des Gais-Coteaux, 83190 Ollioules
04 94 63 16 93

Dort, wo die Kalköfen sich befinden (siehe Seite 58), gibt es mehrere Pfade, die Sie zu einigen Stellen führen, die sowohl aufgrund ihres Aussehens als auch aufgrund ihrer Geschichte ungewöhnlich sind.

Dort, wo der La Reppe in die Gorges d'Ollioules fließt, durchqueren Sie das Tal Le Destel, indem Sie den gelben Markierungen folgen und dann den Felsvorsprung hinaufklettern, bevor Sie die Ruinen des ehemaligen Weilers Saint-Estève, der seit der Antike bewohnt war, erreichen. Im Fels kann man die Löcher sehen, die die Balken der Häuser trugen und auf dem Boden sind einige antike römische Fliesen zu erkennen. Neben der mittelalterlichen Kapellenruine befindet sich der „Sitz des Wächters", ein in den Fels gehauener, anatomisch geformter Lehnstuhl, von dem aus sich der Weg bequem beobachten lässt. Die Inschrift „Pesto, 1721", seitlich an der Steilwand, stammt aus der Zeit, als Saint-Estève ein Cordon Sanitaire war: Fremde durften Ollioules nicht betreten, um die Pest nicht ins Dorf einzuschleppen. Die Pest, die 1720 auf der Grand-Saint-Antoine nach Marseille gelangte, einem Schiff, das mit kontaminierten Stoffen aus Syrien ankam, wütete zwischen 1720 und 1722 in der Provence und kostete über 50 000 Menschen das Leben. Ollioules blieb davon nicht verschont und verlor damals die Hälfte seiner Einwohner (2 800 Menschen). Laut Historikern müssen die Urheber dieses in Stein gemeißelten Zeugnisses Einwohner von Le Beausset gewesen sein, die vor der Seuche flohen und hier von den Quarantänewächtern aufgehalten wurden, um die Krankheit nicht nach Ollioules einzuschleppen.

Dringt man auf derselben Hügelseite etwas tiefer in die Gorges du Destel ein, gelangt man bald zu einer Höhle, die links neben dem Eingang eine rote Inschrift trägt: Grotte de la beate (Grotte der Geheiligten). Im Inneren dieser 30 Meter tiefen Höhle lebte die „Heilige" von Le Destel. 1735 kam Marie, ein junges Mädchen aus La Ciotat, hierher, um als Eremitin zu leben und für die Fehler ihrer Vergangenheit zu büßen. Sie hatte sich geweigert, Jean zu heiraten, den Sohn eines reichen Schiffseigners, der zur See fuhr und nicht mehr zurückkehrte. Sie lebte von Wurzeln, wilden Beeren und Flusswasser. Jeden Sonntag kam sie nach Évenos, kniete eine Stunde still betend vor der Kirche und verschwand dann wieder mit ein wenig Brot, das Dorfbewohner ihr gegeben hatten. Dreißig Jahre später kam sie nach La Ciotat zurück, um dort zu sterben.

Weitere Einzelheiten zu den Höhlen in der Gorges du Destel (die „Christianisierungs"-Höhle, die Höhle von „Ferrandin", Gaspard de Besses' Höhle) finden Sie im Bulletin Nr. 2 der Chroniques du patrimoine vom September 2001, das beim oben angeführten Verein erhältlich ist.

SCHLUCHTEN UND KALKÖFEN - EINE WANDERUNG VON ÉVENOS NACH OLLIOULES

(32)

Die Schluchten von Ollioules waren schon immer Anziehungspunkt für Räuber

Verein „Les Chemins du Patrimoine“
348, Chemin des Gais-Coteaux, 83190 Ollioules - 04 94 63 16 93

Das Dorf Évenos ruht auf einem Basaltstrom, einem dunklen Vulkanfelsen. Am Dorfeingang versieht eine Orientierungstafel das spektakuläre Panorama mit einigen Namen. Von Évenos aus können Sie sich über die berühmten Gorges d'Ollioules nach Toulon begeben. Legen Sie, kurz bevor Sie bei den Schluchten angelangt sind, einen Halt bei der Bäckerei der Mühle in Évenos ein: die Aussicht auf die Sandsteinfelsen von Saint-Anne ist einfach unglaublich. Leider ist es nicht mehr möglich, den Sandstein selbst zu erkunden. Die Eigentümer haben den Durchgang abgesperrt, nachdem sie viele Jahre die von unachtsamen Wanderern verursachten Schäden erdulden mussten. Die Schluchten sind einer jener legendären Orte der Kriminalgeschichte. Nicht nur weil Gaspard de Besse hier gerne Postkutschen überfiel, sondern vor allem deshalb, weil das überwältigende, bedrohliche und unheimliche Ambiente dieses Ortes schon immer Anziehungspunkt für die Wegelagerer der Region war. Gleich am Anfang der Schlucht und kurz nach dem Roche Coupée (ein felsiger, von der Straße untergrabener Überhang), kann man sein Auto auf der rechten Seite am Parkplatz eines ehemaligen Steinbruchs stehen lassen.

Überqueren Sie die Straße und gehen Sie etwa 100 Meter Richtung Ollioules, wo sie das Flussbett der La Reppe überqueren. Doch seien Sie vorsichtig. Die La Reppe ist manchmal ausgetrocknet, verwandelt sich bei einem starken Gewitter aber in einen unberechenbaren Strom. Auf der anderen Seite des Flusses, kommen Sie an die Stelle, wo sich die alten, wiederaufgebauten Kalköfen befinden. Ein kleines Schild mit einem Pfeil weist auf den ersten dieser Kalköfen hin. Dieser eine hat die Besonderheit, dass er dreimal verkleinert wurde. Mit dem Kalkofen stellte man Kalk her (der Beton früherer Zeiten), indem man den lokal gewonnenen Kalkstein auf 1 000° C erhitzte. Am Ende des Prozesses bestanden 56 % der vorhandenen Masse aus Branntkalk, was zu Zeiten einer Seuche sehr praktisch zum Entsorgen von Leichnamen war. Sobald er gelöscht war, verwandelte er sich in Baukalk, aus dem verschiedene Baustoffe hergestellt wurden. Diese Art von Ofen wurde zu Römerzeiten entwickelt und in der Region bis Ende des 19. Jh. verwendet. Mehrere hundert Stück waren fast 2 000 Jahre in Betrieb.

DAS GEORGES-GALLI-THEATER

33

Eine Kirche in einem Theater

80, rue Raoul Henry, 83110 Sanary-sur-Mer
04 94 88 53 90 – theatregalli.com

Wenn im Sommer die Kirche von Sanary-sur-Mer zu klein wird, findet die Messe stattdessen im Théâtre Galli statt. Es hat 1 200 bequeme Sitze, und der Dorfpriester steht auf der Bühne. Pater Galli schenkte der Gemeinde seine Cité de la Jeunesse (Stadt für die Jugend) nämlich unter der Bedingung, dass dort bei Bedarf Gottesdienste abgehalten werden konnten.

Georges Galli wurde am 24. November 1902 in Aix-les-Bains geboren. Er ging nach Paris, um dort Jura zu studieren. Als er einmal bei einem Stummfilmdreh zusah, bemerkte ihn der Regisseur Julien Duvivier und ließ ihn eine Probeaufnahme machen. So begann die Karriere des Schauspielers Georges Galli. Er war damals so erfolgreich wie Alain Delon 40 Jahre später. 1930 – 28 Jahre alt, ein Idol, reich und berühmt – erfasste ihn plötzlich eine Existenzkrise. Er meinte, dass sich sein Leben leer anfühle und er „etwas anderes" machen müsse. Am 13. Februar 1938 wurde er zum römisch-katholischen Priester geweiht. Zu Beginn amtierte er in Esparron-sur-Verdon im Haut Var, dann wurde er Vikar in Morillon, einem hübschen Viertel an der Küste von Toulon und schließlich übernahm er die Pfarrei von Sanary-sur-Mer. Dieser engagierte Mann, ein Freund der Maler und Schauspieler, „Beichtvater" von Paul Ricard (der ihn mit Cabrios versorgte), kümmerte sich um seine Schäfchen und vor allem um die jungen Leute, für die er die Cité de la Jeunesse konzipierte. In diesem Gebäude fanden Sportveranstaltungen, Konzerte, Varietés und Sonntagsmessen statt, wenn die Dorfkirche im Sommer aus allen Nähten platzte. Die Kollekte führte er mit einem Schmetterlingsnetz durch, das nur Scheine auffing und Münzen zu Boden fallen ließ, um zögerliche Spender bloßzustellen …

Als er sich in den Ruhestand verabschiedete, wurde die Cité mit seinem Segen zum Théâtre Georges-Galli. Die Einweihung fand am 9. Juli 1982 ohne ihn statt: er starb am 3. Juli desselben Jahres. Heute ist das Théâtre Galli ein wunderschöner Veranstaltungssaal. Rund um die Bühne sieht man auf Trompe-l'oeil-Gemälden bekannte Personen, die in Sanary-sur-Mer lebten. Darunter Georges Galli, aber auch Cécile Sorel und Thomas Mann.

DIE GEDENKTOUR VON SANARY-SUR-MER

34

Sanary, der Exil-Ort

Die Tour beginnt am Fremdenverkehrsamt, wo man eine Broschüre (3 €) mit der Route sowie Erklärungen und Kommentaren zu den einzelnen Sehenswürdigkeiten erhält. Man kann sie zu Fuß oder mit dem Rad in Angriff nehmen. Einige der Orte liegen ein Stück außerhalb des Dorfes, und in ein paar Fällen weigerten sich die aktuellen Besitzer, eine Plakette an ihren Liegenschaften anbringen zu lassen.

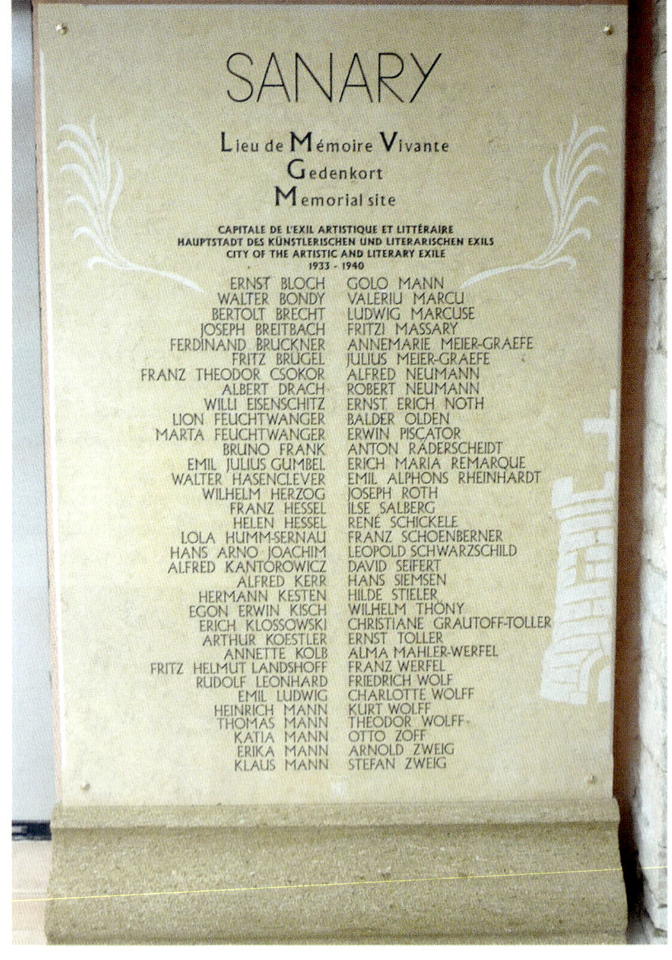

Vor dem Zweiten Weltkrieg wurde Sanary-sur Mer für hunderte Flüchtlinge zum Ort des Exils. Darunter deutsche und österreichische Schriftsteller, die von den Nazis verfolgt wurden und gezwungen waren, ihre Heimat zu verlassen. Heute kann man sich bei einer Gedenktour einige der Häuser, in denen sie lebten, ansehen.

1933 befahlen die Nazis, alle Bücher, die von Gegnern des neuen Regimes oder von Juden geschrieben worden waren, zu verbrennen. Die ersten Autodafés hatten verheerende Auswirkungen, und der deutsche Schriftsteller Thomas Mann (Bild unten) war einer der ersten, der die entsprechenden Konsequenzen zog.

Obwohl ihn sein internationaler Ruhm schützte (er gewann 1929 den Nobelpreis), entschied er sich für das Exil und wählte auf Anraten von Jean Cocteau dafür die Küste von Var aus. Nach einem Aufenthalt im Grand Hotel von Bandol ließ er sich in Sanary nieder. Er ging voran,

und bald folgten die deutschen und österreichischen Intellektuellen, die den Wahnsinn der Nazis fürchteten, seinem Beispiel. Zwischen 1933 und 1942 lebten fast 800 Exilanten in Sanary. Das Dorf bot zahlreiche Vorteile (gute Zuganbindung, geringe Lebenshaltungskosten und ein einzigartiges Klima). Doch die Niederlage der Alliierten 1940 sollte diese bedauernswerten Menschen, die glaubten, in Frankreich sicher zu sein, ein weiteres Mal zur Flucht zwingen.

Die Tour beginnt mit der Gedenktafel zu Ehren der Exilanten an der Mauer der Maison du Tourisme. Unter den aufgelisteten Namen findet man natürlich Thomas Mann, gemeinsam mit Bertold Brecht, Wilhelm Herzog, Arthur Koestler, Stefan Zweig, Franz Werfel (der zweite Ehemann von Alma Mahler, der Witwe von Gustav) sowie Lion Feuchtwanger. Letzterer, Autor des beliebten Romans Jud Süß, der von den Nazis zu unlauteren Propagandazwecken benutzt wurde, wurde im Lager Les Milles interniert. Ein Bild von ihm als Häftling, das in der internationalen Presse erschien, veranlasste die USA dazu, diesen Exilanten die Flucht aus Europa zu ermöglichen.

Thomas Mann lebte in der Villa La Tranquille am Ende des Chemin de la Colline. Eine Gedenktafel erinnert an seinen Aufenthalt, doch das ursprüngliche Haus gibt es nicht mehr. Es wurde durch einen Nachkriegsbau ersetzt. Deutsche Artillerieoffiziere gaben den Befehl, diese Villa zu zerstören. Nicht, weil Thomas Mann dort gewohnt hatte, sondern weil sie der Aufstellung von Geschützen zur Abwehr der Landung der Alliierten im Weg stand.

Schöne neue Welt in Sanary

Obwohl Aldous Huxley, ein Brite, nicht in der Broschüre über die Schriftsteller im Exil erscheint (er war freiwillig nach Sanary-sur-Mer ausgewandert), verbrachten er und seine Frau ihre Zeit mit den deutschen Schriftstellern. Mit einigen verband das Paar eine enge Freundschaft, wie mit dem Maler Kisling, der Psychoanalytikerin Charlotte Wolff, mit Drieu la Rochelle und Pual Valéry. 1930 kauften Aldous Huxley und seine Frau ein Haus in der Allée Thérèse im Ortsteil La Gorguette, das sie bei einem Besuch bei D.H. Lawrence (der sich in Bandol aufhielt) entdeckten. Zwischen 1930 und 1941 verbrachten sie jedes Jahr mehrere Monate dort. Obwohl das Haus, wegen des Fehlers eines Handwerkers, der das „X“ vergessen hatte, Villa Huley heißt, beschloss Huxley den Namen beizubehalten, der es ihm erlaubte, sich milde über provenzalische Qualitätsarbeit lustig zu machen. 1931 schrieb Huxley in ebendieser Villa Huley sein Buch *Schöne neue Welt*, das 1932 in London veröffentlicht wurde. Aldous Huxleys Tod blieb gänzlich unbeachtet. Er starb am 22. November 1963, am selben Tag, an dem JFK ermordet wurde ...

Nachdem er fast erblindet war, experimentierte Aldous Huxley, um seine Sehkraft zu verbessern, mit verschiedenen Substanzen wie Pflanzen und halluzinogenen Pilzen. Er wollte diese Experimente unter ärztlicher Aufsicht durchführen, um ihre Wirkung wissenschaftlich bewerten zu können.

Dies war nötig, weil er unter Drogeneinfluss nicht in der Lage gewesen wäre, seinen Gemütszustand zu beschreiben oder festzuhalten, welche Worte er im Delirium von sich gab. Die Anwesenheit von Zeugen während dieser Sitzungen lieferten im wertvolle, objektive Aufzeichnungen.

In seinem Werk *Die Pforten der Wahrnehmung* beschrieb Aldous Huxley seine Experimente in allen Einzelheiten. Der Buchtitel stammt aus William Blakes Werk „*Die Hochzeit von Himmel und Hölle*: Wenn die Pforten der Wahrnehmung gereinigt wären, würde dem Menschen alles so erscheinen, wie es wirklich ist: unendlich.“

Auf der Grundlage eines Zitats aus Huxleys Buch beschloss Jim Morrison seine Band *The Doors* zu nennen. Mit den folgenden Worten beschrieb er, warum er diesen Namen gewählt hatte: “There are things known, and there are things unknown, And in between are the doors” („ Es gibt bekannte Dinge und unbekannte Dinge. Und irgendwo dazwischen befinden sich die Pforten [doors].“)

DAS FRÉDÉRIC-DUMAS-TAUCHMUSEUM

35

Das Museum der „Mousquemers“, Erfinder des modernen Tiefseetauchens

Die Sammlungen des Museums sind auf zwei Standorte aufgeteilt:
Den romanischen Turm, Quai Charles de Gaulle, 83110 Sanary-sur-Mer
Zutritt zur Turmterrasse mit Aussicht auf den Hafen, das Dorf und die Bucht von Sanary-sur-Mer
Den Maurice Fargues-Raum, Rue Lauzet Ainé, 83110 Sanary-sur-Mer
Informationen zu den Öffnungszeiten auf der Website: museedumas.fr

Auf dem Romanischen Turm, dem ältesten Bauwerk in Sanary-sur-Mer, hat man eine fantastische Aussicht auf das Dorf und den Hafen. Er beherbergt das interessante Frédéric-Dumas-Tauchmuseum, dessen Besuch umso verlockender ist, da er nichts kostet.

Als Freund von Kapitän Cousteau, war Frédéric Dumas einer der drei *Mousquemers*, die die wichtigsten und nach wie vor verwendeten Ausrüstungsgegenstände für das Tiefseetauchen erfanden.

Frédérics Eltern zogen, ursprünglich auf ärztlichen Rat und für das gesundheitliche Wohl ihres Kindes, das an einer Atemwegserkrankung litt, nach Sanary. Wie sich später herausstellte, sollte dies eine gute Entscheidung sein. Seine Beschwerden verschwanden nicht nur, der kleine „Didi" wurde sogar ein Ass im Luftanhalten und zu einem der besten Unterwasserjäger der Welt.

Seine erste Harpune, gebaut aus einer Gardinenstange, funktionierte perfekt. Aus seiner Begegnung mit Philippe Tailliez, dem dritten *Mousquemer*, entstanden der Atemregler, die Tauchmaske und eine Leidenschaft für das Drehen von Unterwasserfilmen.

Es war Frédéric Dumas, der mit Jojo dem Zackenbarsch schwamm, eine Szene aus *Monde du Silence*, einem Film, bei dessen Drehbuch er als Co-Autor mitwirkte. Der Film wurde ein großer Erfolg und gewann 1956 beim Filmfestival von Cannes die Goldene Palme. Später distanzierte sich Frédéric Dumas vom gesamten Cousteau-Abenteuer und begann sich für Unterwasserarchäologie zu interessieren.

Das Museum zeigt Ausstellungsstücke, die die Geschichte des Tiefseetauchens rekonstruieren, von den Tauchanzügen mit Helmen und Bleisohlen bis zu den heute gebräuchlichen leichten Anzügen. Auch Flossen, Masken und Flaschen sowie Foto- und Filmausrüstung sind zu sehen. Einige der Gegenstände stammen aus der Fabrik, die als allererste „Squale"-Tauchermasken und Flossen produzierte und hier in Sanary-sur-Mer angesiedelt ist.

Eines des spektakulärsten Exponate im Museum ist das „Taucherkleid: Projekt zur Taucherausstattung", das 1715 von Pierre de Rémy de Beauve, einem Marineoffizier aus Brest, entwickelt wurde. Chevalier de Beauve, der als der Erfinder des Tauchhelms gilt, experimentierte mit dieser Ausrüstung im Hafen von Brest bis zu einer Tiefe von zehn Metern. Der Anzug im Museum ist eine Nachbildung, die im Film *Ridicule* von Patrice Leconte zum Einsatz kam.

DIE KAPELLE NOTRE-DAME D'ESPAÏME

36

Eine kaum bekannte Kapelle zum Gedenken an eine Tragödie im 17. Jh.

La Piole Hill, Chemin de Bonne-Grâce, 83110 Sanary-sur-Mer
Wer die Kapelle besichtigen möchte, muss sich an den Eigentümer wenden: André Pelissier, 420 Corniche du Soleil, Sanary-sur-Mer
04 94 74 06 81
Kontaktieren Sie Herrn Pelissier ein paar Tage im Voraus, da er nicht vor Ort lebt. Die Zufahrt ist etwas kompliziert. Der letzte Abschnitt, nach dem Chemin de Bonne-Grâce, verläuft über Schotterstraßen, die über GPS nicht angezeigt werden

Die faszinierende Privatkapelle von Notre-Dame d'Espaïme verdankt ihre Existenz dem Blutbad, das Piraten bei der Ermordung von sieben Söhnen der Familie Laugier anrichteten, als ihre Eltern gerade auf dem Markt waren. Die Nachricht darüber bestürzte die Mutter dermaßen, dass sie zusammenbrach und in Ohnmacht fiel. Daher auch der Name der Kapelle (*Espaïme* bedeutet auf provenzalisch in Ohnmacht fallen).

Herr und Frau Laugier beschlossen, den Ort für immer zu verlassen und übergaben ihr Land an ihren Nachbarn Jean Fournery. Als Gegenleistung musste er eine Kapelle bauen, die eine ständige Gebetsstätte zur Erinnerung an die schrecklichen Ereignisse sein sollte. Der aktuelle Besitzer der Kapelle, André Pelissier, ist ein direkter Nachkomme von Jean Fournery, wie ein in der Kapelle ausgestellter Stammbaum beweist.

Im Inneren findet man ein Bild von der Kapelle aus der Zeit ihrer Errichtung 1611. Sie ist in sehr guten Zustand, da sie gut gepflegt und beheizt wird. Ein paar Abschnitte dürften jedoch zu einem späteren Zeitpunkt neu bemalt worden sein. Man sieht die Jungfrau mit Kind sowie Johannes den Täufer und Maria Magdalena. Auf dem Prédelle* unter dem Gemälde rahmen zwei Textstellen ein Bild ein, das Herrn und Frau Laugier zeigt, die neben dem gekreuzigten Jesus beten. Der lateinische Text gibt die Fakten wieder. Im Hintergrund kann man die Bucht von Sanary erkennen.

Einer der Nachkommen der Begünstigten der Kapelle, ein gewisser Louis Gautier, ein Pharmazeut aus Sanary, hat die Geschichte in Versform neu erzählt. Sie ist auf den Mauern des Gebäudes zu sehen. Hier die Übersetzung eines kurzen Auszugs:

„*Dieses kleine Bauwerk, obwohl von schlichter Architektur,*
beherbergt nur ein altes Gemälde,
Das eine Mutter und ihren Ehemann zeigt,
Die auf Knien für ihre Kinder zu Gott beten."

Neben der Kapelle befindet sich das Anwesen der Familie Fournery, das heute unterteilt ist. Es gibt einen schönen Bereich, der zum Dreschen von Getreide dient. Er ist mit Ziegeln kreisförmig angelegt und mit Kalksteinplatten eingefasst. Oben, über dem Gebäudedach, ragt eine Ausstülpung in den Himmel. In dieser schornsteinähnlichen Struktur, die man „charge" nannte, befand sich früher der hölzerne Schraubmechanismus für die darunterliegenden Ölpressen.

* *Prédelle: der Sockel eines Altarbildes, der üblicherweise in kleine Tafeln unterteilt war.*

DER ORTSTEIL LES SABLETTES

(37)

Fernand Pouillons ideales Feriendorf

Der an der Küste gelegene Ortsteil Les Sablettes in der Gemeinde La Seyne-sur-Mer ist das beeindruckende Werk des in der Nachkriegszeit bekannten Architekten Fernand Pouillon.

Im Frühling 1944 sicherten die Besatzungstruppen der Nazis den Strand mit Bunkern und Artilleriegeschützen. Alles, was ein Hindernis innerhalb der Reichweite dieser Geschütze darstellte, wurde zerstört. Daher ließ man das Fischerdorf Les Sablettes ohne jede Rücksicht abreißen, und die Bevölkerung wurde evakuiert. Nach der Befreiung im November 1944 gab das französische Ministerium für Wiederaufbau und Stadtplanung Fernand Pouillon bei der Errichtung eines komplett neuen Ortsteils auf diesem Gelände freie Hand. Das Projekt, das 1950 begann und 18 Monate später abgeschlossen war, diente vielen Feriensiedlungen im Mittelmeerraum, die in den 1950er-Jahren aus dem Boden schossen, als Vorbild. Die vorgeschnittenen Steine für die Außenmauern kamen von der Baustelle des Vieux-Port in Marseille, die Böden waren aus Stahlbeton und gemauerte Gewölbe ersetzten die traditionellen Holzkonstruktionen. Der Ortsteil umfasst 35 Wohnhäuser, 28 Geschäfte, eine Familienpension, ein Hotelrestaurant (das jetzt mit weiteren Zimmern ausgebaut wurde), fünf Café-Restaurants, öffentliche Bäder, ein Casino und einen Hafen. Jedes kleinste Detail trägt hier zum Gesamtkonzept bei. Auch die Kunst spielt in diesem Projekt eine Rolle. Künstler aus Aix und der restlichen Provence, die in dieser Zeit des Wiederaufbaus mit viel Teamgeist rund um verschiedenste Projekte von Fernand Pouillon arbeiteten, waren am Bau von Les Sablettes beteiligt. Jean Amado entwarf den Keramikbrunnen, Louis Arnaud die imposante Skulptur der hockenden *Naiad* (Nymphe), Philippe Sourdive brannte Keramiktafeln und Carlos Fernandez ließ getöpferte Teller in die Hotelfassade ein. Um sich das Originalprojekt, so wie es in den 1950er-Jahren aussah, vorstellen zu können, muss man natürlich einiges ausblenden, da der zunehmende Wildwuchs an Schildern, anders als das Wegfallen einiger Bauwerke, wie des Landestegs oder des Gästehauses, den Gesamteindruck trüben. Seit 1988 bemühen sich die lokalen Behörden und der französische Staat, die Essenz dieses harmonischen und zeitlosen Dorfes zu bewahren.

DIE MALOGINESTE-GEDENKTAFEL (38)

Die Legenden rund um den Sieg von Malogineste

Ecke Avenue Robert Guillemard und Avenue de la Malogineste, 83140 Six-Fours-les-Plages

Folgende Worte sind auf der Gedenktafel an der kleinen Kapelle zu lesen: „In Gedenken an die Männer von Six-Fours, die hier am 1. August 950 feindlichen Angriffen mit dem entscheidenden Sieg von Malogineste über sarazenische Piraten ein Ende bereiteten. Gedenkkapelle im 10. Jh. errichtet und 1965 wiederaufgebaut."

Der Kampf, an den diese Gedenktafel erinnert, scheint im 10. Jh. stattgefunden zu haben, als es häufig zu Überfällen von sarazenischen bzw. Barbaresken-Piraten kam. Mündliche Überlieferungen und die ältesten gefundenen Schriftstücke (Notariatsarchiv von 1708) belegen, dass die Bauern dieser Gemeinde, nur mit ihren landwirtschaftlichen Geräten bewaffnet, die Angreifer in die Flucht schlugen. Doch es gibt auch eine andere Version, nach der die Männer von Six-Fours flohen und ihre Geräte einfach zurückließen.

Doch eben diese Werkzeuge brachten auf wundersame Weise den Sieg. Als die Piraten im Dunkeln durch das hohe Gras rannten, konnten sie die nach oben springenden Rechen, die sie im Gesicht trafen, die Heugabeln, die ihre Knie durchbohrten und die Sicheln und Sensen, die ihre Unterschenkel aufschlitzten, weder sehen noch ihnen ausweichen. Daher müssen wir daraus schließen, dass niemand weiß, ob der lateinische Satz *Malo gente este!* (frei übersetzt: „Ihr bösen Menschen!"), der dem Malogineste-Gebiet auch seinen Namen gab, von den Männern aus Six-Fours oder von den Sarazenen ausgerufen wurde. Es heißt auch, dass die Bauern bei ihrer Flucht weinten, was erklärt, warum das nahegelegene, kleine Tal „Tal der Tränen" heißt.

Eine letzte Geschichte hat sich über die Jahre gehalten: Der Kapitän der Angreifer wurde gefangen genommen und bereute später seine Taten, bevor er sich auf der örtlichen Landzunge niederließ, die ab sofort in Anspielung auf seine maurischen Wurzeln *Mourret* hieß.

DIE WUNDERTÄTIGEN SCHLÜSSEL DES HL. PETRUS ㊴

Schlüssel, die teilweise aus den Ketten des Hl. Petrus gefertigt wurden

Stiftskirche Saint-Pierre-ès-Liens (Petrus in Ketten),
Montée du Fort, 83140 Six-Fours-les-Plages – 04 94 34 24 75
Täglich (außer Dienstag) von 10–12 Uhr und von 15–18 Uhr (19 Uhr im September)

Die Stiftskirche von Saint-Pierre-ès-Liens* verfügt über einen romanischen Teil aus dem 11. Jh. und einen gotischen Teil, der

1634 eingeweiht wurde. Ein Jahr später schenkte Papst Urban V. der Kirche (die 1650 zur Stiftskirche wurde) einen goldenen und einen silbernen Schlüssel, die jeweils ein paar Späne aus den Ketten des Hl. Petrus enthielten**. Die Schlüssel, als Sinnbild für jene, die der Hl. Petrus erhalten hatte, um die Pforten zum Paradies zu öffnen, wurden eineinhalb Jahrhunderte von den Gläubigen der Region verehrt. Sie glaubten, dass die Schlüssel die Kraft hätten, einfältige Menschen sowie Menschen, die von giftigen Tieren gebissen worden waren, zu heilen.

1655 wurde der Sohn einer Witwe aus Ollioules von einem tollwütigen Hund gebissen. Die Ärzte erklärten, ihn nicht retten zu können. Daraufhin ging die Witwe zur Stiftskirche und rief die Wunderkräfte der Schlüssel an, um ihren Sohn zu heilen. Als sie nach Hause kam, war ihr Sohn geheilt. Laut Augenzeugen fand die Heilung genau in dem Moment statt, als die Schlüssel vor sie hingelegt wurden. Seit diesem Tag, nimmt die Familie des durch ein Wunder geheilten Sohnes andächtig an der jährlichen Prozession teil, die am 1. August, dem Gedenktag Petri Kettenfeier, stattfindet.

Die Schlüssel wurden während der Revolution gestohlen und 1801 durch neue ersetzt. Auch diese wurden gestohlen. Sie wurden abermals neu angefertigt und von Papst Johannes Paul II. am 12. Januar 2005 gesegnet. Doch angeblich besitzen sie keine Heilkräfte mehr. Die Schlüssel sind links neben dem Eingang hinter Gittern ausgestellt.

Die Garderobe der Toten

Rechts neben dem Chor der ursprünglichen Kirche ist eine Nische, die einst die Kommunion für die Kranken und Vermissten enthielt. Dieser Brauch wurde später zugunsten einer seltsamen Praxis aufgegeben, die der Nische ihren Namen gab *vestiaire des morts* (Garderobe der Toten). Da Petrus der Schutzheilige des Dorfes war, meinten die Dorfbewohner früher, dass ihnen ein Platz im Himmel sicher sei, wenn ihr Begräbnis in der Stiftskirche stattfinden würde. Doch für jene, die weit weg von ihrem Dorf oder auf See starben, benötigte man eine andere Vereinbarung mit dem Jenseits. Deshalb wurde das Sakrarium dazu verwendet, die Kleidung der fernab vom Dorf verstorbenen Menschen aufzubewahren, während eine Trauerfeier für sie abgehalten wurde.

* *Saint-Pierre-es-Liens, provenzalischer Name für Petrus in Ketten, bezieht sich auf die Szene in der Apostelgeschichte, in der ein Engel Petrus befreit, indem er in seinem Gefängnis in Jerusalem die Ketten, mit denen er gefesselt ist, löst.*

** *Die Ketten des Hl. Petrus werden in der Kirche St. Peter in Ketten in Rom aufbewahrt. Es ist überliefert, dass sie sich aus der Kette, mit der er in seinem Gefängnis in Jerusalem gefesselt war und aus jener, mit der er in Rom gefangen gehalten wurde, zusammensetzt. Durch ein Wunder sollen die beiden Ketten zu einer verschmolzen sein.*

ADMIRAL LATOUCHE-TRÉVILLES MAUSOLEUM

40

Eine wandernde Pyramide für den „Schrecken der Engländer“

Cap Capet necropolis
Chemin du Sémaphore, 83430 Saint-Mandrier
Saint-Mandrier besitzt zwei Friedhöfe. Lassen Sie die Schilder zum „Cimetière Municipal“ kurz vor dem Dorf außer Acht. Folgen Sie in Saint-Mandrier stattdessen den Schildern zum „Cimetière Italien“. Das Mausoleum befindet sich gleich beim Eingang

An der Spitze der Halbinsel Saint Mandrier, in der Nähe des Eingangs zur Nécropole Nationale (die Bezeichnung für einen Friedhof auf dem es nur Grabsteine mit der Aufschrift *mort pour la France* – für Frankreich gestorben – gibt), treffen Besucher auf das pyramidenförmige und 7,25 Meter hohe Mausoleum von Admiral Latouche-Tréville.

1745 in Rochefort geboren, trat Louis René Madeleine Levassor de Latouche Tréville mit 13 Jahren in die französische Marine ein. Er erhielt zahlreiche Beförderungen, vor allem, weil er 1801 den Angriff von Admiral Nelson und der britischen Flotte bei Boulogne vereitelt hatte, und wurde von Napoleon sehr geschätzt, der ihn für den besten seiner Admiräle hielt. Tatsächlich war er einer der ersten Offiziere, der vom Kaiser persönlich die Légion d'Honneur erhielt.

An Bord seines Schiffes Bucentaure sollte er als Admiral und Befehlshaber der Mittelmeerflotte wieder auf Nelson treffen, dem er vor Toulon auflauerte. Der britische Admiral wich einer Schlacht jedoch aus. Doch dann streckte Latouche-Tréville das Gelbfieber, das er sich während einer Reise nach Santo Domingo geholt hatte, am 1. Fructidor XII (19. August 1804) nieder. Der Tod des Admirals, der als Schrecken der Engländer (damals die Erzfeinde Frankreichs) bekannt war, wurde zuerst geheim gehalten.

Erst sechs Jahre später wurde das Mausoleum in der Nähe des Leuchtturms Croix des Signaux errichtet. Der Admiral sollte dort begraben werden, wo er die Engländer aus allen vier Himmelsrichtungen kommen sehen konnte, so wie er es gelobigt hatte. Die Marineoffiziere seiner Flotte trugen mit jeweils einem Tageslohn zum Bau der Steinpyramide bei. 1817 wurde in Marineberichten auf die strategisch ungünstige Lage der Pyramide hingewiesen. Feindliche Flotten nutzten sie vielmehr dazu, die Position der Verteidigungsanlagen auf der Halbinsel Saint-Mandrier zu bestimmen. Doch erst 1899 wurde der Beschluss gefasst, das Mausoleum zu versetzen. Ausgeführt wurde er schließlich 1902. Als man den Sarg des Admirals aus der Gruft holte, bemerkte man, dass die französische Flagge zu Staub zerfallen war, die drei Nationalfarben jedoch erstaunlicherweise noch erkennbar waren.

DAS POSTAMT IN TAMARIS

Die Stadt, deren Bürgermeister ein Pascha war

La Poste, Corniche Michel Pacha, Tamaris, 83500 La Seyne-sur-Mer
Villa Tamaris, Av. de la Grande-Maison, Tamaris, 83500 La Seyne-sur-Mer
04 94 06 84 00 - Dienstag–Sonntag, 14–18 Uhr

Blaise Michel wurde 1819 in Sanary geboren. Er arbeitete zuerst als Schiffsjunge und machte sich später während der Eroberung Algeriens durch Frankreich einen Namen, als er ganz alleine die Stadt Djidjelli einnahm. Es heißt, dass er sich in diesem Hafen an Bord eines Kriegsschiffes befand und mitten in der Nacht, mit einer französischen Flagge an seinen Gürtel geheftet, an Land schwamm. Dort hisste er die Flagge auf der Spitze des Minaretts, sodass die Bewohner am Morgen dachten, die Franzosen wären bereits in die Stadt eingedrungen und keinen Widerstand leisteten. Später, als er Kapitän in der Handelsschifffahrt wurde, strandete sein Schiff, die L'Eurotas, vor dem Lazarett von Alexandria. Er war der letzte, der von Bord ging. Innerhalb weniger Stunden war sein Haar komplett weiß geworden. Nach diesem Vorfall schrieb er eine Abhandlung über das Thema Navigation und unterstrich darin die Notwendigkeit von Leuchttürmen entlang gefährlicher Küsten. Napoleon III. schickte ihn in die Türkei, wo der Sultan Gefallen an ihm fand und ihm den Titel Pascha verlieh. Daraufhin änderte er seinen Namen in Michel Pacha. In der Folge erhielt er die Konzession für die Kaianlagen, Docks und Lagerhallen von Konstantinopel und gründete ein Seefrachtunternehmen. Er kehrte als reicher Mann nach Frankreich zurück und wurde dreimal zum Bürgermeister von Sanary gewählt. 1880 kaufte er dort 400 Hektar Land und errichtete Hotels, ein Casino und 60 Villen in verschiedenen Einflüssen. Obwohl Tamaris aufgrund von Besuchern wie Camille Saint-Saëns, Auguste Renoir, Georges Sand und den Brüdern Lumière sehr wohl seine Sternstunden hatte, schwand sein Ruhm in den 1920er-Jahren. Heute kann man die Villa Tamaris besichtigen, die Ausstellungen zeitgenössischer Kunst beherbergt, an einigen der anderen ungewöhnlichen Privatvillen vorbeischlendern und eine Postkarte in den hübschen Briefkasten der Post von Tamaris werfen.

DIE AUFERSTEHUNG DER GRÄFIN (42)

Als Diamanten tatsächlich die besten Freunde eines Mädchens waren …

Cimetière de La Seyne-sur-Mer
Place du Souvenir Français, 83500 La Seyne-sur-Mer
Im Stadtzentrum weisen Ihnen Schilder den Weg. Die Parkplatzsituation ist problematisch, aber zu Fuß gelangt man in 10 Minuten dorthin

Der Friedhof in La Seyne-sur-Mer verfügt sogar über Grabstätten von Personen, die auf wundersame Weise dem Tod entronnen sind: Nehmen Sie den Haupteingang, biegen Sie am hinteren Ende rechts ab und gehen Sie bis ans Ende der Reihe. Das Grab der Gräfin von Pézenas befindet sich rechts an der Außenmauer: Allée 10 Sud, 33rd place.

Eine gegen die Mauer gelehnte Tafel erklärt: „Hier ruht Rose Louise Marguerite Vallavieille, Gemahlin des verstorbenen Monsieur de Pézenas de Bernardy, königlicher Kapitän, geboren am 22. Juni 1754, gestorben am 22. Juni 1829. Betet für sie. Eine vorbildliche Frau und Mutter, unterstützte sie stets die vom Glück Benachteiligten."

Was uns diese Tafel nicht verrät ist, dass die Gräfin Pézanas gewissermaßen zweimal starb: Mit 20 Jahren erstickte sie an einem Aprikosenkern und wurde auf dem Friedhof von Toulon beerdigt. Ihr Ehemann, dessen Kummer man sich vorstellen kann, wollte, dass sie wie an ihrem Hochzeitstag gekleidet, in ihrem schönen weißen Kleid und mit einer herrlichen Diamanten-*Rivière* (Halskette) begraben würde.

In der darauffolgenden Nacht brach der Totengräber gemeinsam mit Komplizen das Grab auf, um die Kette zu stehlen. Doch dieses brutale Vorgehen weckte die Verstorbene, die in Wirklichkeit nur einer längeren Ohnmacht erlegen war. Als sie vor Erleichterung zu schluchzen begann, flohen die entsetzten Verbrecher. Sie lebte noch weitere 55 Jahre und brachte kurz nach diesem Vorfall ein wunderschönes Baby zur Welt. So entstand die oft erzählte, provenzalische Legende rund um das Kind der Pézenas, „das starb, bevor es geboren wurde".

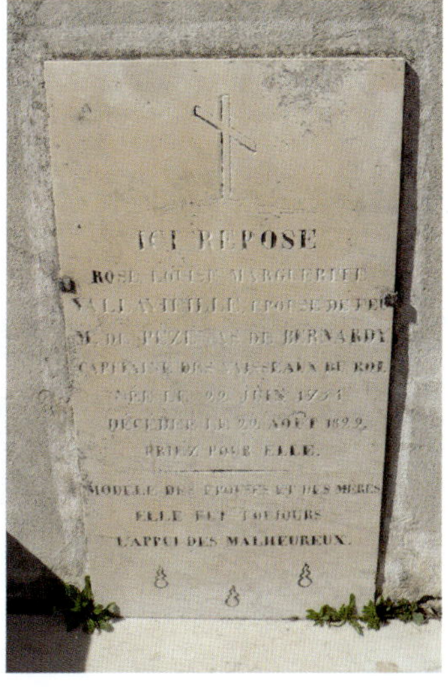

DIE KANONENKUGEL AM COURS LAFAYETTE

43

Eine Kanonenkugel von einer der zahlreichen Belagerungen, die dieser Militärhafen erlebte

89, cours Lafayette, 83000 Toulon

Am Cours Lafayette 89, wo (täglich, außer Montag) der Markt stattfindet, kann man auf einer bestimmten Höhe eine Kanonenkugel sehen, die in der Wand des Gebäudes steckt. Um diese Tatsache zu unterstreichen, ist sie zudem hübsch eingefasst.

Diese Kanonenkugel ist ein Erinnerungsstück an die Belagerung von 1707, als Frankreich, ein Verbündeter Spaniens im spanischen Erbfolgekrieg, gegen eine Koalition aus England, Holland, Österreich, Savoyen und Portugal kämpfte.

Der Feind wollte das von Vauban befestigte Toulon einnehmen, um die Handelsrouten Frankreichs zu unterbrechen. Hunderte Kanonenkugeln wurden von den Schiffen der Belagerer abgefeuert und schlugen in den Straßen ein. Man munkelt, dass die Kugel am Cours Lafayette genau an dieser Stelle stecken blieb, plausibler ist jedoch, dass sie vom Boden aufgehoben und zum Andenken an diese kriegerischen Zeiten hier angebracht wurde.

Ein Chocolatier aus Toulon hatte die Idee, Pralinen und Schokolade in Form einer Kanonenkugel zu erzeugen. Sie werden *Boulets du Cours Lafayette* (Cours-Lafayette-Kanonenkugeln) genannt.
Le Caillou du Faron, avenue des Meuniers, 04 94 91 28 34

Bonaparte zielt und schiesst

Toulon hat, neben jener von 1707, auch weitere Belagerungen erlebt. 1793 war es ein gewisser Bonaparte, der seinen Kanonieren befahl, die britische und spanische Flotte zu bombardieren, die Toulon als letzte Bastion der Monarchie verteidigte.

Toulon sollte Bonaparte noch zwei weitere Male begegnen. 1798 brach er vom Militärhafen von Toulon zu seiner Expedition nach Ägypten auf. Joséphine winkte ihm zum Abschied mit ihrem Taschentuch vom Tour Royal, um sicherzugehen, dass er auch wirklich fort war ... Und schließlich lief die Fregatte La Belle Poule mit einer Urne aus, um die Asche des ehemaligen französischen Kaisers auf Saint Helena abzuholen und nach Paris zurückzubringen.

DIE BÜSTE VON FÉLIX MAYOL 

Warum das Maiglöckchen das Wappen des Rugby-Clubs von Toulon ziert

Mayol Stadion
Avenue de la République, 83000 Toulon

Zu Beginn des 20. Jahrhundert feierte der aus Toulon stammende Sänger Félix Mayol (1872–1941) auf den Pariser Bühnen große Erfolge. In der Gegend von Pont-du-Las geboren, hatte er einen ganz eigenen Stil, der ihm das anhaltende Interesse der Tagespresse sicherte. Sein Auftreten war sehr feminin und er trug eine rote Haartolle, die zu einem seiner Spitznamen beitrug: *Flamme de punch* (punschfarbene Flamme). Er trug zudem immer ein Maiglöckchen im Knopfloch.

1919, am Höhepunkt seiner Karriere, war Mayol in seiner Heimatstadt in einer Pferdekutsche unterwegs, als, wie es heißt, ein Rugbyball in seinem Gefährt landete, mit dem er gerade am alten Radstadion vorbeifuhr. Von dieser ungewöhnlichen Sportart fasziniert, beschloss der Sänger, mehr darüber herauszufinden. Begeistert vom männlichen und freundlichen Empfang der Rugbyspieler, ließ Mayol ihnen seine Unterstützung zukommen, indem er die Sanierung ihres Stadions finanzierte.

Einige Monate später wurde das Mayol-Stadion am 20. März 1920 eröffnet. Es hatte seinen Wohltäter die beträchtliche Summe von 50 000 Goldfrancs gekostet. Die Spieler des Touloner Rugby-Clubs (RCT) beschlossen, als Zeichen der Dankbarkeit jenem Mann gegenüber, den sie „Sponsor Félix" nannten, Mayols Maiglöckchen als Symbol auf ihrem Wappen zu verewigen.

In den darauffolgenden Jahren unterstützte der Künstler sein Team weiterhin tatkräftig. Er verschenkte sogar einen Teil seiner Liedrechte zur Unterstützung des Clubs. Und auf seinem Grundstück, dem Clos Mayol am Boulevard du docteur Amouretti gab er prunkvolle Feste, zu denen die Rugbyspieler eingeladen waren.

Als der RCT 1931 die französische Rugby Union gewann, dankte Mayol den Spielern mit einem Abendessen, das noch üppiger war, als die üblichen Diner-Einladungen.

Heute trägt das Stadion noch immer den Namen seines Schirmherrn, obwohl es seit den 1980er-Jahren der Stadt gehört. Und im Stadion, ganz oben am Ende der Treppe beim Lafontan-Eingang, kann man die Büste des Sängers bewundern, gemeinsam mit einer Gedenktafel, die zu seinem hundertsten Geburtstag angebracht wurde.

DAS JESUSKIND MIT DEM GEBROCHENEN ARM

45

Sakrileg in der Kathedrale Notre-Dame-de-la-Seds

Place de la Cathédrale, 83000 Toulon
Ein kurzes Stück den Cours Lafayette hinauf, nach der Kanonenkugel, links in die Traverse de la Cathédrale einbiegen

Links neben der Fassade der Kathedrale in Toulon, die man nicht richtig sehen kann, etwas zu nahe an der Regenrinne, sind ein paar seltsame Steine in die Wand eingelassen. Sie bilden die Tafel von Lady Sibille (siehe gegenüberliegende Seite), die aus dem Toulon des 13. Jh. stammte, und beinhalten recht mysteriöse Symbole: ein Wolf, dessen Geschlecht eindeutig feststellbar ist, der einen Hasen verfolgt und zwei Kometen. Im Inneren der Kathedrale, in einer Kapelle auf der linken Seite steht eine aus Holz geschnitzte „Jungfrau mit Kind", wobei ein Arm des Jesuskindes abgetrennt wurde. 1793 beschloss man, die Kathedrale zu zerstören. Ein besonders dreister Geselle bewaffnete sich mit Hammer, Meißel und einer Leiter, um dieses Sakrileg zu begehen. Doch sobald er den heiligen Arm abgetrennt hatte, fiel er von der Leiter und brach sich seinen Arm an genau derselben Stelle. Die Meute der Ungläubigen interpretierte das als göttlichen Schutz, zog sich zurück und ließ von ihrem hinterhältigen Plan ab.

DIE INSCHRIFT AN FÜRSTIN SIBILLES GRAB

Die letzte Lehensherrin von Toulon

Place de la Cathédrale, 83000 Toulon

Die Tafel, die links neben der Fassade der Kathedrale Notre-Dame-de-la-Sed in die Wand eingelassen ist, ist leicht zu übersehen. Flankiert von einer Regenrinne, wurde sie vom alten Friedhof Saint-Michel hierher gebracht, der im 17. Jh. der Vergrößerung der Kathedrale zum Opfer fiel. Die Tafel, die im 13. Jh. graviert wurde, ist vielleicht das einzige Relikt des Friedhofs, der sich neben der ehemaligen Kirche aus dem 11. Jh. befand. Hier die Übersetzung des Textes: „*Wer empfindet im Angesicht dieses Grabsteins nicht Verachtung für die Dinge dieser Welt. Amen. An den Nonen des Juli, im Jahr 1239 des Herrn starb Fürst Gaufridet, Lehensherr von Trets und Toulon. Seine Seele ruhe in Frieden. Desgleichen gestorben ist Fürstin Guillaumette, die Ehefrau von Fürst Gaufridet im Jahr 1234 des Herrn und am 10. Kalenden des September starb Fürst Gilbert des Baux. Verkündet, das Fürstin Sibille diese Grabstätte anfertigen ließ. Gelobt seist du Maria.*“

Gaufridet starb 1239 und seine Tochter Sibille übernahm als einzige Erbin die Lehensherrschaft über Toulon. Sie hatte eben erst Gilbert des Baux geheiratet, der wiederum 1253 starb. Sibille ließ diesen Grabstein für ihn machen. Sie heiratete ein zweites Mal – den Minnesänger und Soldaten Boniface of Castellane – befreite sich aber aus dieser Beziehung als sie Karl von Anjou auf seiner Rückreise von den Kreuzzügen in Toulon empfing. Als Sibille starb, fiel Toulon unter die Herrschaft von Anjou, da die letzte Lehensherrin von Toulon kinderlos blieb. In der Inschrift wird das Herrschaftsgebiet von Toulon jenem von Trets hintangestellt. Das veranlasste einen verärgerten Einwohner Toulons, der seine Stadt nicht an zweiter Stelle sehen wollte, dazu, ihren Namen mit dem Hammer herauszuschlagen. Außerdem ist überliefert, dass man, als die Tafel im 18. Jh. auf der Mauer befestigt wurde, eine römische Inschrift auf der Rückseite der Steinplatte, die offensichtlich wiederverwendet wurde, entdeckte.

DIE STATUE VON HEINRICH HEINE ㊼

„Der größte Schmutzfink im deutschen Dichterwald“

Botanischer Garten in Le Mourillon
Boulevard Miramar, 83000 Toulon
Täglich 9–19 Uhr

Warum steht die Statue von Heinrich Heine* hier im bezaubernden botanischen Garten von Toulon mit Blick auf die beliebten Strände von Le Mourillon? Ganz ehrlich, es gibt keinen triftigen Grund dafür – weder einen historischen oder literarischen noch sonst irgendeinen –, dass die Statue an ebendiesem Ort steht. Es ist einfach auf eine Vielzahl von Umständen zurückzuführen, dass dieses Monument in Toulon landete.

1873 gab die berühmte Sisi (Kaiserin Elisabeth von Österreich aus dem bayrischen Hause Wittelsbach), eine glühende Verehrerin des Dichters Heinrich Heine (1797–1856) ein Denkmal zu seinem Andenken in Auftrag. Anträge, die Statue in Hamburg aufzustellen, wo der Dichter gelebt hatte, waren von den Behörden abgewiesen worden. Deshalb beschloss sie, sie auf ihr Anwesen in Korfu (das Achilleion) zu bringen.

1907 erwarb Wilhelm II., König von Preussen und Kaiser von Deutschland, nach der Ermordung der Kaiserin das Grundstück. Er ließ die Statue des Mannes, den er als den „größten Schmutzfinken im deutschen Dichterwald“ bezeichnete, entfernen. Der Verleger Julius Campe brachte das Denkmal zurück nach Hamburg und ließ es in einer Grünzone neben einem Bürogebäude aufstellen. Doch im antisemitischen Klima der Zwischenkriegsjahre wurde die Statue beschädigt und beschmiert. Also wurde sie ein weiteres Mal versetzt. Dieses Mal in ein Museum im Hamburger Bezirk Altona.

1933 schlossen die Nazis das Museum. Daher ließ Campes Tochter Olivia die Statue per Boot nach Marseille bringen und von dort per LKW nach Toulon. Warum Toulon? Einfach deshalb, weil Olivia Campe vorhatte, mit ihrem Mann Edmond Bouchard, der aus Toulon stammte, dort zu leben.

1956 tauchte die Statue wieder auf, als sie aus den Kisten geholt wurde, in denen sie den Krieg überdauert hatte. Man schenkte sie der Stadt Toulon und stellte sie an ihrem aktuellen Standort auf. Doch vielleicht ist das nicht das Ende der Geschichte. Einige Bewunderer von Heinrich Heine haben Schritte unternommen, um das Wanderdenkmal in den Geburtsort des Dichters zurückzuholen.

** Heinrich Heine (1797–1856), Dichter, Journalist und deutscher Kritiker mit jüdischen Wurzeln. Seine Werke sollten in seinem Geburtsland, Deutschland, verboten werden.*

DER PSEUDOMITTELALTERLICHE TURM DES MONSIEUR NOBLE (48)

Das Haus des Irren

Rue Beaussier, Quartier du Mourillon, 83000 Toulon
Besuche sind nicht gestattet, doch die sehenswerten Bauteile sind von der Straße aus sichtbar

Obwohl die meisten Leute, die in Toulon leben, das *Maison du Fada* (umgangssprachlich „Das Haus des Irren“ genannt) kennen, weiß ein Großteil von ihnen nichts darüber, warum dieser Turm Ende des 19. Jh. im neuen Viertel von Le Mourillon für einen gewissen Jean Noble, einen im öffentlichen Baugewerbe tätigen Unternehmer, gebaut wurde.

Noble hatte drei Grundstücke gekauft, auf denen er drei nebeneinanderliegende Wohngebäude bauen wollte. Eines davon behielt er für sich und seine Familie. Es hatte einen Garten, der sich damals bis zum Meer erstreckte.

1898, zu einem Zeitpunkt, als einige seiner Arbeiter vorübergehend entlassen worden waren, bot er einem von ihnen, Louis Borfiga, die Möglichkeit, einen Entwurf für sein Haus anzufertigen. Borfiga stammte, wie Noble, aus Menton und war erst vor kurzem nach Toulon gekommen. „Viel Spaß“ war der einzige architektonische Auftrag, den Noble ihm gab.

So war Nobel freudig überrascht, dass Borfiga einen mit Zinnen versehenen Turm mit Steinfassade baute. Ganz oben platzierte er drei Zementfiguren, die drei lokalen Charakteren nachempfunden waren: der Witwe Sellier (die Zeitungen verkaufte), einem Fischer und der Fischverkäuferin. Leider wurden die drei Figuren durch Freudenschüsse anlässlich der Befreiung 1944 schwer beschädigt.

Wenn Sie sich im Straßengewirr von Le Mourillon verirren, fragen Sie einfach nach dem Weg zum *Maison du Fada*. Das ist der Spitzname, den ihm die Bewohner von Le Mourillon gegeben haben. Der *Cité Radieuse* von Le Corbusier in Marseille wurde ein ähnlicher Name gegeben.

Der Steinbau des Noble-Hauses steht seit 2014 unter Denkmalschutz.

DIE SPENDENBOX FÜR ARME GEFANGENE

49

Für eine bessere Kost in der Strafanstalt

Museum der Freunde des alten Toulon, 10 Rue Saint-Andrieux, 83000 Toulon
04 94 62 11 07
Montag bis Samstag von 14–17:45 Uhr
amisduvieuxtoulon.com

Seit 1990 beherbergt das Museum der Freunde des alten Toulon ein sehr bewegendes Ausstellungsstück: eine gravierte Schiefertafel, die sich vormals an der Vorderfront der Rue de la Glacière 35 in Toulon befand, dem Gelände der wohltätigen Sankt-Vincent-de-Paul-Gesellschaft. Auf der Tafel steht: „Spendenbox für arme Gefangene". Einige Insassen des *bagne* (Strafanstalt) hatten keinerlei familiäre Bindungen mehr und natürlich auch keinerlei Einkommen. Und ohne die Möglichkeit, einer bezahlten Arbeit nachzugehen, war die öffentliche Wohlfahrt die einzige Hoffnung, die Kost im *bagne* zu verbessern.

Die Rolle und der Nutzen von Geld in einem Gefängnis wird noch heute diskutiert. Zu Zeiten des *bagne* von Toulon (1748–1873, siehe unten) benötigten die Insassen das Geld vor allem, um die Qualität des Essens zu verbessern und die Menge, die sie bekamen, aufzustocken. Die tägliche Standardration bestand aus zwei Pfund Brot (918 Gramm), einer mit Olivenöl gewürzten Bohnensuppe und einem *Chopine* (etwa einem halben Liter) Wein. Fleisch bekamen nur die *Réprouvés* (die „Lebenslänglichen", die zu schwerer körperlicher Arbeit verurteilt waren), und das auch nur sonntags und in einer Ration von 230 g.

Um Geld für eine bessere und weniger blähende Kost aufzutreiben, konnte man versuchen, eine der kleinen Aufgaben, die das *bagne* anzubieten hatte, zu übernehmen. *Payols* (bzw. *Payots*) arbeiteten als Sekretäre und lasen bzw. schrieben Briefe für Ihre ungebildeten Mithäftlinge; *Fricotiers* (Köche) betrieben die Öfen; *Fourgonniers* servierten das Essen; *Garde-Bidons* entzündeten und löschten die Laternen; und Aufgabe des *Chaloupiers* war es, den anderen Häftlingen die Fußeisen anzulegen (*ferrer*) und abzunehmen (*déferrer*). Noch heute benutzt man in Frankreich den Ausdruck, jemand wird *déféré au parquet* (ein Parquet ist ein Staatsanwalt), was bedeutet, er wird vor Gericht gestellt.

Häftlinge konnten auch als *barberots* (Haare Schneiden und rasieren), Perückenmacher oder Spitalpersonal arbeiten. Doch die begehrteste Stelle (da sie am besten bezahlt war) war die des Folterknechts, obwohl man sich dadurch leicht Feinde under den Mithäftlingen machte. Zu Beginn des 19. Jh. wurden folgende Gehälter gezahlt: für Knochenbrüche 20 Livres; für das Hängen 15 Livres; für das Verbrennen 15 Livres; für das Abschneiden eines Ohrs 4 Livres (7 Livres für 2 Stück); das Abschneiden einer Nase 2 Livres und das Herausschneiden einer Zunge 2 Livres.

Das Bagne *von Toulon: das grösste im ganzen Königreich*

1748 wurden Galeeren nicht mehr als Kriegsschiffe eingesetzt. In Frankreich beschloss man deshalb, Verbrecher anstatt zur Arbeit auf einer Galeere, zur Arbeit in Ketten zu verurteilen. Toulon, der Heimathafen für Kriegsgaleeren, sah sich Tausenden von Verurteilten gegenüber, die nicht mehr „gebraucht" wurden. Diese kostenlosen Arbeitskräfte wurden für den Bau des größten *bagne* im ganzen Königreich eingespannt. Es schloss seine Pforten am 31. Dezember 1873, als die Fregatte La Guerrière mit Toulons letzten 400 Häftlingen Richtung Cayenne aufbrach.

Mit einer Kapazität von 4000 Insassen, war das *bagne* von Toulon das größte Frankreichs und auch das langlebigste. Wenn heute praktisch nichts mehr davon zu sehen ist, liegt das daran, dass es ein „schwimmendes Gefängnis" war. Still gelegte Schiffe dienten als Schlafräume und andere Kammern, in denen die Häftlinge ihre Zeit verbrachten. Verurteilte wurden zu Fuß aus ganz Frankreich in das Gefängnis überstellt. Jene aus dem Norden des Landes wurden zuerst in Bicêtre zusammengefasst. Dort brachen sie in Gruppen von 500 zu einem 35-tägigen Marsch auf (Vidocq schreibt in seinen Erinnerungen, dass er 37 Tage benötigte). Immer 26 Männer wurden aneinander gekettet, mit Ketten, die jeweils 10 Kilo wogen. Diesen Konvoi nannte man *la Chaîne* (Kette) oder *la Cadène* (Eisen). Zogen sie durch ein Dorf, stellten sich neugierige Bewohner zu beiden Straßenseiten auf und sahen ihnen zu.

Obwohl es verboten war, folgten Familien manchmal ihren Angehörigen in einiger Entfernung. Die Marquise de Sévigné zeigte sich beim Vorbeiziehen der *la Chaîne* überrascht und merkte an, dass unter den Verurteilten einige „sehr anständige" Leute waren.

Bei ihrer Ankunft in Toulon wurde jeder mit einer roten Jacke, einer geschlitzten gelben Serge-Hose, bei der die Fußeisen zu sehen waren, und einem Hut je nach Strafmaß ausgestattet. Grün für die lebenslang Verurteilten, Rot für zeitlich begrenzte Freiheitsstrafen und Braun für eingefangene Ausbrecher. Sie wurden als *faits marrons* (braun geworden) bezeichnet! Flüchtige, die wieder ins Gefängnis gebracht wurden, transportierte man alleine und in Ketten auf Pferdewagen. Die Gefangenen wurden in zwei Kategorien unterteilt: die *Réprouvés* (die Verdammten) und die *Indociles* (die Undisziplinierten). Erstere waren zu lebenslanger Haft und schwerer Zwangsarbeit verurteilt (Steinbrucharbeiten), während Letztere mit kürzeren Haftstrafen zu leichteren Arbeiten (z. B. in der Landwirtschaft) verurteilt waren. Aufgrund der harten, aber gesunden Arbeit auf den Feldern nahe der

Stadt nannten jene, die davon profitierten, das Gebiet auf dem sie arbeiteten *Terre Promise* (Gelobtes Land). Diese Bezeichnung wird immer noch verwendet.

Das Gefängnis befand sich auf dem Gebiet des heutigen Arsenals. Außer dem Ruheraum der Wachen ist nichts mehr davon übrig. Dieses Gebäude mit seinen leicht geneigten Wänden liegt am Eingang zum Innenhafen, kann aber nicht besichtigt werden.

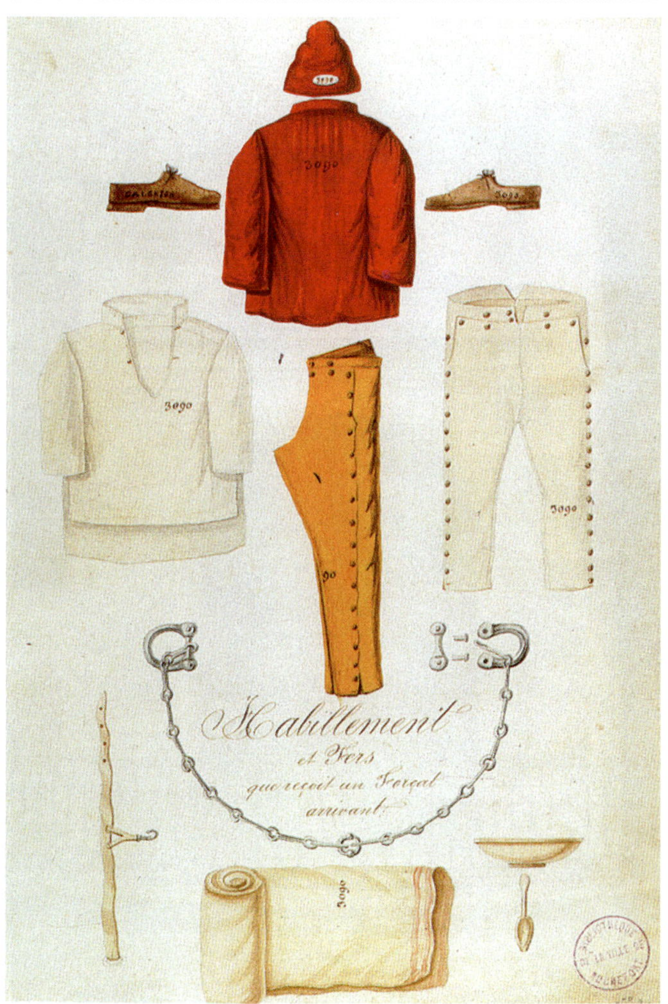

EINGANGSTOR ZUR KIRCHE NOTRE-DAME DE COURTINE

50

Die letzten Spuren des Dorfes Six-Fours

Jardin Alexandre 1er deYougoslavie
Boulevard Général Leclerc, 83000 Toulon
Täglich 9–19 Uhr

Am hinteren Ende der Gärten von Alexander I. steht auf der linken Seite das Eingangstor zu einer Kirche, im für die Provence des 17. Jh. typischen Stil. Dies sind die letzten sichtbaren Reste des Dorfes Six-Fours-les-Plages, das von der Armee vollständig zerstört wurde, um hier eine Verteidigungsanlage zu bauen. Nach der Katastrophe von 1870 investierte Frankreich verstärkt in den Bau von Befestigungsanlagen unter der Leitung des „Vauban des 19. Jh." Raymond Adolphe Séré de Rivières (1815–1897). Der Kriegshafen von Toulon wurde, wie jener von Six-Fours, von sechs neuen Festungen geschützt. Die Marine enteignete die Bewohner von Six-Fours, einem mittelalterlichen Schmuckstück. Kirchen und andere Gebäude, darunter auch das Schloss, das das Dorf beherrschte, wurden dem Erdboden gleich gemacht und ließen keine archäologischen Untersuchungen mehr zu. Schlimmer noch, um die Festung dort bauen zu können, wurden 10 Meter des Hügels abgetragen. Nur die Stiftskirche von Notre-Dame de Courtine (siehe Seite 70), die unterhalb des alten Dorfes lag, blieb erhalten. Der Eingang zur Notre-Dame de Courtine wurde tatsächlich Stein für Stein von den Bewohnern abgetragen, die ihr Dorf nicht vollständig verschwinden sehen wollten. Es wurde 1876 an seinem aktuellen Standort wiederaufgebaut.

Cul-vers-Ville, oder Cuverville, der Oberbefehlshaber des Mittelmeers?

Die Menschen in Toulon kennen die Statue des Geistes der Seefahrers besser unter seinem Spitznamen „Cuverville" der aus einem französischen Wortspiel entstanden ist, das auf das in Richtung der Stadt gewandte und besonders wohlgeformte Hinterteil des Sinnbildes für die Seefahrt anspielt (cul mit einem stummen „l" bedeutet Hinterteil, vers bedeutet zugewandt, ville bedeutet Stadt). Weniger bekannt ist, dass die Statue ihren Namen mit dem Oberbefehlshaber der Marine im Mittelmeer Ende des 19. Jh. teilt, Admiral Jules Cavelier de Cuverville (1834–1912).

Es wird erzählt, dass die Statue 1944 von Splittern einer Bombe getroffen und von den Nazi-Truppen zum Einschmelzen vorgesehen wurde. Ein mutiger Einwohner bat angeblich darum, sie zu verschonen. Er wies auf die Bezeichnung Germanicus hin, die mit den Namen anderer großer westlicher Eroberer auf dem Sockel eingraviert war. Er behauptete, dass der glorreiche Held mit dem wahrhaft deutschen Namen hier begraben sei. Tatsächlich erhielt Germanicus seinen Namen nicht, weil er ein Deutscher war, sondern weil er die Deutschen geschlagen hatte. Offensichtlich gelang die List, da die renovierte Statue noch immer steht!

DIE KANONE IN DER RUE PIERRE SÉMARD

(51)

Zeugin der Belagerung von 1793 und ein Poller im Rotlichtviertel

An der Ecke Rue Pierre Sémard und Rue Anatole France, 83000 Toulon

An der Ecke der Rue Pierre Sémard und der Rue Anatole France dient eine verrostete alte Kanone, deren Öffnung von den vielen Passanten abgewetzt wurde, als Prellstein. Sie stammt aus der Zeit, als es noch keine Gehsteige gab. Damals mussten Straßenecken durch Prellsteine oder ihrem Equivalent aus Metall geschützt werden, damit sie nicht durch die Räder der Gefährte beschädigt wurden.

Trotz seines lamentablen Zustandes, lohnt sich ein Besuch bei diesem Artilleriegeschütz. Es handelt sich hier um eine von vielen Kanonen, die von den Engländern während der Belagerung von 1793 (siehe Seite 76) hier zurückgelassen wurden. Kurz nach der Revolution hieß diese Straße Rue du Canon. Dieser Name wurde bis 1945 verwendet, als der Bürgermeister von Toulon, Jean Bartolinie (ein Mitglied der französischen kommunistischen Partei) beschloss, ihr den Namen von Piere Sémard zu verleihen (einem kommunistischen Gewerkschafter, der 1942 als Gefangener in Evreux erschossen wurde). Die Bewohner der Region, die sich nicht besonders für Politik interessierten, nannten sie noch viele Jahre Rue du Canon, was die Bezeichnung auf dem Straßenschild des Gebäudes am Straßenanfang erklärt: *„Rue Pierre Sémard, ex du Canon“* (Rue Pierre Sémard, ehemals Rue du Canon).

Während der Nachkriegszeit stellte die Kanone in Toulon die westliche Grenze des Rotlichtviertels dar, das von den Seeleuten liebevoll „Chicago“ genannt wurde.

GEDENKTAFEL FÜR MIQUETTE

Zur Erinnerung an eine berühmte Prostituierte und das „Chicago" der Nachkriegszeit

Bar „Aux Cinq Parties du Monde"
30, Rue Anatole France, 83000 Toulon
mes-annees-50.com/toulon_chicago.htm

Vor der Bar „Aux cinq parties du Monde" in Toulon findet man eine ungewöhnliche Huldigung in marineblauen Buchstaben auf einer weißen Marmortafel: „Zur Erinnerung an Miquette, dankbare ehemalige Seeleute."

Von der Nachkriegszeit bis in die 1970er-Jahre bildete die Rue Anatole France das westliche Ende von Toulons Rotlichtviertel, das von den Seefahrern „Chicago" genannt wurde. Dieser Teil der unteren Stadt war Ursprung vieler ikonischer Bilder, die über die Jahre in Romane und Kriminalfilme der 1950er- und 1960er-Jahre Einzug hielten: zwielichte Gassen, wo Schlägereien und jede Art von Handel die Norm waren, wo sich die Bars für Soldaten und Seefahrer befanden und natürlich, wo viele Frauen jeden Alters ihr Gewerbe unter den Seeleuten von Frankreichs größtem Schiffshafen ausübten.

Von 1950 bis 1980 war Miquette eine dieser Prostituierten. Als die kurvige, kleine Brünette, die in Alger geboren wurde, sich nach einer 30-jährigen Berufslaufbahn zur Ruhe setzte, hatte sie vor Ort eine gewisse Berühmtheit erlangt. Leider konnte sie nicht dabei sein, als die Tafel zu ihren Ehren am 11. Mai 2013 enthüllt wurde.

Obwohl die Zeremonie zu einigen lauten Protestaktionen militanter Feministinnen führte, stritten die Urheber des Projekts ab, Verfechter der Prostitution zu sein. Sie behaupteten, damit die Bedingungen, unter denen ehemalige Sexarbeiterinnen wie Miquette ihren Lebensabend bestritten, zu verurteilen. In gewisser Weise versuchten sie auch das Image, das „Chicago" nach dem Krieg anhaftete, zu verbessern. Wenn man den Geschichten von Einheimischen sowie Soldaten und Seefahrern, die hier zu Gast waren, glauben kann, war das Leben in diesem Stadtteil viel angenehmer, als sein Spitzname vermuten lässt. Die oben angeführte Website enthält zahlreiche Augenzeugenberichte, die das Leben dort oft auf sehr bewegende Weise schildern.

DAS SCHWERT AN DER FASSADE DES JUSTIZPALASTES (53)

Ist die Waage nicht im Gleichgewicht, weil der Baumeister nicht bezahlt wurde?

140, boulevard Général Leclerc, 83000 Toulon

Auf der rechten Seite der Fassade des Justizpalastes in Toulon stellt ein Flachrelief eine Allegorie des Gesetzes in Form einer Waage dar. Die Mittelsäule der Waage ist ein Schwert. Eine der beiden Waagschalen hängt erheblich tiefer als die andere.

Man sagt, dass der Baumeister, aus Ärger darüber, dass er für seine Arbeit nicht bezahlt worden war, sich rächte, indem er diese Skulptur bestellte, die die Gerichtsbarkeit als wenig objektiv darstellt.

Der Name des Schuldigen ist unbekannt, doch die Original-Skulptur wurde von einem gewissen Reynaud für den Architekten Honoré Monestel angefertigt. Wir wissen auch, dass der Justizpalast, der 1924 eröffnet wurde, durch Bombenangriffe 1944 schwer beschädigt und 1947 teilweise wiederaufgebaut wurde.

Die Balkenwaage, ein Symbol für Recht und Gerechtigkeit

Eine Balkenwaage besitzt zwei Waagschalen. Der Mechanismus ist einfach und ihre Zuverlässigkeit lässt sich überprüfen. Deshalb wurde sie lange als Symbol für die Unparteilichkeit verwendet. In der ägyptischen Mythologie wurde, als Symbol von Gerechtigkeit (Ma'at), das Herz der Verstorbenen auf eine der Waagschalen gelegt, während die andere eine Feder trug. Das Gewicht des Herzens (das die Vergehen des Verstorbenen darstellte) sollte das der Feder natürlich nicht übersteigen. Dieses Symbol wurde später auch von den Griechen übernommen, wo es zum Markenzeichen von Themis, der Göttin von Gerechtigkeit, Recht und Ordnung wurde. Bei den Römern wurde Themis' Waage der Gerechtigkeit an Justitia übergeben, der Göttin der Gerechtigkeit im alten Rom. Allegorien zeigen sie mit einem Schwert bewaffnet und mit einer Waage ausgestattet. Das Schwert symbolisiert das Prinzip der Gerechtigkeit. Es könnte praktisch in die eine oder die andere Richtung ausschlagen. Die Waage repräsentiert das Konzept der Gerechtigkeit: das Abwägen von Pro und Contra der Fakten und Argumente. Als Zeichen ihrer Unparteilichkeit hat Justitia verbundene Augen.

DER RAUCH IM RELIEF DES HEILIGEN JOHANNES BEI DER NIEDERSCHRIFT DER APOKALYPSE

54

Ein launischer Wind

Kirche Saint-Jean
La Valette du Var, Avenue du Char de Verdun, 83160 La Valette-du-Var

Am oberen Rand des Kirchenportals von Saint-Jean in La Valette-du-Var ist ein Holzrelief zu sehen, das den Heiligen Johannes auf Patmos bei der Niederschrift der Apokalypse zeigt. Ein Adler steht symbolisch für den Apostel und Evangelisten Johannes, dessen römisches Gewand und Körper derart meisterhaft gearbeitet sind, dass sogar die Sehnen an den Beinen zu erkennen sind. Die Jungfrau im Zentrum der Skulptur scheint über den Fluten zu schweben und diese zu beherrschen.

Links befindet sich eine Insel mit einer kleinen Festung, auf der eine Fahne weht, weiter hinten liegt eine zweite Insel mit einem antiken Leuchtturm, aus dem Rauch austritt. Es herrscht starker Wellengang, ein Schiff fährt in die Ferne.

An der Küste ist das Wappen eines Kardinals abgebildet: Das Werk soll von einem Prälaten für eine Kirche in Rom in Auftrag gegeben worden sein, der den Kämpfer (Impost) und die Türen nach seinem Tod der Stadt La Valette-du-Var hinterließ. Da bei der Erweiterung der Kirche niemand Anspruch auf das Werk erhob, fand es hier seinen Platz.

Interessantes Detail: Der Wind weht von rechts nach links (Wellen, Flügel, Falten, Palmen, Fahne), während der links austretende Rauch nach rechts weht. Der (anonyme) Urheber des Werkes soll sich aus Scham das Leben genommen haben.

Der Pinienzapfen im Wappen von La Valette-du-Var

Während der Pestepidemie, die die Region im 15. Jahrhundert heimsuchte, stand La Valette seiner Nachbargemeinde Pignans bei. Zum Dank soll sich diese von einem der drei Pinienzapfen aus ihrem Wappen getrennt haben, der fortan im Wappen von La Valette zu sehen war. Doch möglicherweise gehört diese Anekdote auch ins Reich der Legenden, denn im Wappen von Pignans sind heute noch immer drei Pinienzapfen zu sehen.

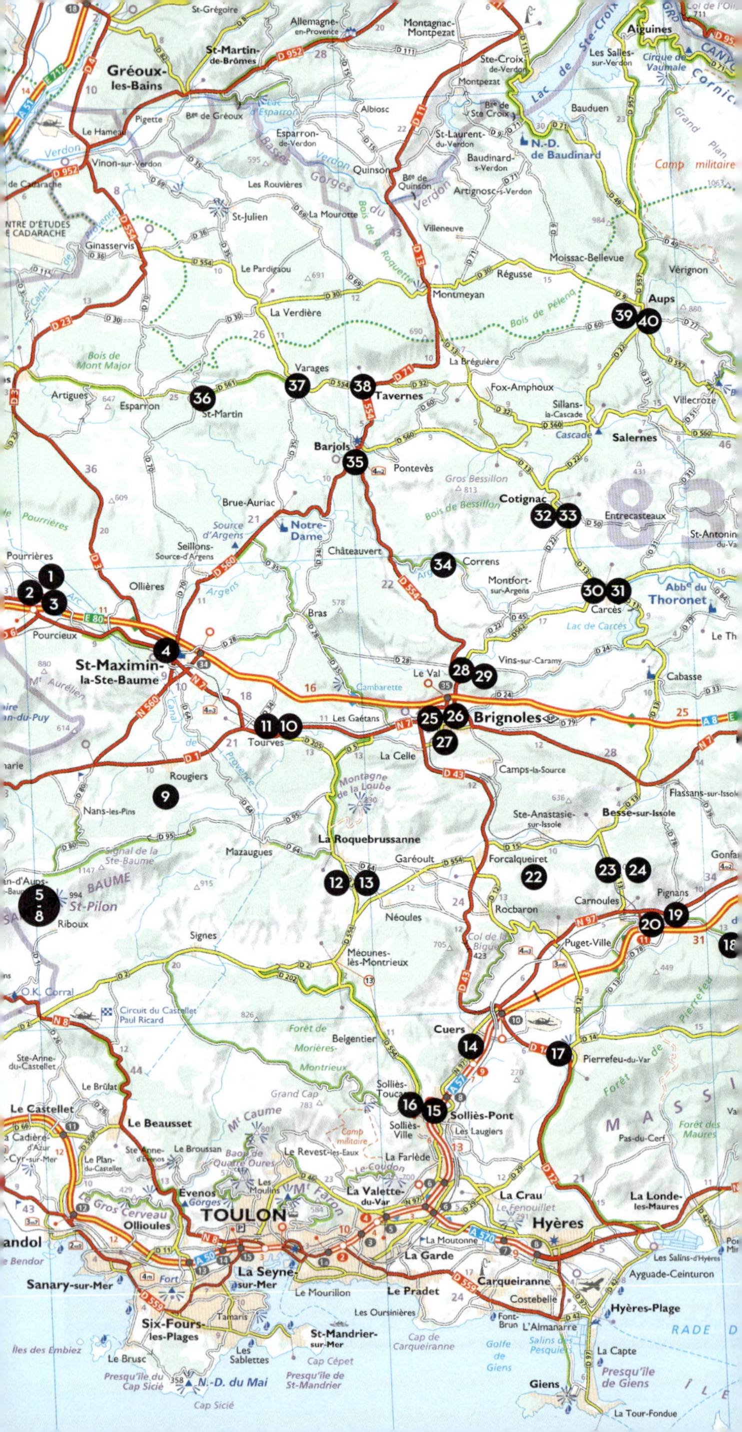

St-Grégoire
Allemagne-en-Provence
Montagnac-Montpezat
Aiguines
Gréoux-les-Bains
St-Martin-de-Brômes
Ste-Croix-de-Verdon
Montpezat
Les Salles-sur-Verdon
Cirque de Vaumale
Lac de Ste-Croix
Albiosc
Bge de Ste Croix
Bauduen
Pigette
Bge de Gréoux
Lac d'Esparron
Le Hameau
Esparron-de-Verdon
St-Laurent-du-Verdon
N.-D. de Baudinard
Verdon
Vinon-sur-Verdon
Quinson
Baudinard-s-Verdon
Camp militaire
Grand Plan
de Cadarache
Les Rouvières
Basses Gorges du Verdon
Bge de Quinson
Artignosc-s-Verdon
CENTRE D'ÉTUDES DE CADARACHE
St-Julien
La Mourotte
Bois de la Roquette
Villeneuve
Ginasservis
Canal de Provence
Moissac-Bellevue
Le Pardigaou
Régusse
Vérignon
Montmeyan
Aups
La Verdière
Bois de Pélenq
Bois de Mont Major
Varages
La Bréguière
Fox-Amphoux
Villecroze
Artigues
Esparron
St-Martin
Tavernes
Sillans-la-Cascade
Cascade
Salernes
Barjols
Pontevès
Gros Bessillon
Bois de Bessillon
Cotignac
Entrecasteaux
St-Antonin-du-Var
Pourrières
Brue-Auriac
Source d'Argens
Notre-Dame
Seillons-Source-d'Argens
Châteauvert
Correns
Montfort-sur-Argens
Carcès
Abbaye du Thoronet
Pourrières
Ollières
Argens
Arc
Bras
Lac de Carcès
Pourcieux
Le Th
St-Maximin-la-Ste-Baume
Mt Aurélien
Vins-sur-Caramy
Le Val
Cabasse
Cambarette
Les Gaëtans
Brignoles
Tourves
La Celle
Camps-la-Source
Rougiers
Montagne de la Loube
Flassans-sur-Issole
Nans-les-Pins
Ste-Anastasie-sur-Issole
Besse-sur-Issole
Mazaugues
La Roquebrussanne
Signal de la Ste-Baume
Garéoult
Forcalqueiret
Gonfaron
BAUME
St-Pilon
Riboux
Néoules
Rocbaron
Carnoules
Pignans
Signes
Col de la Bigue
Puget-Ville
Méounes-lès-Montrieux
O.K. Corral
Circuit du Castellet Paul Ricard
Cuers
Forêt de Morières-Montrieux
Belgentier
Pierrefeu-du-Var
Ste-Anne-du-Castellet
Le Brûlat
Grand Cap
Solliès-Toucas
Solliès-Pont
Forêt de Pierrefeu
Le Castellet
Le Beausset
Mt Caume
Camp militaire
Solliès-Ville
Les Laugiers
MASSIF
Pas-du-Cerf
Forêt des Maures
La Cadière-d'Azur
St-Cyr-sur-Mer
Ste-Anne-d'Évenos
Le Broussan
Baou de Quatre Oures
Le Revest-les-Eaux
La Farlède
Le Plan-du-Castellet
Le Coudon
Évenos
Gorges
Les Moulins
Mt Faron
La Valette-du-Var
La Crau
Le Fenouillet
La Londe-les-Maures
Gros Cerveau
Ollioules
TOULON
Hyères
Bandol
La Moutonne
Les Salins-d'Hyères
Bendor
La Garde
Ayguade-Ceinturon
Sanary-sur-Mer
Fort
La Seyne-sur-Mer
Le Mourillon
Le Pradet
Carqueiranne
Costebelle
Hyères-Plage
Tamaris
Les Oursinières
Fontbrun
L'Almanarre
RADE D
Six-Fours-les-Plages
St-Mandrier-sur-Mer
Cap de Carqueiranne
Golfe de Giens
Salins des Pesquiers
Îles des Embiez
Le Brusc
Les Sablettes
Cap Cépet
La Capte
Presqu'île du Cap Sicié
N.-D. du Mai
Presqu'île de St-Mandrier
Presqu'île de Giens
Giens
Cap Sicié
La Tour-Fondue
83

Provence verte und Zentrales Var

DER MARIUS-BRUNNEN

Die Pyramide der „verwesenden Felder“

Rue Fontvieille, 83910 Pourrières

Genau hier auf der Ebene, die Pourrières, eine Gemeinde im Var unterhalb des Berges Sainte-Victoire, umgibt, stoppte 102 v. Chr.

der römische General Gaius Marius den Vormarsch einer barbarischen Horde von Teutonen, Ambronen und Kimbern. Früher gab es entlang der Route der heutigen RN7 ein Denkmal, das an diesen Sieg erinnerte, doch es erodierte im Laufe der Zeit und wurde durch den heutigen Brunnen von Pourrières „ersetzt", der ebenfalls die Form einer Pyramide hat und mit Steinen des alten Denkmals gebaut wurde.

Der Kampf, der hier stattfand, war ausgesprochen brutal. Nach zwei Tagen wiederholter Attacken und einem Großangriff in den Rücken der Teutonen, sollen die Römer 200 000 feindliche Soldaten getötet und 90 000 gefangen genommen haben. Die ambronischen Frauen hätten der Schlacht fast noch eine Wendung gebracht, als sie die Waffen ihrer Männer aufnahmen, die sie der Feigheit bezichtigten. Der Historiker La Pise (17. Jahrhundert) erzählt, dass die teutonischen Frauen ihre Röcke hoben, ihre Geschlechtsteile zeigten und riefen: „Wenn ihr euch fürchtet, kriecht dort hinein, wo ihr herausgekommen seid. Dieser Ort soll euch als Versteck dienen!" Es war auf jeden Fall die kürzeste und blutigste Schlacht, die jemals auf französischem Boden stattfand.

Es heißt, dass der Fluss Coenus vom Blut rot gefärbt war und die Leichen auf dem Schlachtfeld nicht beerdigt wurden. Das würde den Ursprung des Namen von Pourrières erklären, der sich von *campi putridi* (verwesende Felder) ableitet. Doch einige Leute behaupten, dass er, weitaus prosaischer, von *Champs de Poireaux* (den Lauchfeldern) abstammt, die es in Pourrières in großer Zahl gibt. Es wird auch erzählt, dass die Bauern die Knochen der toten Krieger zum Bau von Zäunen verwendeten, an denen sie ihre Rebstöcke befestigten.

IN DER UMGEBUNG

In Gedenken an Humilis ②

Maison de Germain Nouveau, 5, rue Germain-Nouveau, 83910 Pourrières

Die Skulptur von Germain Nouveau 

Place du Château, 83910 Pourrières

Um das Jahr 1900 sah man einen bestimmten Bettler manchmal vor der Kirche Saint-Sauveur an exakt derselben Stelle, an der sich heute die Cézanne-Tafel befindet. Es heißt, dass Cézanne selbst dem Mann regelmäßig Almosen gab. Er hieß Humilis und war auch als Germain Nouveau bekannt, ein Dichter, der 1851 in Pourrières geboren wurde. Er war mit Verlaine und Rimbaud befreundet und der Gründer des *Cercle Zutique* (einer Gruppe französischer Skeptiker, die diesen Namen trugen, weil sie alles mit „Zut!" kommentierten). Vom Place du Château hinter der Kirche hat man einen fantastischen Ausblick auf den Berg Sainte-Victoire. Dort gibt es auch eine Büste des Dichters, die 1967 von Gaston Secondi angefertigt wurde.

DAS GRAB VON MARIA MAGDALENA

4

Reliquien, Sarkophage, Gräber und heilige Phiolen: Wenn die Grenzen zwischen katholischem Glauben und Aberglauben verschwimmen

Basilika
Place de l'Hôtel-de-Ville, 83470 Saint-Maximin-la-Sainte-Baume

Nach ihrer Ankunft in Les Saintes-Maries-de-la-Mer soll Maria Magdalena Zuflucht in der Grotte von La Sainte-Baume gesucht haben, wo die Engel ihr Essen brachten. Ihr Grab kann man in der Basilika von Saint-Maximin-la-Sainte-Baume besuchen. Es wird in allen Reiseführern beschrieben und gilt als die drittwichtigste Grabstätte der Christenheit (nach jener von Jesus Christus in Jerusalem und dem Grab des Heiligen Petrus in Rom). Am eindrucksvollsten ist der vergoldete Schädel der Heiligen. In einer Phiole, hinter Glas und von einem Metallgitter geschützt, befindet sich ein Stück intakte Haut, das auf der Stirn der Heiligen gefunden wurde, als man ihren Sarkophag 1279 entdeckte. Dieses Hautstück ist von genau jener Stelle, auf die Jesus nach seiner Auferstehung seinen Finger legte und zu Maria sagte: „Magdalena, Noli me tangere“: „Rühre mich nicht an ...“

Weniger bekannt ist die Tatsache, dass sich dieses Stück Haut bis 1780 auf der Stirn der Heiligen befand. Die bevorstehende Revolution und die Angst vor der Plünderung religiöser Gebäude erklärt vielleicht, warum er entfernt wurde.

Seltsamerweise führte die französische Revolution zum Verlust einer weiteren sehr wichtigen Reliquie, die einst ebenfalls in der Basilika zu sehen war: die *Sainte Ampoule*, ein Glasflakon, der Kieselsteine und Erde aus Golgotha enthielt, die mit dem Blut von Jesus Christus getränkt waren. Die Heiligen brachten sie bei ihrer Ankunft in Saintes-Maries-de-la-Mer aus Palästina mit. Jedes Jahr, am Karfreitag, färbte sich diese schwarze Erde rot, da das Blut, das sie enthielt, sich verflüssigte. So gut wie alle französischen Könige, von Franz I. bis Ludwig XIV., darunter auch Ludwig XI., Ludwig XIII. und Karl VII., kamen, um Zeugen dieses Wunders zu werden. Zu diesen Anlässen wurde in der Basilika ein Einbahn-System eingerichtet: um den Ansturm von Pilgern aus der ganzen Welt kontrollieren zu können, mussten diese durch ein bestimmtes Tor eintreten, dem durch Pfeile gekennzeichneten Pfad folgen und dann die Basilika durch den Ausgang verlassen.

Die *Sainte Ampoule* wurde in der Nacht vom 6. auf den 7. Oktober 1904 gestohlen. Es sieht so aus, als hätte der Dieb sie auf der Flucht fallen lassen, da am Boden Glasscherben gefunden wurden. Trotzdem behauptete ein bekannter Wahrsager ein paar Jahre später, dass die *Sainte Ampoule* die Stadt von Saint-Maximin nie verlassen habe und in einem Haus in der Nähe der Basilika versteckt sei ...

Ein ähnlicher Flakon, mit dem Blut des Heiligen Januarius, existiert auch in Neapel. Das Blut verflüssigt sich dort immer noch dreimal im Jahr.

Maria Magdalena: Prostituierte oder die Ehefrau von Jesus Christus?

Maria Magdalena gilt als die „Apostelin der Apostel" und soll laut der *Goldenen Legende* von Jacobus de Voragine das Heilige Land kurz nach dem grausamen Tod von Jesus auf Golgotha verlassen haben und mit anderen Aposteln nach Les Saintes-Marie-de-la-Mer, in der Nähe von Arles, gesegelt sein (siehe Seite 212). Dort begann sie ihre Glaubensreise durch die Provence, bevor sie sich nach Sainte-Baume („Heilige Grotte" auf Provenzalisch) zurückzog. Sie lebte 30 Jahre lang als Einsiedlerin und starb schlussendlich auch dort. Eines Tages, nachdem sie weder Essen noch Wasser hatte, begann Maria Magdalena zu beten. Die Engel antworteten ihr, indem sie an ihrem Ort der Buße eine Quelle entspringen ließen. Bis heute kommen Blinde hierher, um ihre Augen mit dem Wasser zu waschen. Es handelt sich nicht nur um einen Ort, an dem wundersame Heilungen stattfinden können. Die Quelle symbolisiert auch die Suche nach spiritueller Erleuchtung. Für die alten Gnostiker des 2. bis 5. Jahrhunderts verkörperte Maria Magdalena die göttliche Weisheit. Sie meinten, Jesus Christus hätte sie persönlich in die Geheimnisse seiner Lehre eingeweiht, wie im *Evangelium der Maria* beschrieben, einem apokryphischen Text, der Ende des 2. Jh. in koptischer Sprache verfasst wurde. Der Text ist in Form eines langen Dialogs zwischen Jesus und Maria Magdalena verfasst, der in Gegenwart der Apostel stattfindet, die still zuhören. Mit der gleichen Thematik befasst sich die *Pistis Sophia*, eine Art Bibel der alten Gnostiker, die um das Jahr 350 in koptischer Sprache verfasst wurde. Schließlich wird im Titel *Die Fragen Mariens*, der Ende des 3. Jh. entstand, sogar behauptet, dass Maria Magdalena die Ehefrau von Jesus gewesen sei, was nicht unmöglich erscheint, wenn man bedenkt, dass Rabbis nach jüdischem Gesetz verheiratet sein mussten. Dieser Text wurde von Epiphanios von Salamis in seinem *Panarion: Gegen Häresien* (XXVI,8) festgehalten. Im Widerspruch zu den Texten bezeichnete Papst Gregor I. (im 6. Jh. auch bekannt als Gregor, der Große) Maria Magdalena in einer umstrittenen und keineswegs bewiesenen Erklärung als die „anonyme Prostituierte" aus dem Lukas-Evangelium (7,36–50). Dort findet man eine Beschreibung der „Apostelin der Apostel". Sie wurde im Jahr 3 des Herrn als Tochter des Hohepriesters Syrus, einem Priester des David, geboren, der in der Synagoge von Capernaum sein Amt ausübte. Ihre Mutter, Eucharia, stammte von der Königslinie Israels, aber nicht Davids, ab. Aus der Stadt Magdala kommend (auf Hebräisch bedeutet *migdal* Turm), die am Westufer des See Genezareth lag, war Maria Magdalena mit Sicherheit die wichtigste Jüngerin von Jesus Christus. Sie war es, die bei ihm war, als er starb und Zeugin seiner Auferstehung wurde. Und sie war es, die Jesus mit kostbaren Ölen salbte – denn die Salbung war das wesentliche Ritual, das Jesus zum Christus weihte (die Bezeichnung ist auf das Öl zurückzuführen). Die Frau, die ihn im Zuge dieses Rituals weihte, kann also gar nicht von geringer Bedeutung gewesen sein.

Es heißt, dass Maria Magdalenas Nahrung in Sainte-Baume nur aus ein paar Wurzeln, die sie rund um die Grotte gesammelt hatte, bestand, obwohl der Hl. Katharina von Siena zufolge „Maria Magdalena jeden Tag zahlreiche Gnadenbezeugungen erhielt, die in den Schriften als himmlische Süße bezeichnet werden und ihren Geist und Körper stärkten."

Maria Magdalena kletterte oft auf den Gipfel des Berges, um zu beten, wobei sie hier den sieben kanonischen Stunden folgte, die sie selbst eingeführt hatte (siehe folgende Doppelseite). Dort oben, in der Nähe der kleinen Kapelle auf dem Saint-Pilon, findet man einen abgewetzten Stein, auf dem sie kniend zu beten pflegte. Der Hl. Franz von Sales bestätigte zweifelsfrei, dass „sie zu den sieben kanonischen Stunden wie ein Engelschor sang." Das Bild der Maria Magdalena, die ihre Nacktheit mit ihrem langen Haar bedeckt, weist darauf hin, dass langes Haar (sowie lange Bärte) als Symbol für eine Verbindung zur Natur galten – die Trägerin oder der Träger entscheidet sich dafür, den natürlichen Zustand der Dinge nicht zu ändern. Langes, ungeschnittenes Haar verleiht Stärke, während kurzes Haar schwächt.

Ein weiteres Symbol, das mit Maria Magdalena in Verbindung gebracht wird, ist der Totenkopf. Während er für einige ein Zeichen des Todes ist, enthält er immerhin das Gehirn und befindet sich am höchsten Punkt des menschlichen Körpers. Seine Position gleicht der Lage von Saint-Baume und macht ihn, eingedenk der höchsten Weisheit, mit der Maria Magdalena gesegnet war, zum perfekten heiligen Körperteil.

TAFEL DER SAINTE-BAUME

⑤

Die Liste der Könige, die die Pilgerreise zur Grotte von Sainte-Baume antraten

Die Grotte von Sainte-Baume, 83640 Le Plan-d'Aups

Erst im Mittelalter entwickelte sich die Grotte der Sainte-Baume zu einer bedeutenden Pilgerstätte: hier sollte Maria Magdalena 30 Jahre lang bleiben (siehe Seite 104). Der Strom der Pilger, die diesen heiligen Ort besuchten, riss nicht ab, wie sich an den vielen Votivgaben an den Wänden der Höhle ablesen lässt. Darunter sticht vor allem eine besondere Marmortafel hervor. Sie ziert eine lange Liste von Herrschern, die hierher kamen, um Maria Magdalena ihre Ehre zu erweisen. Hier ist die vollständige List: 816 – Papst Stephan IV.; 878 – Papst Johannes VIII.; 983 – Wilhelm I. von Provence; 22. Juli 1254 – der Hl. Ludwig; 1295 – der Hl. Ludwig von Toulouse; 1332 – Philipp VI. von Frankreich, Alfons IV. von Aragon, Hugo IV. von Zypern, Johannes von Böhmen und Robert von Durazzo, kamen alle am selben Tag; 1336 – Philipp VI. von Frankreich (zum 2. Mal), dieses Mal mit Philipp von Navarra, Jakob II. von Mallorca und der Graf von Foix; 1342 – Petrarca; 1348 – Johanna I. von Neapel; 1362 –Johannes I.; 1399 – Karl VI., „der Vielgeliebte" oder „der Wahnsinnige"; 1447 und 1457 – Ludwig XI. (im Hinblick auf seinen 1. Besuch ist auf der Tafel vermerkt: „noch immer Dauphin"); 1503 – Anne de Bretagne; Januar 1516 und 1533 – Franz I.; 25. Oktober 1564 – Karl XI. von Frankreich, begleitet von Katharina von Medici, der zukünftige Heinrich II. (sein Bruder) und Heinrich von Navarra (der zukünftige Heinrich IV. von Frankreich); 1622 – Ludwig XIII.; 1660 – Ludwig XIV.; 1. November 1840 – Maria Christina, Königin von Spanien.

Interessanterweise waren es die Besuche der gekrönten Häupter, die entscheidend zur Qualität der Straßen in dieser Gegend beitrugen. Den Komfort der königlichen Herrschaften im Hinterkopf, wurde erstmals Ende des 14. Jh. ein für die Fortbewegungsmittel dieser Zeit geeigneter Zugang zur Grotte geschaffen.

Maria Magdalena: die Entstehung und Bedeutung des Stundengebets

Nach christlicher Überlieferung, war Maria Magdalena die Urheberin der sieben kanonischen Stunden, obwohl ähnliche Praktiken auch in der muslimischen, hinduistischen und buddhistischen Religion existieren: *Prim* oder *Laudes* (3:00 Uhr); Terz (9:00 Uhr); *Sext* (Mittag); *Non* (15 Uhr); *Vesper* (18 Uhr), und *Komplet* (21:00). Die erste Stunde erinnert an die zwei Pole der täglichen Liturgie, Morgen und Abend. Die zweite preist die frühen Stunden des Tages und verherrlicht die Auferstehung Jesu Christi. Die dritte steht für die Herabkunft des Heiligen Geistes auf die Apostel, die sich beim Abendmahl zu Maria gesellen sowie für den Zeitpunkt der Kreuzigung Christi, wie im Markus-Evangelium angegeben (15,25). Die vierte erinnert an den Zeitpunkt, als der Hl. Petrus eine göttliche Vision hatte, der Zeitpunkt des Leidens Christi am Kreuz, wie im Matthäus-Evangelium festgehalten (12,45). Die fünfte bezieht sich auf das Gebet von Petrus und Johannes im Tempel, in dem Petrus den Lahmen heilte (Apg. 3,1) und den Zeitpunkt vom Tod Jesu am Kreuz (Matthäus 22,46). Die sechste, Vesper, die nach dem hellen Stern Vesper (Venus) benannt ist, erinnert an die Ankunft des Gottesreiches auf der Erde, indem die Worte aus dem Lukas-Evangelium (24,49) wiederholt werden: „Bleibe bei uns; denn es will Abend werden, und der Tag hat sich geneigt."

Zur siebenten Stunde werden die Gebete vor der Nachtruhe gesprochen. Der Schlaf der Nacht erinnert uns an den Schlaf des Todes und veranlasst Christen, sich vollstänig in die Hand Gottes zu begeben.

DER LEICHNAM IN MONSEIGNEUR TERRIS RELIQUIENSCHREIN ⑥

Wer ist der mumifizierte Körper im Boot der Heiligen?

Bergmassiv von Sainte-Baume, 83640 le Plan-d'Aups

Eine schwach beleuchtete Nische in der Grotte der Maria Magdalena beherbergt eine merkwürdige Reliquie, an deren unterem Rand auf einer Tafel zu lesen ist: „Die Reliquien der Hl. Maria Magdalena, ein Werk Caillat Armands 1889." Gleich darüber wurde eine sonderbare Szene in das Emaille graviert: In dem von zwei Engeln begleiteten Boot liegt neben den Heiligen, die mit Maria Magdalena in der Provence ankamen, ein in Stoffstreifen eingehüllter Körper.

Könnte dies der Leichnam sein, auf der die Theorie basiert, dass der Leichnam Jesu (anstatt auferstanden zu sein) in Wirklichkeit von Maria Magdalena und ihren Gefährten in einem Boot ohne Ruder und Segel fortgebracht worden sei. Das würde bedeuten, dass das Grab von Christus (falls es eines gibt) nicht in Israel, sondern möglicherweise in Gallien zu finden wäre, oder besser gesagt, in Südfrankreich (siehe gegenüber).

Während der Revolution plünderten und verwüsteten Barras und andere Revolutionäre die Basilika in Saint-Maximin und die Grotte von Sainte-Baume und nahmen Gegenstände aus Gold, Mobiliar und einige der Reliquien an sich, obwohl der Mesner bereits vorab zur Sicherheit einige dieser wertvollen Objekte vertrauenswürdigen Gemeindemitgliedern anvertraut hatte. So gelangten ein Teil des Schienbeins und Haare von Maria Magdalena in den Besitz einer gewissen Madame Ricard. Die Reliquien gab sie an ihre Tochter weiter, die mit einem Mitglied der Familie Terris verheiratet war. Ein Nachkomme der Familie war Monseigneur Terris, der Bischof von Fréjus (die Basilika von Saint-Maxim war damals eine Außenstelle von Fréjus). Monseigneur Terris ließ das Schienbein sowie die Haare untersuchen und die Diözese bestätigte die Echtheit der Reliquien, nachdem Mediziner festgestellt hatten, dass sie „sehr, sehr alt" seien.

Am 22. Juni 1890 wurde die Hälfte der Reliquien in den Schrein gelegt und zur Grotte gebracht. Die andere Hälfte wurde, verwahrt in einem Reliquienschrein desselben Goldschmieds, von Bischof Fréjus ein Jahr zuvor bei seinem Besuch an Papst Leo XIII. verschenkt.

Der Reliquienschrein war so konstruiert, dass er bei Prozessionen mitgetragen werden konnte. Er besitzt vier Seiten, von denen die zwei breitesten symmetrisch, aber mit unterschiedlichen Motiven, verziert sind.

Ist der Leichnam Christi in Südfrankreich begraben?

In seinem 2010 erschienenen Buch *La Tombe perdue: Le corps du Christ repose-t-il dans le sud de la France?* (Das verlorene Grab: Ist der Leichnam Christi in Südfrankreich begraben?), geht Christian Doumerque der gewagten Theorie nach, dass Maria Magdalena den Leichnam Jesu im Boot der drei Marien mitgenommen und in Südgallien beerdigt habe, in der Gegend rund um das kleine Dorf Saint-Thibéry im Department Hérault.

La Vengeance du Sauveur (Die Rache des Heilands) ist ein Schriftstück aus dem 8. Jh. (von dem die französische Nationalbibliothek, die Biblioteca Marciana in Venedig, die Biblioteca Ambrosiana in Mailand, die British Library in London und die Cambridge Library jeweils eine Kopie aufbewahren), in dem es um die Konvertierung des Tiberius zum Christentum geht sowie seinen Besuch in Südgallien. Dort heißt es: „Daraufhin verließ Tiberius sein Königreich, bestieg ein Schiff ... und brach in Richtung Septimanien auf ... Er folgte dem Verlauf des Hérault bis er zum Fluss Tincta kam ... Dort richtete er im Namen des Herrn Jesus Christus eine Grotte ein.“ Heute liegt Sain-Thibéry am Schnittpunkt zwischen den Flüssen Hérault und Tincta (heute die Thongue).

Doumergue stützt sich auf Monseigneur Terris Reliquienschrein (siehe gegenüberliegende Seite) sowie die Tatsache, dass das Grab nach der Auferstehung Jesu leer war. Er vertraut der im Buch *Der Heilige Gral und seine Erben* dargelegten Theorie (geschrieben von drei englischen Journalisten, das Dan Brown beim Schreiben seines Bestsellers *Der Da Vinci Code* stark beeinflusste), dass Jesus und Maria Magdalena ein Paar waren und die schließlich einem 1897 in der Zeitschrift *L'initiation* erschienenen Artikel folgt, in dem ein gewisser Dr. Fugairon die These vertritt (die ihm zufolge im 19. Jh. – nicht nur bei Okkultisten, sondern auch in Kirchenkreisen – weit verbreitet war), dass Maria Magdalena den Leichnam ihres „Meisters“ aus Palästina zurückbringen wollte, und kommt zu folgendem unglaublichen Schluss: Der Leichnam Jesu Christi soll, nachdem er von Maria Magdalena in die Provence gebracht worden war, an den Ort überführt worden sein, an dem Tiberius einen Schrein eingerichtet hatte, um ihn dort, nahe dem heutigen Saint-Thibery, zur Ruhe zu betten.

DIE INSCHRIFT „DER DISZIPLINIERTE AUS FAYENCE“ ⑦

Spuren der Compagnons, die auf der Durchreise der Sainte-Baume einen Besuch abstatteten

Platz vor der Grotte der Maria Magdalena
Bergmassiv von Saint-Baume, 83640 le Plan-d’Aups

Am Eingang zur Grotte der Maria Magdalena in Saint-Baume, auf der rechten Seite, steht ein dezenter weißer Marmorblock, der ursprünglich Teil einer alten Balustrade war. Er trägt folgende Inschrift: „Der Disziplinierte aus Fayence" gefolgt vom Buchstaben C mit einem hochgestellten „on" (Abkürzung für das Wort *Compagnon*). Er diente dazu, den Besuch eines *Compagnons* festzuhalten, der die Pilgerreise zur Saint-Baume als obligatorischen Bestandteil seiner Reise durch Frankreich absolvierte. Jeder *Compagnon* erhält am Tag, an dem er als Lehrling in die Organisation aufgenommen wird, einen eigenen Namen. Er besteht aus dem Namen seiner Heimatprovinz oder -stadt, dem eine Eigenschaft folgt oder vorangeht, die andere in ihm sehen. Zum Beispiel „Breton la prudence" (Bretone, der Vorsichtige), „Savoyard coeur fidèle" (Treue Seele aus Savoyen), usw. In diesem Fall kam der *Compagnon* aus Fayence, einer Stadt im Osten der Provinz Var, und wurde offensichtlich wegen seiner Disziplin bewundert.

Die Heilige Maria Magdalena: Schutzpatronin der Compagnons

Als Schutzpatronin der *Compagnons* ist Maria Magdalena für sie allgegenwärtig. Während ihrer Ausbildung müssen die Lehrlings-*Compagnons* die Grotte der Hl. Maria Magdalena in Sainte-Baume im Rahmen ihrer Reise durch Frankreich besuchen. Die farbige Schärpe, die der neue Lehrling trägt, umfasst neben den Insignien seines Handwerks die Heißprägung einer Bibelszene, *Noli me tangere* (Halte mich nicht fest), zur Erinnerung an die Worte, die Jesus bei seiner Auferstehung an Maria Magdalena richtete. Doch warum ist Maria Magdalena die Patronin der *Compagnons*? Es wird vermutet, dass die Gründer der *Compagnonnage*, Maître Jacques und Père Soubise, neun oder zehn Jahrhunderte bevor Maria Magdalena überhaupt geboren wurde, zur heiligen Grotte kamen. Der Wald der Saint-Baume hatte schon immer eine heilige Aura. Es heißt, dass Julius Cäsar, als er während der Belagerung von Marseille (49 v.Chr.) Bäume für seine Befestigungsanlagen brauchte, persönlich hierher kam, um den ersten Baum zu fällen, da keiner der Einheimischen bereit war, dieses Sakrileg zu begehen. Eine andere Hypothese verweist auf die Zeit, als Kreuzfahrer auf ihrem Weg nach Jerusalem eine Pilgerreise nach Sainte-Baume antraten. Zu diesen Kreuzfahrern zählten zahlreiche Meisterzimmerer, -tischler und -steinmetze, die gebraucht wurden, um auf dem Weg zu den mythischen Orten ihrer Ordensgründung Kriegswerkzeug aus Holz und Befestigungsanlagen aus Stein zu bauen.

DAS DENKMAL DER COMPAGNONS

(8)

Wo verbrachte Maria Magdalena ihre letzten Jahre?

Chemin du Canapé, La Sainte-Baume, 83640 Le Plan-d'Aups
Länge 43°20'11"N – Breite 5°44'2244E

Am Beginn des Chemin du Canapé, der zur Grotte der Maria Magdalena führt, begrüßt seit 2011 ein Obelisk die Pilger. Das ist das *Chef-d'oeuvre de reception* (Meisterstück), das auf einen Steinmetz mit dem Spitznamen Languedoc Coeur Simple zurückgeht, der mit seinem Werk den Status *Compagnon du Tour de France des Devoirs* erlangte. Dieses Denkmal ist Zeuge der jahrhundertealten Tradition, die die Compagnons mit diesem Ort verbindet, an dem ihre Schutzpatronin, Maria Magdalena, ihre letzten Jahre verbracht haben soll (siehe vorige Seite). Der Obelisk weist oben und an den vier Seiten Gravuren auf. Die Gravur am unteren Ende lautet: „Der Legende nach lebte Maître Jacques nach dem Bau des Tempels in Jerusalem in Sainte-Baume, über neun Jahrhunderte vor Maria Magdalena. Er war Handwerksmeister unter König Salomon und ein Freund von Père Soubise, dem Sohn eines Steinmetzes aus Südgallien. Im Alter von 15 Jahren brach er nach Griechenland auf, um seine handwerklichen Fähigkeiten zu vervollkommnen. Er war einer der Gründerväter der Compagnons du Tour de France und ruht in Frieden nicht weit von hier."

Auf der Westseite findet man unter der Überschrift „Salomons Weisheit" die Begriffe „Gerechtigkeit, Mäßigkeit, Klugheit, Stärke." Auf beiden Seiten ist der Text von den Säulen des Salomonischen Tempels flankiert. Bevor sie unkenntlich gemacht wurden, waren auch der Davidstern, Winkel und Zirkel, Hammer, Meißel und Zollstock sowie ein Penagramm zu sehen. Entgegen der landläufigen Meinung handelt es sich dabei nicht um Freimaurer-Symbole (siehe folgende Doppelseite).

Etwas weiter unten, auf derselben Seite, sind drei Symbole für die drei theologischen Tugenden zu sehen: der Anker der Hoffnung, das Kreuz des Glaubens und das Herz der Liebe.

Auf der zweiten Seite ist zu lesen: „Dort taucht aus dem Schatten über dem dunklen Wald, plötzlich ein weißes Kloster vor uns auf, in den Felsen, die unsere Geheimnisse bewahren."

Auf der dritten Seite steht: „Eine Kapelle aus festem Stein, wo unsere Spuren dem Wetter trotzen und unter dem Moos das leise Murmeln des Wassers, das singt, wenn es über die Felsen rinnt."

Auf der vierten Seite ist zu lesen: „Die Grotte, in der Maria Magdalena lange nach Vergebung strebte, an der Könige, große Männer und sogar Königinnen Halt machten, um zu beten wie die *Compagnons*."

Oben an der Spitze sind auf einer Seite das Auge Gottes, der lateinische Satz Noli me tangere (von Jesus nach seiner Auferstehung an Maria Magdalena gerichtet) und das Alpha sowie das Omega des griechischen Alphabets als Symbol für die Ewigkeit Christi abgebildet.

Mehr Informationen zu den Compagnons erhalten Sie auf der folgenden Doppelseite.

Compagnonnage *und Freimaurerei*

Die *Compagnons du Devoir* sind eine Handwerksorganisation, deren Wurzeln zurück bis in die Zeit von Kaiser Numa Pompilius (715–673 v.Chr.) und die Handwerker des alten Roms reichen. Der Beitrag Numas zur Entwicklung und Ausdehnung des römischen Reiches war die Schaffung der ersten 31 *collegia fabrorum.* Diese frühen Gilden wurden von Architekten und Handwerkern ins Leben gerufen, die die Weisheiten alter Religionen und Philosophien in sich trugen.

Vom 6. bis zum 8. Jahrhundert beeinflussten die Collegia fabrorum europäische Mönchsorden und byzantinische Einrichtungen mit ihren Kenntnissen über Hermetik und Neupythagoreismus. Damals traten viele *Compagnons* zum christlichen Glauben über (vor allem in den Benediktinerorden), um der Inquisition zu entgehen. Doch letztendlich legten viele von ihnen das Ordensgewand wieder ab. Diese Mönche, die für die Errichtung der größten europäischen Meisterwerke verantwortlich waren (Kathedralen, Paläste, Schlösser), verschwanden mit der Zeit, nur um im 15. Jh. wieder die Aufsicht über verschiedene Projekte zu übernehmen; dann aber ohne religiöse Zugehörigkeit. Sie überlebten bis zur Mitte des 17. Jh. und verschwanden schließlich wieder. Ein weiteres Mal traten sie im 18. Jh. auf den Plan (1717), wenn auch nur symbolisch, basierend auf den spekulativen Behauptungen der Freimaurer, dass sie die Erben des operativen Maurerhandwerks des Altertums seien. Deshalb besitzen die *Compagnonnage* und das Freimaurertum, trotz ihrer grundlegenden Unterschiede, viele gemeinsame Symbole und Rituale. Legenden rund um die *Compagnonnage* ranken sich rund um die drei mythischen Gründer der *Compagnons du Devoir*: König Salomon, Maître Jacques und Père Soubise.

Die Salomon-Legende ist unter den Mythen der *Compagnons* aufgrund der devoir de liberté (Pflicht zur Freiheit) besonders wichtig. Doch ist sie späteren Ursprungs als die anderen und scheint zu Beginn des 19. Jh. in die Werkstätten der *Compagnons* Einzug gehalten zu haben. Sie basiert auf der freimaurerischen Allegorie des phönizischen Architekten Hiram Abiff, der im Dienste von König Salomon stand, und wurde in die Rituale verschiedener *Compagnons*-Vereinigungen aufgenommen. Für sie waren die Männer, die „Gott zur Umsetzung seines Werkes einsetzte“, jene die im Alten Testament als Söhne des Köchers (Psalm 127,5) bezeichnet wurden.

Der Hauptlegende zufolge erlernte Maître Jacques das Steinmetzhandwerk schon als Kind, bevor er im Alter von 15 Jahren zu einer Reise aufbrach. Mit 36 Jahren kam er in Jerusalem an der Baustelle zum Tempel Salomons an. Dort übernahm er die Aufsicht

über die Maurer und Tischler und teilte sich die Verantwortung über die Handwerker mit seinem Reisegefährten Soubise, der später in Frankreich unter dem Namen Père Soubise bekannt wurde.
In der Bibel wird rund um den Bau des Salomonischen Tempels in Jerusalem kein Jacques oder Soubise erwähnt. Hingegen tauchen in den Legenden, die sich von historischen mittelalterlichen Quellen rund um den Bau der Kathedrale von Orléans ableiten, zwei Aufseher auf: Jacques Moler und der Benediktinermönch Soubise. Sie waren mit einem Arbeiterstreik konfrontiert, der zu einem schrecklichen Kampf ausartete und dem eine Aufspaltung in zwei Fraktionen folgte. Diese Legende basiert scheinbar auf späteren historischen Fakten. Das heißt, auf der Aufspaltung in katholische und protestantische *Compagnons* und auf der Zerstörung des Kirchturms der Kathedrale von Orléans durch Letztere im Jahr 1568.

DAS RENAISSANCE-FENSTER VON ROUGIERS

⑨

Alles geht vorbei ...

Grand'Rue, 83170 Rougiers

Fernab der Bundesstraßen, macht Rougiers mit seinen 1 000 Einwohnern einen recht verschlafenen Eindruck. Als Besucher schlendert man die Hauptstraße entlang, bewundert die hübschen Fassaden mit ihren schmucken Toren und wird plötzlich von einer farbigen Mauer abgelenkt. Dieses doppelflügelige, von Steinstützen flankierte Renaissance-Fenster ist Zeuge der reichen Vergangenheit dieses Dorfes. Das Fenster wird offensichtlich von einem Steingesims gestützt, das sich zwischen zwei Amor-Figuren von einer Seite zur anderen erstreckt. Unter einer der Figuren findet sich die Inschrift *passo* und unter der anderen lasso, das aus dem Lateinischen übersetzt soviel heißt,wie: „Alles geht vorbei und man wird mit der Zeit aller Dinge überdrüssig.

REVIVAL EINES BERÜHMTEN STAUS ⑩

Erinnerung an die Hölle der Nationale 7

Am 15. August in ungeraden Jahren – bouchondetourves.fr

Wir befinden uns in den „guten alten Zeiten“, den 1960er-Jahren: Schwarz-Weiß-Fernsehen auf nur einem Sender, Saint-Tropez, Brigitte Bardot, Benzin für weniger als einen Franc pro Liter (0,15 €) – ganz Frankreich fährt zu den Chansons von Charles Trenet auf der Nationalstraße 7 mit dem Auto gen Süden in den Urlaub.

Einziger Wermutstropfen: Ohne Autobahn und Umleitung dauert die Fahrt mit ihren vielen Staus unendlich lange. Einer der berühmtesten Staus jener Zeit ist der „Bouchon de Tourves“. Das liegt nicht zuletzt an einer Besonderheit: Die Hauptstraße, die durch die Ortschaft führt – keine Geringere als die frühere Nationale 7 –, ist extrem schmal (weniger als 4 Meter Breite). Da die Straße zudem in einer Kurve verläuft, schlängelten sich vor allem Lastwagen im Schneckentempo hindurch – was zu den berühmt-berüchtigten Staus führt, die im Radio als „Bouchon de Tourves“ gemeldet werden. Einige Anwohner kaufen sich sogar extra für den Sommer ein Moped, um sich in ihrem Alltag zwischen den Autos hindurchschlängeln zu können. Der Rekord ist am Montag, dem 2. August 1965, erreicht – mit einem Stau von sechs Kilometern Länge. 28 000 Fahrzeuge stecken in ihm fest. Als nach und nach Autobahnen gebaut werden, löst sich der Stau auf ... Seit 2009 jedoch stellen Nostalgiker auf Initiative des Parisers Thierry Dubois den berühmten „Bouchon de Tourves“ immer in ungeraden Jahren am 15. August nach.

Die Vielfalt der Autos und Motorräder, Lastwagen und Hunderten von Statisten und Freiwilligen, die, gekleidet in der Mode der 1960er-Jahre, aus dem ganzen Land herbeiströmen, machen dieses Revival zu einer einzigartigen und äußerst unterhaltsamen Attraktion, die ihren krönenden Abschluss stets in einem ausgelassenen Bankett findet.

PARK UND CHÂTEAU VALBELLE 

Von der Revolution hinweggefegt

Montée du Chateau, 83170 Tourves
Tourves liegt 7 km südöstlich von Saint-Maximin-la-Sainte-Baume
Für einen Besuch parken Sie am Ende des Boulevard Gambetta (der bei den Weinkellern der Kooperative beginnt), nahe des öffentlichen Bades. Ein Schild weist den Weg zum Eingang des Schlosses.

Das Chateau von Tourves wurde während der Revolution geplündert und zum Großteil zerstört und ist heute eine Ruine. Die Menschen in der Provence hatten eindeutig genug vom lokalen Adel, der seine Überlegenheit mit selbstherrlichen Monumenten zur Schau stellte: Die Familie Valbelle, denen die Herrschaft über die Markgrafschaft von Trouves zufiel, erlangte ihren Adelstitel durch Heirat. Sie selbst stammten von einem Apotheker in Marseille ab, der seinerseits Nachkomme eines Schuhmachers aus Beausset (Var) war.

Als Vorsitzender des provenzalischen Parlaments war Graf Valbelle damals eine wichtige Person, der seine Zeit in seinem Stadthaus in Aix verbrachte, aber auch Marseille und Paris zahlreiche Besuche abstattete. 20 Jahre lang war er der Liebhaber von „La Clairon“, einer berühmten Tragödin, die ihn Voltaire, d'Alembert, Diderot und Rousseau vorstellte. Ohne Zweifel war mindestens einer dieser Philosophen in Tourves zu Gast, wo der Graf jedes Jahr sechs bis sieben Monate auf einem Anwesen verbrachte, das er zu einer kleinen provenzalischen Version von Versailles zu machen versuchte.

Gegenüber dem Obelisken steht der *grand halcon* (Säulengang), ein großes Baudenkmal, das die Revolutionäre aufgrund seiner robusten Konstruktion nicht zerstören konnten. Die zehn dorischen Säulen sind jeweils 5,5 Meter hoch und wurden aus dem Marmor aus dem nahegelegenen Mazaugues-Steinbruch gefertigt.

Schließlich können Sie auf der gegenüberliegenden Seite des Schlosses die Pyramide besichtigen, die allerdings zwischen den wuchernden Brombeersträuchern schwer zu finden ist. Von außen sieht sie wie ein großer aber recht formloser Block aus. Die Einheimischen haben einen Großteil der Steinverkleidung, die den ägyptischen Pyramidenstil ausmachte, abgetragen. Im Inneren befindet sich eine Nische, in der einst eine Mumie aus weißem Marmor auf einem schwarzen Podest saß.

Saint Probace – Der Regen-Heilige

Auf den Hügeln, die Tourves umgeben, beherbergt die Kapelle von Saint-Probace den Regen-Heiligen. Immer wenn die Trockenheit zu einem Problem wird, suchen die Bewohner seine Einsiedelei auf und behalten ihn als Geisel in ihrer Kirche, bis es endlich regnet. Doch da sich Tourves im flachen Tiefland befindet, übertreibt es der heilige Probace manchmal. Dann steigt das Wasser und man beginnt die Höhe so mancher Bürgersteige im Dorf zu schätzen.

DER LAC DU GRAND LAOUTIEN

⑫

„Und der See färbte sich blutrot“

Auf der D64 zwischen Garéoult und La Roquebrussane
Parkplätze vorhanden

Der Lac du Grand Laoutien (provenzalisch für „Becken"), ein unglaublicher, überraschender, atemberaubender und etwas verstörender Ort, liegt am Grund eines großen Kraters, der einen an einen Vulkan oder Meteoriteneinschlag denken lässt.

Der See hat einen Durchmesser von 130 Metern und ist 43 Meter tief, mit steilen Klippen, die 30 Meter über die Wasseroberfläche hinausragen. Das Wasser ist grün und verhüllt seine dunklen Geheimnisse. Es ist ein merkwürdiges Gefühl, auf diese Laune der Natur hinabzublicken und es überkommt einen ein Gefühl der Befriedigung, wenn man den Ort verlässt, ohne ins Wasser gefallen zu sein …

In der Vergangenheit waren die Einwohner der zwei nächstgelegenen Dörfer, Gareoult und La Roquebrussanne, davon überzeugt, dass der See ein schlafender Vulkan sei. Jedes Jahr, am zweiten Sonntag im Mai, musste der Priester von La Roquebrussane zu seinen Ufern hinabsteigen und das Wasser segnen. Sollte er sich jemals weigern, hieß es, würde der Vulkan innerhalb eines Jahres erwachen. Das Phänomen, das 1775 auftrat, konnte die Sorgen im Hinblick auf die mysteriöse Natur dieses Sees nicht beruhigen. In diesem Jahr färbte sich der See zur gleichen Zeit, als ein Erdbeben Lissabon zerstörte, blutrot.

Ein weiteres Kuriosum: die Tierarten, die in diesem See leben, sind sehr selten und kommen in keinem anderen französischen See vor, sondern nur in nordischen Ländern. Es scheint, als hätten sie das warme lokale Klima überlebt und sich in einer unterirdischen Umgebung entwickelt, die mit einem noch zu erforschenden Netzwerk verbunden ist. Von den 13 verschiedenen Süßwassermilbenarten findet man drei normalerweise nur in Nordeuropa, zwei in den Tropen Afrikas und eine in Marokko und der Region um Banyuls. Zu guter Letzt sollten wir die Limnogeria lougiseta erwähnen, für die dieser See den einzig bekannten Lebensraum auf dieser Welt darstellt.

Zu der Vulkantheorie sei gesagt, dass Experten glauben, dass der Grand Laoutien einst eine Unterwasserhöhle war, deren Dach unter dem Gewicht der Bäume und Felsen eingebrochen ist.

DAS PALINDROM VON NOTRE-DAME-D'INSPIRATION

⑬

Die 295 Zeichen des auf der Glocke eingravierten Palindroms bewahren noch immer ihr Geheimnis

Chapelle Notre-Dame-d'Inspiration
Chemin de la Chapelle, 83136 La Roquebrussanne
Vom Dorf La Roquesbrussane den Weg zur Kapelle nehmen, der westlich des Dorfzentrums verläuft. Das Auto können Sie auf dem Parkplatz neben der Kapelle am Beginn des Weges stehen lassen. Der Aufstieg dauert gute 15 Minuten. Ein zuerst mit Steinen gepflasterter Weg geht später in einen Feldweg über

```
                S V L A S A S A L V S
                  L A S A T A S A L
                    S A T R T A S
                      T R E R T
                      R E C E R
C R V X               E C I C E A N G E L I C A
                      C I H I C
M                     I H I H I                 M
V I                   H I M I H               C V
I G V                 I M X M I             M E C
G V F E R I H I M X V X D O     M I N I M E
V F E R I H I M X V R V X D     O M I N I M
F E R I H I M X V R C R V X     D O M I N I
V F E R I H I M X V R V X D     O M I N I M
G V F E R I H I M X V X D O     M I N I M E
I G V                 S E X E S             M E C
V I                   T S E S T               C V
M                     Q T S T Q                 M
                      V Q T Q V
S. T H O M A E        A V Q V A de A Q V I N O
                      M A V A M
                      S M A M S
                      E S M S E
                      M E S E M
                      P M E M P
                      E P M P E
                    A R E P E R A
                  O D A R E R A D O
                O R O D A R A D O R O

<- - - - - -  1 5 , 8 c m .  - - - - - ->

                2 9 5   caractères
```

Die Glocke der Kapelle Notre-Dame-d'Inspiration ist deshalb ungewöhnlich, da auf ihren Seiten ein kurioses Palindrom eingraviert ist. Sie wurde 1730 aus Rom hierher gebracht und von einem gewissen Casini gegossen, „dem Gießer der ehrwürdigen Kunstwerke des Petersdoms im Vatikan". Das Palindrom hat die Form eines Kreuzes und besteht aus 295 Zeichen, die von Abbé Menin, einem ehemaligen Priester, folgendermaßen entschlüsselt wurden: „Das Kreuz ist mein sicheres Heil. Das Kreuz bete ich immer an. Crux Angelica. Das Kreuz des Herrn ist mit mir. Das Kreuz ist meine Zuflucht, Hl. Thomas von Aquin." Doch das ist nur die Spitze des Eisbergs. Der wesentliche Teil des Palindroms ist, gelinde ausgedrückt, unklar. Das Palindrom befindet sich auf dem sichtbaren Teil der Glocke, doch durch die Höhe des Glockenturms, bräuchte man ein Fernglas oder ein gutes Teleobjektiv, um es sehen zu können. Um es tatsächlich lesen zu können, bringt man besser eine Leiter mit.

Palindrome

Ein Palindrom ist ein Satz, der egal, ob von links oder von rechts gelesen, dieselbe Bedeutung hat. Es gibt Palindrome für Buchstaben, Silben oder ganze Wörter. Hier ist ein bekanntes Palindrome auf französisch: *Tu l'as trop écrasé, César, ce Port-Salut*; Deutsche Beispiele wären: Die Rede – ist sie der Eid?; Reit nie ein Tier!.

Das längste Palindrom der französischen Literatur ist jenes von Georges Pérec: *Le Grand Palindrome* (1969), zu finden in *La Littérature potentielle*, Collection Idées, Gallimard, 1973.

DER ARM DES HL. PETRUS

Eine namhafte religiöse Reliquie, die Gantès le Brave, 1328 in Cuers geboren, im 14. Jh. aus Rom mitbrachte

Notre-Dame de l'Assomption
Place Bernard, 83390 Cuers
Um den Arm des Petrus besichtigen zu können, ist eine Voranmeldung beim lokalen Tourismusbüro nötig

In Cuers ist der Hl. Petrus auf höchst seltsame Weise äußerst präsent. Auch wenn die Dorfkirche heute den Namen Notre-Dame-de-l'Assomption trägt, war sie vor der Revolution die Stiftskirche Saint-Pierre. Über dem Seiteneingang (der auch der Haupteingang ist) befindet sich eine Nische, in der eine Statue des Hl. Petrus zu sehen ist, der den Blick nach oben richtet.

Von unten kann man schwer erkennen, dass er verärgert gen Himmel blickt. Und doch ist dem so, obwohl niemand erklären kann, warum ... Auf dem Türsturz kann man den Arm des Hl. Petrus sehen (man muss allerdings wissen, dass er dort ist). Es handelt sich dabei um eine Steinnachbildung der außergewöhnlichen Reliquie, die sich in der Kirche befindet. Sie wird in der Saint-Pierre-Kapelle, geschützt durch ein Holztor, auf dem abermals der Arm des Heiligen abgebildet ist, aufbewahrt. Als besonderes Merkmal fehlen hier zwei Finger an der Hand. Ist das Tor – zufällig oder weil Sie einen Besuch angemeldet haben – offen, können Sie hinter einem engmaschigen Eisengitter einen Arm aus Vermeil (mit Gold überzogenes Silber) sehen, der einen Armteil des Heiligen enthält.

Es war einst Jean de Gantès („Gantès, der Tapfere"), 1328 in Cuers geboren, der dieses Geschenk von Papst Clemens VI. zum Dank für seinen Mut und seine Loyalität gegenüber der Königin, Johanna von Neapel, Gräfin der Provence, aus Rom mitbrachte.

Mehr über Reliquien erfahren Sie auf Seite 338.

Spitznamen für die Bewohner von Cuers

Manja sauma bedeutet „Eselinnen-Fresser". Der Spitzname entstand während der Belagerung des Dorfes durch eine Armee aus Toulon 1383, die die Bewohner dazu zwang Eselinnen zu essen, um zu überleben. Es heißt auch, dass ein Schmied während der blutigen Unterdrückung der Einwohner Cuers durch die Soldaten von Louis Napoleon Bonaparte gezwungen wurde, seine Schürze zu essen, die aus dem Leder einer Eselin gefertigt war.

Brulo frema bedeutet „Frauenverbrenner". Diese Bezeichnung erinnert daran, dass 1779 in Cuers eine Frau auf dem Scheiterhaufen verbrannt wurde – die letzte wegen Hexerei angeklagte Frau, die in der Provence dieses Schicksal erlitt.

ZWEI KAPELLEN FÜR DIE HL. CHRISTINE

15

Ein Kirchenstreit

Chemin de Sainte-Christine, 83210 Sollìès-Pont
Auf der Autobahn A57 bei Solliès-Pont (Ausfahrt 7) abfahren. Am Ende des Zubringers links Richtung Solliès-Toucas abbiegen. Beim ersten Kreisverkehr rechts abbiegen. Dort befindet sich neben anderen Wegweisern auch ein kleines Schild mit der Aufschrift Sainte-Christine. Nach weiteren 300 Metern links in den Chemin de Sainte-Christine einbiegen. Das Auto bei der Absperrung, die die Zufahrt für Fahrzeuge versperrt, abstellen und sich für einen etwa 20-minütigen Aufstieg wappnen

Auf dem Hügel, mit Blick auf die beiden Dörfer von Solliès-Toucs und Cuers, bietet sich dem Betrachter ein merkwürdiger Anblick: Die zwei Kapellen, die beide der Hl. Christine geweiht sind, stehen mit der Rückseite zueinander, nur einige Zentimeter von der Grenzlinie der jeweiligen Gemeinde entfernt.

Wie kam es dazu? Die offizielle Legende besagt, dass ein griechischer Prinz, der von der Küste Toulons in See stach, in einen Sturm geriet und schwor, falls er überleben sollte, für die Hl. Christine auf dem ersten Hügel, den er im Sturm erkennen konnte, eine Kapelle zu bauen. Man muss wissen, dass es zwei Hl. Christines gibt: eine aus Tyre, die grausamen Qualen ausgesetzt wurde und daraus immer unbeschadet und lächelnd hervorging; und eine aus Rom, die in der Nähe des Bolsena-Sees von Pfeilen durchbohrt wurde.

Der Prinz überlebte und die Kapelle, die auf dem Hügel erbaut werden sollte, führte zu einem Streit, da auf ihm „die Grenze" zwischen den beiden Dörfern verlief. Die beiden Gemeinden konnten sich nicht einigen. So baute jede eine Kapelle auf ihrem eigenen Gebiet. Ein eindrucksvolles Beispiel für die ganz gewöhnlichen Irrungen der Menschheit. Nicht einmal heute wird dieses Thema in den Tourismus-Broschüren angesprochen, und es existieren keine Wegweiser zu den Kapellen.

Beide sind die meiste Zeit geschlossen, und es ist praktisch unmöglich, sie zu besichtigen und die zahlreichen Votivgaben zu bewundern. Doch alleine die Aussicht auf dem Hügel lohnt den Aufstieg.

IN DER UMGEBUNG

Interessante Inschriften

Auf dem marmornen Giebeldreieck der Kirche des Dorfes Solliès-Toucas steht in goldenen Buchstaben der folgende merkwürdige lateinische Satz: *Sol iste jam ipso bis cruce ligatis aut ecce solis aedes jam veri cruce fulgens* (Die Sonne ist schon zweimal an das Kreuz gefesselt; hier ist der Sonnentempel, der nun vom wahren Kreuz erhellt wird). Gegenüber der Kirche, an der Wand des Rathauses, gibt es eine weitere Tafel, nicht religiösen Ursprungs, aber auch in goldenen Buchstaben auf weißem Marmor, die an die Befreiung der Gemeinde von „deutschen Horden" erinnert – welch Art, sich europäisch zu zeigen und die Nachbarn von der anderen Seite des Rhein willkommen zu heißen!

DAS DIXMUDE-DENKMAL

Leichter als Luft

Boulevard Henri Guérin, 83390 Pierrefeu-du-Var
Les Amis du Dixmude: Maison des associations, 83390 Pierrefeu-du-Var
Link zur Geschichte der Luftschiffe in Cuers und Pierrefeu-du-Var:
les-amis-du-dixmude.monsite-orange.fr

Beim Verlassen des Dorfes Pierrefeu-du-Var wartet eine große Überraschung auf die Besucher: ein 14 Meter hohes Denkmal in Form eines Flügels – das „Dixmude"-Denkmal*.

Während des Ersten Weltkriegs, der den Luftkrieg einläutete, stellten Lenkballons ihre Effizienz bei Bombardements, Erd- und Seeaufklärung und der Begleitung von Schiffskonvois unter Beweis. Die deutschen Streitmächte bauten besonders bemerkenswerte Exemplare, die sie „Zeppelins" nannten, nach dem adeligen Erfinder dieser Ballonart. Das Grundprinzip bestand darin, eine mit Wasserstoff gefüllte Hülle über ein starres Gerüst aus einer leichten Metalllegierung zu spannen. Zur Geschichte der Zeppelins, von denen der erste 1900 abhob, gehörte 1916 das erste Luft-Bombardement von Paris, 1928 der erste Demonstrationsflug über den Atlantik und 1937 der Absturz der Hindenburg in New York, bei dem 35 Menschen ums Leben kamen. Eine Tragödie, die das Ende der Luftschifffahrt einläutete, basierend auf ihrem grundlegenden strukturellen Mangel: Sie wurden mit einem entzündlichen Gas gefüllt.

In den 1920er-Jahren stattete Deutschland im Zuge der Reparationszahlungen Frankreich mit zwei seiner riesigen Luftschiffe aus. Darunter auch eines, das Dixmude getauft wurde. 266 Meter lang und 28 Meter hoch, gefüllt mit 70 000 m³ Wasserstoffgas, wurde das Luftschiff zur Basis in Cuers-Pierrefeu gebracht, wo gerade eben der Bau riesiger neuer Hangars für diese Flugobjekte abgeschlossen worden war. Am 21. Dezember 1923 fing das Luftschiff, das von einem Blitz getroffen wurde, Feuer und explodierte nahe der Küste Siziliens in der Luft. Nur die Leiche des Kommandanten, Kapitänleutnant Du Plessis, konnte aus dem Meer geborgen werden, das die anderen 49 Opfer verschlang. Damals beschloss man, dieses Denkmal aus korsischem Granit zu errichten, das heute dem Dorf von Pierrefeu-du-Var einen Hauch von Originalität verleiht.

Der Verein, die Freunde der Dixmude, hält die Erinnerung an diese Tragödie wach. Sie können den ehemaligen Präsidenten, Monsieur Tissier, kontaktieren, der Ihnen diese dramatische Geschichte ganz sicher gerne erzählen wird.

Die französische Marine nutzt den Flugplatz in der Nähe von Pierrefeu-du-Var noch heute und bewahrt ein sorgfältig in Holzkisten verpacktes und unglaublich realistisches, drei Meter langes Modell der Dixmude auf. Eines Tages sollte man es vielleicht auspacken und ausstellen!

** Das Luftschiff erhielt den Namen Dixmude zu Ehren des belgischen Widerstandes gegen die deutsche Besatzung. Dixmude ist eine Stadt in Belgien, in der eine blutige Schlacht stattfand. Die Belgier schlugen sich dort im November 1914 heldenhaft gegen die Angriffe der Deutschen.*

AUSSERGEWÖHNLICHE VOTIVGABEN

18

Ein Kaiman für die Jungfrau Maria

Frères franciscains de i'immaculée, 83790 Pignans
04 94 59 00 69
ffindanges@immacolata.com
Die Wallfahrtskirche ist jeden Tag geöffnet, die heilige Messe wird täglich um 7 Uhr und sonntags um 10:30 und 17 Uhr gelesen

Zehn Kilometer von Pignans entfernt lohnt die Kapelle Notre-Dame-des-Anges, die auf einem Gipfel des Maures-Massivs steht, aufgrund ihrer außergewöhnlichen Sammlung an Votivgaben einen Besuch. Eine davon hängt von der Kapellendecke und ist ein echter, ausgestopfter Kaiman, der, wie es heißt, dem Gewehr von Jules Gérard zum Opfer fiel (siehe Seite 132). Doch die berührendste Votivgabe ist vielleicht das Foto, das vorne auf das kleine Büchlein von Henry Levert gedruckt ist (und von den Mönchen für 10 € verkauft wird): Es zeigt die Exekution von vier Männern durch ein Erschießungskommando bestehend aus elf Soldaten, mit dem Hafen von Toulon im Hintergrund. Es ist schade, dass ein weiteres Foto gestohlen wurde, das einen Jäger von Pignans zeigt, dessen Gewehr explodiert und der von Flammen umgeben war, „während das Jesuskind in den Armen seiner Mutter auf das Gewehr pinkelte". (Quelle: *Guide de la Provence mystérieuse*, Éditions Tchou). Man erzählt sich, dass Nymphe, die Schwester des Hl. Maximin und Dienerin von Maria Magdalena, lange bevor die jetzige Kapelle im 19. Jh. erbaut wurde, dort lebte. Es heißt, sie habe die Statue der Jungfrau Maria, die sich heute dort befindet, gemeißelt. Sie war verschollen, wurde aber, im Gebüsch versteckt, wiedergefunden. Die Gemeindemitglieder von Pignans verwahrten sie in ihrer Kirche, doch die Statue kehrte von selbst wieder ins Gebüsch zurück. So beschloss man, jedes Jahr am ersten Sonntag im Juli eine Pilgerfahrt nach Notre-Dame-des-Anges zu veranstalten. Seit 2001 leben die Mönche des Ordens Franziskaner der Immakulata unter Einhaltung ihrer Gelübde in der Kirche. Auf der schmalen Straße, die sich zum Gipfel hinauf windet ist ein Schild an einen Baum genagelt, das eine passende Beschriftung trägt: *la beauté de ces lieux fait oublier les peines de la route* (die Schönheit dieses Ortes lässt einen die Strapazen des Weges vergessen).

Ungewöhnliche Strassennamen

Wenn man in Pignans durch das Tor geht, das über die Passage de l'Eglise zur zweiten mittelalterlichen Stadtmauer führt, steht man vor einer übersinnlichen Wahl: rechts haben wir die Rue de l'Église (Kirche), links die Rue de l'Enfer (Hölle) ... Doch dieses *Enfer* leitet sich vom provenzalischen Wort *infers* ab, das die Reste von Olivenöl bezeichnet, da es früher eine Olivenpresse in dieser Straße gab (in Nr. 10). Sie werden bemerken, dass eine der zwei hübschen Keramiktafeln, die rechts den Weg ins Paradies und links den Weg zur Hölle darstellen, beschädigt wurde – ohne Zweifel mit Absicht. Raten Sie mal, welche?

DIE STATUE DES JULES GÉRARD

Jules Gérard, der Löwentöter

Place des Écoles (in der Nähe der Schulen und des Boulodrome)
Geburtshaus von Jules Gérard (heutiges Rathaus)
7, Place de la Mairie, 83790 Pignans

Am 14. Juni 1817 wurde in Pignans, einer Weinbaugemeinde im zentralen Var, ein gewisser Jules Gérard geboren. Nachdem er seine Eltern schon früh verloren hatte, bewies der junge Mann seinen Lebenswillen, indem er seine körperlichen Fähigkeiten trainierte. Er ging jagen, da Pignans, von Wäldern umgeben (darunter auch die Pinien, die dem Ort seinen Namen geben) einen reichen Wildbestand besaß. Fechten und *Chausson* (der Vorläufer des französischen Boxens) machten ihm den Kampf schmackhaft. Im Alter von 23 schloss er sich der Einheit der Spahis an (nordafrikanische Truppen, die der französischen Armee dienten) und wurde nach Algerien entsandt.

Jules Gérard widmete sich der Ausrottung der Löwen, die die Schafherden in der Gegend um Kabylia dezimierten und manchmal sogar Menschen angriffen. Mit dem schweigenden Einverständnis seiner Vorgesetzten verbesserte er bestehende Techniken der Löwenjagd. Er entwickelte Methoden, um die wilden Bestien besser aufspüren und sich ihnen nähern zu können und half dabei, die damals verfügbaren Waffen zu optimieren. Mitte des 19. Jh. waren Jagdgewehre noch immer relativ primitiv. Seinen ersten Löwen schoß er im Juli 1844 in Kabylia, nachts und mit einem doppelläufigen Gewehr (wobei ein Lauf nicht funktionierte) mit einer einzigen Kugel. Das Tier war über einen Meter lang und wog 200 Kilogramm. Von einem gewöhnlichen *Roumi* (wie Fremde in Anspielung an die ehemaligen römischen Besatzer genannt wurden) stieg Jules Gérard zu einer unter den Einheimischen respektierten Persönlichkeit auf. Und als die Liste seiner Trophäen länger wurde, erhielt er den Spitznamen Katel Sioud: Meister der Löwen.

Berichte über die Heldentaten des „Löwentöters" überquerten das Mittelmeer und wurden an den Esstischen von Paris zum Gesprächsthema. 1853 wurde Jules Gérard Kaiser Napoleon III. vorgestellt. Alphonse Daudet las Bücher von Jules Gérard und schrieb, von ihnen inspiriert, 1872 *Tartarin de Tarascon*. Doch der lachhafte, großspurige Charakter in diesem Buch hatte wenig mit dem echten Jules Gérard gemein.

Nachdem er seinen 25. Löwen getötet hatte, begab sich Jules Gérard auf Entdeckungsreise und ertrank im Fluss Jong während einer Expedition in Sierra Leone. Er war 46 Jahre alt.

Auf dem Place des Écoles in Pignans erinnert der 1964 eingeweihte Bronze-Brunnen des Bildhauers Olivier Decamps an die Hundertjahrfeier von Jules Gérards Tod. Und neben dem Tor des Rathauses, das ein auf beiden Seiten von einem Steinlöwen flankiertes Medaillon mit einem Löwenkopf ziert, hängt eine Tafel, die daran erinnert, dass dies das Geburtshaus von Jules Gérard war. *Officier des Spahis, chasseur de fauves et écrivain cynégétique dit le tueur de lions* (Spahi-Offizier, Wildtierjäger und Schriftsteller von Büchern über die Jagdkunst, bekannt als der Löwentöter).

DER PLANETENWEG

Eine Reproduktion des Sonnensystems auf einem 42 Kilometer langen Weg

„Le Sentier ds Planètes“ (Planetenweg) Association
63, impasse des Oronges, 83136 Rocbaron
lesentierdesplanetes.webnode.fr - bienvenuecl@yahoo.fr
Der Rundweg ist kostenlos und öffentlich zugänglich
Standort der Planetenmodelle:
Uranus: Markplatz – Pignans (20)
Neptun: vor der Kirche Notre-Dame-des-Anges – Pignans (21)
Jupiter: Arboretum – Les Ferrages – Sainte-Anastasie-sur-lssole (22)
Saturn: Der See bei Besse-sur-lssole (23)

Um der Öffentlichkeit die enorme Größe des Sonnensystems vor Augen zu führen, hat der Verein „Sentier des Planètes" ein bezauberndes und faszinierendes Projekt in Angriff genommen. Dabei wird ein dreidimensionales, maßstabgetreues Modell des Sonnensystems geschaffen, mit Darstellungen der Himmelskörper, die entlang bestehender Fußwege errichtet werden. Vier der Planeten stehen schon. Der Maßstab wird nicht nur auf die Planeten und die Sonne angewandt, sondern auch auf die Entfernung zwischen ihnen. Der Maßstab (1:140.000.000) basiert auf der Sonne, deren Durchmesser zehn Meter beträgt. So wird die Entfernung zwischen der Sonne und Pluto auf jene eines Marathons (42 Kilometer) heruntergebrochen. Die kleinsten Planeten sind nur ein paar Zentimeter groß (Merkur misst nur 3,5 und Venus 8,6 Zentimeter. Tafeln entlang des Weges versorgen die Besucher mit wissenschaftlichen Daten zu den einzelnen Himmelskörpern. Die Sonne ist von einem Großteil des Rundkurses aus sichtbar.

Andere Planetenwege oder -Pfade

Es gibt mehrere andere Wege mit maßstabsgetreuen Planetenmodellen in Europa und dem Rest der Welt. Der Planetenweg in Quint-Fonsegrives (3,5 Kilometer lang) im Départment der Haute-Garonne wurde 2009 im Maßstab 1:1.400.000.000 eingerichtet (der Durchmesser der Sonne beträgt einen Meter). Im Kanton Wallis in der Schweiz gibt es in Saint-Luc einen sechs Kilometer langen Weg. Er befindet sich auf einer Höhe zwischen 2200 und 2500 Metern. Die Entfernungen zwischen den Planeten werden im Maßstab von einem Tausendmillionstel umgewandelt. Sprich jeder Meter (grob die Schrittlänge eines Menschen) stellt eine Million Kilometer dar.

IN DER UMGEBUNG

Der astronomische Glockenturm von Besse-Sur-Issole ㉔

Place Noël Blache, 83890 Besse-sur-Issole

Interessanterweise befindet sich im Dorf von Besse-sur-Issole ein weiteres Modell des Sonnensystems. Doch diese Version zeigt das Sonnensystem nach den Vorstellungen des 18. Jh. Am oberen Ende des schmiedeeisernen Glockenturms der Dorfkirche sitzt ein oval geformtes Sonnenmodel, das von sechs Planeten umgeben ist. Bis 1781, dem Jahr, in dem der Engländer William Herschel den Planeten Uranus entdeckte, glaubte man, das Sonnensystem bestünde nur aus sechs Planeten: Merkur, Venus, Erde, Mars, Jupiter und Saturn.

J.-L. LAMBOTS BOOT

Ein Boot aus Stahlbeton

Pays Brignolais Museum
Place du Palais des Comtes de Provence, 83170 Brignoles
04 98 05 92 88 - mcp.caprovenceverte.fr - museebrignoles@caprovenceverte.fr
Informationen zu den Öffnungszeiten auf der Website – Eintritt frei

1814 in Var geboren, studierte der junge Joseph-Louis Lambot in Paris und widmete sich später auf dem Grund und Boden seiner Familie der Landwirtschaft. Woher hatte er die Idee für Stahlbeton? Das weiß niemand. Doch er setzte diese Technik ein (das Einarbeiten eines Stahlgitters in Zement), um Obstkisten und Regale herzustellen und kann somit als der wahre Erfinder des Stahlbetons angesehen werden. Eines Tages beschloss er sogar, ein Boot daraus zu bauen – und überraschenderweise schwamm es auch. Beim Besuch des Museums sollten Sie keinesfalls seinen wahren Schatz vergessen, den Sarkophag von La Gayole, der älteste bekannte Sarkophag gallischen Ursprungs und einer der ältesten aus Stein gemeißelten Sarkophage der Welt (2. Jh. A.D.) Die Statue des Hl. Sumian, ein grob behauener Steinblock, ist die andere bizarre Sehenswürdigkeit in diesem Museum. Sie war lange Anziehungspunkt für die Frauen von Brignoles, die einen Kinderwunsch hegten. Sie stellt eine androgyne Figur dar, deren Hände vor dem Nabel ineinander gefaltet sind. Es ist üblich den Teil der Statue unterhalb des Nabels zu küssen, um die Fruchtbarkeit zu fördern. Diese Praxis wurde von der Kirche verboten, doch durch die Küssen ist die Statue derart erodiert, dass eine schalenförmige Mulde entstanden ist.

IN DER UMGEBUNG

Das Haus der Lanciers (26)

Ganz in der Nähe des Museums wohnten im Haus in der Rue des Lanciers Nr. 10 früher die Wachen, die den Grafen der Provence dienten. Auf Höhe des ersten Stockwerks ragen hakenförmige Steine aus der Fassade. Sobald die Lanciers ihren Wachdienst beendet hatten, kamen sie zu diesem Haus zurück, um sich auszuruhen. Mit einer Hellebarde die enge Wendeltreppe hinaufzugehen war schwierig. Deshalb legten Sie ihre Lanze auf einem dieser Steine ab. Oben angekommen konnten sie durch die Fenster des Obergeschosses danach greifen und sie waagrecht, und vor Dieben geschützt, auf zwei der Steinhaken legen.

DER HUGENOTTENSTEIN

Am 28. August 1563 kamen die Hugenotten

5, Rue de la Poissonnerie, 83170 Brignoles

Die Inschrift auf einem Stein in der Rue de la Poissonnerie erinnert nachdrücklich an eine unbestreitbare historische Tatsache: „Am 28. August kamen die Hugenotten." An diesem Tag des Jahres 1563, dem Jahr nach Ausbruch des ersten Religionskrieges, initiierten die Protestanten tatsächlich einen Angriff auf die Einwohner von Brignoles, die zum Großteil dem katholischen Glauben anhingen. Obwohl es zu diesem Vorfall keine konkreten Aufzeichnungen gibt, war es angeblich ein blutiger und kurzer Überfall.

Woher kommt der Begriff „Hugenotte"?

Über den Ursprung der Bezeichnung *Hugenotte*, der jenen des Lutheraners um 1560 ablöste, weiß man nichts mit Sicherheit. Er leitet sich möglicherweise vom deutschen Wort „Eidgenossen" (Schweizer) ab, das in Genf zu „Eidgnots" wurde. Oder sie steht in Verbindung mit Hugh Capet oder dem Hugo-Tor in Tours, in dessen Nähe die Protestanten Versammlungen abhielten.

DER MÖRSER IM *MAISON DE L'OLIVIER*

(28)

Ein ungewöhnliches Relikt zur illegalen Schießpulverproduktion

12, Place de la Libération, 83143 Le Val
04 94 37 02 20 – 06 44 12 86 00
pointaccueil@mairie-leval.fr – la-provence-verte.net/
Montag bis Freitag, 8–12 Uhr und 14–17 Uhr, Besuche nach Vereinbarung mit dem Tourismusbüro von Le Val

Im *Maison de l'Olivier* (das Olivenbaum-Haus), einer noch immer funktionstüchtigen Ölmühle im Dorf von Le Val, nahe Brignoles, steht in einer Ecke ein Mörser am Boden. Er stand ursprünglich in der Nähe des Dorfes in einer Höhle in der Region Le Janet und wurde zur Herstellung von Schießpulver zu Schmuggelzwecken verwendet. Er wurde während der Grabungsarbeiten des ASER (Verein für die zentrale Var-Region) in der Höhle gefunden, die heute unter dem Namen *La Poudrière* (Schießpulverlager) bekannt ist. Mit Hilfe von Archivmaterial konnte man sich die Geschichte zu den merkwürdigen Vorgängen zusammenreimen.

1878 stattete die örtliche Polizei, nachdem sie entsprechende Informationen erhalten hatte, der fraglichen Höhle einen Besuch ab. Auf dem Weg dorthin trafen sie einen gewissen Louis Henry (46 Jahre), der gerade 12 Kilo Schießpulver zum Trocknen im Gras verteilte. Während der Befragung entlastete er seinen Lehrmeister, Philémon Bonnaud, indem er der Polizei versicherte, dass dieser von seinen heimlichen Machenschaften nichts wisse. Obwohl die beiden Verdächtigen mit einer Geldstrafe davonkamen, geriet Louis Henry einige Zeit später abermals in Konflikt mit dem Gesetz, da er „Schießpulver und Streichhölzer verkaufte" (sieben Kilo Schießpulver und 432 Streichholzschachteln).

Seit Marco Polo das Schießpulver Ende des 13. Jh. von seinen Reisen aus China mitgebracht hatte, wurde diese Substanz, die zum Gebrauch von Schusswaffen unabkömmlich war, streng reguliert und praktisch als Staatsmonopol behandelt. Das ist bis zum heutigen Tag so. Schießpulver wird an Privatpersonen nur in speziellen Waffengeschäften verkauft, und laut Gesetz darf man nicht mehr als zwei Kilo zu Hause lagern.

DIE KAPELLE NOTRE-DAME-DE-PITIÉ

29

Eine mit Muscheln verzierte Fassade auf der Straße nach Compostela

An der RD 554,83143 Le Val
Ausgehend vom Dorf Le Val gelangt man über den Chemin des oratoires (Kapellenweg) nach einem etwa 30-minütigen Fußmarsch zur Kapelle

Die Kapelle Notre-Dame-de-Pitié (zu unserer lieben Frau der Barmherzigkeit), mit ihrer außergewöhnlichen und mit Hunderten von Muscheln verzierten Fassade, verbirgt sich an der RD 554 zwischen Le Val und Brignoles vor vorbeifahrenden Besuchern. Sie befindet sich am Gipfel des Hügels, auf dem die beiden Stadtgrenzen einander treffen. Der Chor im Inneren ist mit Hunderten von Korallen von der Halbinsel Giens geschmückt.Die Kirche wird nur in wenigen Aufzeichnungen erwähnt, doch viele der Muscheln sind Jakobsmuscheln, was wahrscheinlich damit zu tun hat, dass Le Val sich auf der Verbindungsstraße zwischen Rom und der Kathedrale von Santiago de Compostela befindet. Pilger aus Rom machten zuerst bei der Kapelle unserer lieben Frau der Barmherzigkeit Halt, bevor sie nach Le Val gingen. Beim Verlassen des Dorfes besuchten sie die Kapelle des Hl. Jakobus und zogen dann Richtung Bras und Arles weiter, wo verschiedene Routen nach Compostela zusammentrafen.

Unsere liebe Frau der Barmherzigkeit gab es schon im 12. Jh., und sie wird in einer Bulle von Papst Eugen III. *Sanctae Marae de Clivio (Hl. Maria des Hügels oder Anstiegs) genannt.*

Der Mangel an Archivmaterial in Le Val lässt sich dadurch erklären, dass die Kapelle eine Abtei der Stiftskirche von Pignans war. Zum nächsten Mal erwähnt wurde die Kapelle erst wieder im 17. Jh., als sie zwischen 1668 und 1685 erweitert wurde.

DIE BIENENMAUER VON CARCÈS 

Vom Wind geschützte Bienenstöcke

Chemin de Notre-Dame, 83570 Carcès
Carcès auf der RD13 Richtung Lac de Carcès und Toulon verlassen. Kurz vor der Brücke über die Caramy rechts auf den Chemin des Fouguières abbiegen und gleich wieder rechts in den Chemin de Notre-Dame einbiegen. Geradeaus fahren, bis Sie zur Kapelle gelangen. Hier parken und die rechts abgehende Schotterstraße nehmen (die Asphaltstraße liegt noch immer rechts von Ihnen). Die Mauer befindet sich etwa 30 Meter weiter vorne

Die nach Süden gerichtete Mauer kann die Sonnenstrahlen optimal einfangen und bietet zugleich Schutz vor den aus Nord und Nordost kommenden Winden. Sie besitzt zehn Nischen, die in zwei waagerechten Reihen angeordnet sind. Der Abschluss der oberen Reihe fächert sich in einem Bogen auf, was der Gesamtstruktur eine besondere Eleganz verleiht. Traditionellerweise müssen diese Mauern, die in der Provence

Apiers genannt werden, aus zwölf (wie die Apostel) Nischen oder einem Vielfachen davon bestehen. Es fällt auf, dass der Apier von Carcès, genau genommen neben den zehn großen Nischen auch zwei kleinere umfasst. Der einzige Zweck dieser beiden besteht offensichtlich darin – die Tradition zu wahren.

Diese Technik zum Schutz der Bienenstöcke scheint aus der Zeit der Römer zu stammen. Sie wurde bis zum Ende des 19. Jh. angewendet und schützte die Bienen vor schlechtem Wetter und Raubtieren.

Während der Kontinentalsperre* zu Zeiten der Napoleonischen Kriege spielten sie eine sehr wichtige Rolle, da nun Zucker aus der Karibik nicht verfügbar war. Dieser Mangel machte eine Steigerung der Honigproduktion notwendig.

** Sie wurde von Bonaparte verhängt, dessen Ziel es war das Vereinigte Königreich zu vernichten, indem er sie am Handel mit dem restlichen Europa hinderte. Die Sperre trat am 21. November 1806 (Berliner Dekret) in Kraft und endete im April 1814 (eine Entscheidung der Übergangsregierung, nachdem der Kaiser entmachtet und auf die Insel Elba verbannt worden war).*

DIE GEDENKSTÄTTE FÜR DAS FLUGZEUG SE 1010

(31)

Flugzeugteile auf einem entlegenen Gedenkstein

In der Region Saint-Étienne du Clocher, 83570 Carcès
Carcès Richtung Brignoles auf der RD562 verlassen. Nach knapp 3 Kilometern nach links in Richtung des Denkmals und Saint-Étienne du Clocher (folgen Sie dem verwitterten Schild) abbiegen. Das Auto nach etwa 1,5 Kilometern parken und einem Fußweg auf der linken Seite folgen (ein Schild mit der Aufschrift „SE 1010" weist den Weg). Entlang dieses Weges ist ein Elektrozaun gespannt. Geben Sie also Acht. Folgen Sie den Pfeilen und Sie erreichen das Denkmal nach etwa 10 Minuten

Mitten im Gelände steht ein Denkmal, das an einen Flugzeugabsturz von 1949 erinnert. Metallteile des Rumpfes, die früher am Denkmal selbst angebracht waren, werden nun in einer Glasvitrine der Medienbibliothek von Le Val aufbewahrt. Am 1. Oktober 1949 um 16:07 hörten die Leute in Carcès und die umliegenden Bauern eine laute Explosion. Der einzige Prototyp der SE 1010, ein viermotoriger Eindecker, der Aufnahmen aus der Luft machen sollte und von der SNCASE* gebaut worden war, war gerade abgestürzt. Obwohl die ersten Flüge ohne Probleme abgelaufen waren, vermutete Jacques Lecarme, der Testpilot, dass das Flugzeug Gefahr lief, sich um seine eigene Achse zu drehen, sollte einer der Motoren defekt sein. Daher beschloss man das Problem zu beheben, und am 1. Oktober 1949 startete das Flugzeug von Marignane. Der Pilot Henri Vanderpol flog die Maschine. Dabei wurde er vom Testflugingenieur Pierre Bouillon, dem Konstruktionsingenieur Silvio Aliani, dem Funker Marius Rivet und den beiden Mechanikern Valéry Chasson und Fernand Pillet begleitet. Das von Lecarme befürchtete Missgeschick sollte sich sehr schnell bewahrheiten. Einer der Motoren fiel aus und das Flugzeug begann sich zu drehen. Der darauffolgende Absturz kostete allen sechs Besatzungsmitgliedern das Leben und beendete die Ära der SE 1010, die für das Institut Geographique National bestimmt war, abrupt. Andere, bereits in Bau befindliche, Prototypen wurden auf den Schrottplatz verbannt.

** Die Société Nationale de Constructions Aéronautiques du Sud-Est wurde 1937 gegründet und produzierte zahlreiche Militär- und Frachtmaschinen, unter anderem auch die kultige Caravelle.*

DENKMAL FÜR DIE TOTEN VON COTIGNAC

Das schönste Denkmal im Var-Départment?

Place de la Mairie (Rathausplatz), 83570 Cotignac

Das Denkmal für die Toten des Ersten Weltkriegs in Cotignac muss eines der ungewöhnlichsten in ganz Frankreich sein. Es besteht aus einem schlichten Stein, über dessen Rand ein behelmter Soldat lugt. Geht man auf die Rückseite des Denkmals, kann man auch den restlichen Soldaten mit all seiner Kampfausrüstung sehen, der, geschützt durch den Graben, den das Denkmal darstellt, zum Werfen einer Granate bereit ist.

Das Denkmal wurde von Jean-Louis L'Homme entworfen. Der Stein für den Sockel stammt aus Ruoms und jener für den Soldaten aus Oppède. Bei seiner Enthüllung erhielt es positive Kommentare vom künstlerischen Kommitee, das es als „das schönste Denkmal im gesamten Département“ bezeichnete.

DIE VOTIVGABE VON LUDWIG XIV 

Liegen die wahren Wurzeln von Ludwig XIV. in Cotignac?

Am Gelände der Notre-Dame-Kirche, 83570 Cotignac
04 94 69 64 90 – nd-de-graces.com
Täglich 8–17 Uhr
Hl. Messe: Informationen zu den Öffnungszeiten auf der Website

Unter den tausenden Votivgaben in der Provence und den hunderten in Notre-Dames-de-Grâces, muss die von Ludwig XIV., die er der Jungfrau von Cotignac persönlich darbrachte, wohl die königlichste sein.

1519 erschien einem Holzfäller von Cotignac, Jean de la Baume, mit dem Jesuskind auf dem Arm, die Jungfrau Maria. Maria überbrachte ihm folgende Botschaft: „Ich bin die Jungfrau Maria. Geh und sag den Konsuln und Priestern von Cotignac, sie sollen an genau dieser Stelle eine Kirche für mich bauen und sie Notre-Dames-de-Grâces nennen."

Etwa ein Jahrhundert nach der Erscheinung war die Ehe von Ludwig XIII. und Anna von Österreich, die sehr jung geheiratet hatten, nach 20 Jahren noch immer nicht mit Kindern gesegnet worden. Deshalb beschloss Bruder Fiacre, ein Mitglied der Augustiner-Barfüßer, Gott zu bitten, dem königlichen Paar Glück durch die Geburt eines Dauphins zu erlauben. So wollte er sich bei der Königin erkenntlich zeigen, die die Mönche mit Medikamenten versorgte, die auch ihm schon geholfen hatten. Am 3. November 1637 erschien die Jungfrau Maria und erklärte Bruder Fiacre, dass das Paar drei Novenen beten müsse, um ein Kind zu bekommen, die erste davon in der Wallfahrtskirche von Cotignac. Bruder Fiacre betete diese Novene in ihrem Namen in Cotignac und genau neun Monate nach dem Beten der dritten Novene, wurde Louis Dieudonné, der zukünftige Ludwig XIV., geboren. Zum Dank dafür, dass ihr Wunsch erfüllt wurde, begab sich Anna von Österreich am 21. Februar 1660, begleitet vom jungen Ludwig XIV., persönlich auf Wallfahrt zur Notre-Dames-des-Grâces. Damals wurde die königliche Votivgabe aus schwarzem Marmor an der Wand der Kirche befestigt.

Es ist interessant, dass der königliche Besuch in Cotignac das Dorf, trotz des Wunders, ein kleines Vermögen kostete, da es sich eine große Summe leihen musste, um die Straße für die Kutschen des königlichen Gefolges befahrbar zu machen.

Der Ursprung des Wortes „Fiaker"

Das Herz von Bruder Fiacre liegt in der Kirche Notre-Dame-de-Grâces. Seine Beliebtheit unter den Armen der Hauptstadt führte dazu, dass sein Bild zum Schutz in Mietskutschen angebracht wurde, die damals nicht besonders sicher waren. Diese Kutschen wurden lange Zeit als „Fiacres" bezeichnet.

DAS TOR DER VERGEBUNG

In Anlehnung an die Feierlichkeiten zum Jubeljahr in Rom

Kirche Notre Dame – Place du Général de Gaulle, 83570 Correns

Das Holztor auf der rechen Seite der Kirche Notre Dame in Correns, das die Inschrift „porte du pardon" (Tor der Vergebung) trägt, ist ein dezenter Hinweis auf eine faszinierende 1 000 Jahre alte Tradition.

Als 972 die erste Kirche in Correns geweiht wurde, führte man die Tradition ein, an jenen Tagen, an denen der 3. Mai auf einen Freitag fiel, Vergebungen anzubieten. Das ist das offizielle Datum der Kreuzauffindung durch die Hl. Helena (die Mutter von Kaiser Konstantin I.), die im Jahr 326 angeblich das wahre Kreuz Jesu Christi gefunden haben soll.

1011 bot Papst Sergius IV. gezielt Ablässe für jene an, die an diesem Tag zur Beichte in die Dorfkirche kamen – die Geste eines Papstes, der provenzalische Wurzeln hatte. Dieser Ablass, der zuerst nur vereinzelt gewährt wurde, wurde aufgrund eines von Urban VII. erlassenen Edikts zur gängigen Praxis.

Der 3. Mai fällt alle sechs, fünf und elf Jahre auf einen Freitag. Beträgt der Zeitraum elf Jahre, wird der Ablass als „Große Vergebung" bezeichnet.

Der Tradition des Jubeljahres in Rom folgend, wird die Zeremonie in Correns mit dem Öffnen des Heiligen Tors bzw. des Tors der Vergebung durch den Bischof von Toulon eingeleitet. Die Sünden aller Gläubigen, die durch dieses Tor gehen, werden vergeben. Das Tor wird am 3. Mai um 14 Uhr geöffnet und zur selben Zeit am Tag nach der Feier wieder geschlossen.

1613, als das Dorf nur 1 000 Einwohner hatte, kamen 53 235 Gläubige aus der ganzen Provence im Rahmen einer Prozession, um ihre Sünden den 500 Priestern zu beichten, die für diesen Anlass zugegen waren. 1409 kamen offensichtlich über 150 000 Leute, sogar der Graf der Provence.

Die provenzalische Redewendung „*C'est le pardon de Correns*" (Das ist ja wie bei der Vergebung in Correns), mit der eine große Menschenmenge beschrieben wird, hat ihren Ursprung in diesem Ereignis. Ein weiterer provenzalischer Spruch, „*commo lou pardoun de Courren!*" wird verwendet, wenn etwas sehr selten passiert.

Correns wird als „erstes Bio-Dorf" bezeichnet. Das Dorf hat den Wechsel 1997 vollzogen und 95 Prozent seiner Agrarfläche werden heute unter Einhaltung der Standards für biologische Landwirtschaft bestellt.

DAS TOR DER PONTEVÈS-VILLA

Der Schlüssel zu diesem seltsamen Rätsel ging verloren!

Rue Auguste Guion, 83670 Barjols

Das monumentale Portikus-Frontispiz der Pontevès Villa trägt das Jahr 1532. Doch die reichen Verzierungen des Renaissance-Portals hat noch nicht all seine Geheimnisse preisgegeben.

Über den Kapitellen stützt ein mit Arabesken geschmücktes Paneel drei Nischen, die von zwei Cheruben flankiert sind. In der großen Nische in der Mitte ist die ursprüngliche Form verloren gegangen, zweifelsohne wurde sie während der Revolution zertrümmert. Sie enthielt wahrscheinlich das Wappen der Familie.

In der rechten Nische hält ein Mann, möglicherweise der Herr des Hauses, eine phallusartige Fackel in der rechten Hand und eine Blume in der linken. Der Cherub zu seiner Rechten scheint in seiner rechten Hand auch eine Fackel und in der linken eine Frucht zu halten. In der linken Nische nimmt die Herrin des Hauses die Pose einer Venus Pudica ein und erinnert an das berühmte Gemälde von Gabrielle d'Estrées (obwohl sie zu dieser Zeit noch nicht geboren war). Die auf der Brust ruhende Hand bedeutet auch, dass die Frau schwanger ist. Die auf diese Weise gekennzeichnete Brust wird bald bereit sein, einen Säugling zu ernähren.

Manchmal hat das Kino Einfluss auf den Namen eines Dorfes!

Besucher, die nach Ginasservis kommen, sind oft überrascht, dass das Dorf tatsächlich zwei Namen besitzt. Ginasservis (der offizielle Name) und Espigoule, der Name, den ihm der Filmemacher Christian Philibert gab, um den Anforderungen des Films, den er hier drehte, *Les Quatre Saisons d'Espigoule* (*Ein Jahr in Espigoule*), zu entsprechen. Die Komödie, die 1999 erschien und in der Provence zum Kulthit wurde, porträtiert das Leben der Bewohner in einem provenzalischen Dorf. Die Tatsache, dass der Regisseur anstelle von Schauspielern Bewohner von Ginasservis einsetzte, hatte keinen kleinen Anteil am Erfolg des Films. Christian Philibert stammt selbst aus dem Dorf (sein Bruder ist der Bürgermeister). Er erhielt viele Preise für den Film, darunter auch Publikumspreise bei den Festivals von Marseille, Belfort und Montpellier.

DIE UNTERIRDISCHE KATHEDRALE VON SAINT-MARTIN-DE-PALLIÈRES (36)

Ein außergewöhnlicher Ort

83560 Saint-Martin-de-Pallières
06 50 81 09 96 – cathedralesouterraine@gmail.com
Informationen zu den Öffnungszeiten auf der Website: cathedralesouterraine.com

Nördlich von Saint-Maximin und westlich von Barjols fristet die schöne Ortschaft Saint-Martin-de-Pallières mit ihren knapp über 240 Einwohnern ein ruhiges Dasein.

Im Jahr 1604 kauft der Abgeordnete Pierre de Laurens aus Aix das Land, das sich noch heute im Besitz seiner Nachfahren, der Familie de Boisgelin, befindet. Die Familie verschönert und modernisiert die über dem Dorf thronende Festung und verwandelt sie in ein Residenzschloss. Ab 1730 entsteht über 20 Jahre hinweg ein sieben Hektar großer Park; Hügel werden eingeebnet, Senken aufgefüllt.

In dieser Region ohne Quellen oder Flüsse stellt die Bewässerung der Anlage die Familie jedoch vor große Schwierigkeiten. Sie beschließt, als Speicher für das herbstliche Regenwasser ein gigantisches Reservoir

zu bauen. Die Abmessungen des Speichers, der bis zu 2 800 Kubikmeter Wasser fassen kann, sind phänomenal: eine Fläche von 550 Quadratmetern und 6 Meter hohe, von 20 Pfeilern gestützte Gewölbedecken ...

Anstelle des unterhalb des Schlosses gelegenen Nutzgartens plant die Familie zudem einen Wassergarten mit mehreren Bassins, Springbrunnen und Wasserspeiern, die ebenfalls aus der Zisterne gespeist werden sollen. Als die Laurens jedoch im 18. Jahrhundert auf ihre Funktion als Abgeordnete verzichten müssen, sehen sie sich gezwungen, das Gartenprojekt aus finanziellen Gründen aufzugeben.

Nach umfassenden Räumungsarbeiten zur Beseitigung des Schlamms, der sich über Generationen in der Zisterne abgelagert hat, kann die Anlage heute im Rahmen einer Führung unter Leitung des sympathischen Eigentümers besichtigt werden.

Ein Festival für klassische Musik

Die „Concerts en Voûtes“ laden jedes Jahr von Juli bis September zu Konzerten mit hochklassigen Künstlern ein, die nicht zuletzt durch die bemerkenswerte Akustik der Zisterne einen ganz besonderen Reiz entfalten.

DIE PHALLUS-BALKONE VON VARAGES

(37)

Eine Anspielung an den Schutzpatron des Dorfes?

9, Place de la IVe République, 83670 Varages

Das Haus Nr. 9 am Place de la IVe République befindet sich gegenüber dem Rathaus. Auf dem Balkon im ersten Stock erwartet einen ein überraschender Anblick: ein sich wiederholendes Phallus-Muster.

Einige meinen, das sei eine offensichtliche Anspielung auf Saint Foutin, den Schutzpatron des Dorfes, der einst Bischof von Lyon war und dessen skandalumwitterte heidnische Rituale hier auf seltsame Weise wieder aufscheinen.

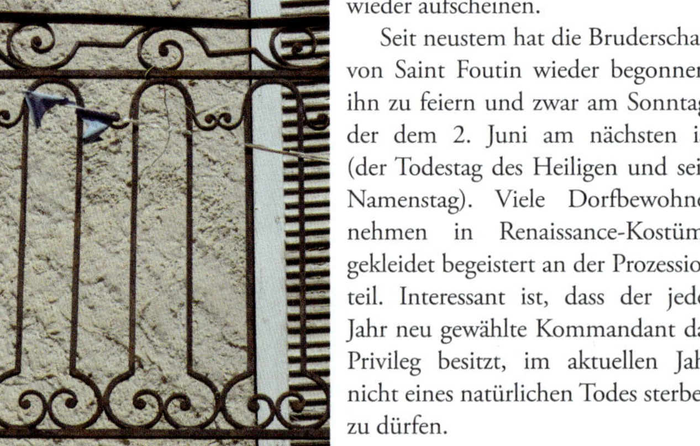

Seit neustem hat die Bruderschaft von Saint Foutin wieder begonnen, ihn zu feiern und zwar am Sonntag, der dem 2. Juni am nächsten ist (der Todestag des Heiligen und sein Namenstag). Viele Dorfbewohner nehmen in Renaissance-Kostüme gekleidet begeistert an der Prozession teil. Interessant ist, dass der jedes Jahr neu gewählte Kommandant das Privileg besitzt, im aktuellen Jahr nicht eines natürlichen Todes sterben zu dürfen.

Saint Foutin

Die Legende besagt, dass Futinus, ein Faun, erstmals zu gallo-römischen Zeiten auftauchte und später unter dem Namen Foutin verehrt wurde. Es ist überliefert, dass der aus Holz geschnitzte und mit Leder ummantelte Phallus des Foutin lange Zeit in einer Kapelle im oberen Teil der mittelalterlichen Festungsanlagen aufbewahrt wurde. Frauen pflegten ihn mit Wein zu übergießen, den sie als eine Art Fruchtbarkeitsessig nutzten. Es heißt auch, dass Foutin Männern wieder Kraft verlieh und schändliche Krankheiten heilte. Das wäre eine Erklärung für den beliebten Brauch, die Dorfkirche mit einer großen Anzahl an Votivbildern mit Geschlechtsorganen beider Geschlechter zu schmücken. Dieser Brauch überlebte viele Jahre, doch leider wurde der Wandschmuck im 17. Jh. von Protestanten entweder entfernt oder zerstört.

DER ASTRONOMISCHE GLOCKENTURM VON TAVERNES

Ein Glockenturm mit einer Version des Sonnensystems aus dem18. Jh.

Tour de l'Horloge (Uhrturm), Grand Rue, 83670 Tavernes

Der Belfried auf dem Uhrturm in Tavernes zeigt das Sonnensystem nach den Vorstellungen des 18. Jh. Die Sonne ist eine Messingkugel, die von sechs kleineren, auf Stützen befestigten Planeten, die die Basis der Struktur bilden, umgeben wird.

Damals kannte man nur sechs Planeten unseres Sonnensystems: Merkur, Venus, Erde, Mars, Jupiter und Saturn. Erst 1781 entdeckte der Engländer William Herschel den Planeten Uranus.

Interessant ist auch, dass die Glocke in diesem Glockenturm seit 1981 Denkmalschutz genießt. Anders als etwa zehn andere Glocken im Dorf wurde diese während der Revolution nicht eingeschmolzen.

DAS VOTIVBILD IN DER KAPELLE NOTRE-DAME DE LA DÉLIVRANCE

39

Zur Erinnerung an den Aufstand gegen den Staatsstreich von Napoleon III.

Avenue Victor Maria, 83630 Aups
06 31 83 14 91 – aups83@wanadoo.fr
Vom 1. Mai bis zum 31. Oktober Mittwoch und Samstag von 9:30 Uhr bis 12/30 Uhr und Messfeier immer mittwochs um 18 Uhr

Nach dem Staatsstreich von Louis-Napoleon Bonaparte 1851 schwappte eine Welle republikanischer Proteste auf mehrere (hauptsächlich ländliche) Regionen Frankreichs über. Dazu gehörten auch das Var und die Alpes-de-Haute-Provence (damals die Basses-Alpes).

Im Var entwickelte sich Aups zum Sammelpunkt des Aufstandes. Ab dem 8. Dezember begannen sich dort 6 000 Protestierende zu versammeln, was dem Dorf den Beinamen „ Zentrum des roten Var" einbrachte. Doch am 10. Dezember zerschlugen Truppen des 50. Infanterieregiments unter dem Befehl von General Pastoureau den Aufstand und töteten 50 Republikaner.

Zwar erinnert ein Obelisk auf dem Hauptplatz an dieses Ereignis, doch die übrigen Einwohner, die dem Aufstand ablehnend gegenübergestanden waren, ließen mit Hilfe der Armee eine Kapelle mit dem Namen „Notre-Dame de la Délivrance" (Zur lieben Frau der Erlösung) errichten. Im Inneren stellt ein Votivbild auf naive und rührende Weise die Erleichterung einer „weißen" Familie dar, die den brutalen Angriffen der Roten entkommen war. Die Eltern und ihre zwei Kinder sind ihrer Kleidung nach wohlhabend und fliehen aus dem brennenden Dorf, während sie von einem Haufen Aufständischer verfolgt werden.

Für die Kapelle wurde ein Lied mit eindeutiger Botschaft verfasst. Die vollständige, ungekürzte Version auf Provenzalisch und Französisch findet man auf der faszinierenden Webseite von Jean-Marie Guillon, die dem Staatsstreich von 1851 gewidmet ist: 1851.fr

IN DER UMGEBUNG

Der Balkon an der Ecke Rue Des Aires und Rue Du Château

83630 Aups

Der Balkon ist in vielerlei Hinsicht außergewöhnlich: aufgrund seiner exzentrischen Schönheit; seines Standorts, als ob er auf die Hauswand geklebt worden wäre; des Tuffsteins, der je nach Lichteinfall seine Farbe verändert; und schließlich aufgrund der Inschrift „*Ad coelumaspirare*" (*Ich strebe nach dem Himmel*). Das Haus geht auf den Beginn des 19. Jh. zurück.

Taillades
Combe de Vidauque
Oppède-le-Vieux
Ménerbes
Bonnieux
Plan-d'Orgon
Mollégès
pit Luberon
719
RÉGIONAL
DU
MONTAGNE
Cheval-Blanc
Orgon
Lourmarin
Puyvert
Lauris
Puget
Gges du Régalon
Mérindol
Les Borrys
Eygalières
Les Plaines
Sénas
Durance
Mallemort
Abbe de Silvacane
Charleval
Castelas de Roquemartine
Grottes de Calès
Lamanon
Aureille
Eyguières
e Destet
Pont Royal
Canal de Marseille
La Roque-d'Anthéron
Chaîne des Côtes
Cazan
Colline de Alleins
Roque Rousse
Vernègues
Château-Bas
Aurons
Craponne
Salon-de-Provence
Pélissanne
Lambesc
Aiguebelle
La Barben
Chaîne de la
St-Cannat
Camp militaire
Grans
Lançon-Provence
Les Quatre-Termes
Le Pont-de-Rhaud
Éguilles
Chaîne
Entressen
Miramas
Miramas-le-Vieux
Cornillon-Confoux
La Fare-les-Oliviers
Coudoux
Canal de Marseille
Les Guigues
St-Chamas
Ventabren
Velaux
Étang de l'Olivier
Aqueduc de Roquefavour
Chaîne
St-Estève
Istres
ÉTANG
La Suzanne
La Mérindolle
Berre-l'Étang
Rognac
Varage
DE
Étang de Vaïne
Rocher
Massane
Étg de Lavalduc
Les Carabins
Oppidum St-Blaise
St-Mitre-les-Remparts
Vitrolles
MARSEILLE-PROVENCE
Fos-sur-Mer
BERRE
Les Pinchinades
Marignane
Les Pennes-Mirabeau
Martigues
Port-de-Bouc
St-Victoret
Pas-des-Lanciers
La Mède
Les Tourels
Gignac-la-Nerthe
Les Cadeneaux
Châteauneuf-les-Martigues
Laure
La Gavotte
St-Antoine
Lavera
Port pétrolier de Lavera
Les Ventrons
La Nerthe
Le Rove
L'Estaque
Chaîne de l'Estaque
St-Julien-les-Martigues
Le Douard
GOLFE
DE FOS
La Couronne
Carro
Ensues-la-Redonne
Niolon
La Madrague-de-la-Ville
Cap Couronne
Sausset-les-Pins
Carry-le-Rouet
Madrague-de-Gignac
Rade de Marseille
MARSEILLE
Chau d'If
Île Ratonneau
Île Pomègues
Îles du Frioul
Cap Croisette
Île de Planier

Rund um l'Étang de Berre und Salon-De-Provence

DIE SÄULE AUF DER ESPLANADE DES CHÂTEAU DE L'HAUTURE ①

Ist dies ein Teil des Prangers von Fos?

13270 Fos-sur-Mer

Diese freistehende Säule ist das einzige Überbleibsel der alten Abtei, die um das Jahr 1000 n. Chr. in Saint-Gervais Point errichtet wurde. Sie wurde im 15. Jh. zerstört. Die Säule, die zufällig bei Ausgrabungen entdeckt wurde, war wahrscheinlich der Pranger der Stadt. Ihr ursprünglicher Standort ist nicht bekannt.

Pranger, Galgen, Gibet *und Hängegabeln*

Während des Ancien Régime wurden verschiedene Apparate eingesetzt, um Verbrecher zu bestrafen und sie, tot oder lebendig, als Warnung für den Rest der Bevölkerung öffentlich zur Schau zu stellen. Der Pranger diente dazu, den Verurteilten in Szene zu setzen, um auf seine Missetaten aufmerksam zu machen. Es kamen zwei Arten von Prangern zum Einsatz. Bei der ersten handelte es sich um einen Pfahl mit einem eisernen Halsband, das um den Hals des Delinquenten gelegt wurde. Bei der anderen handelte es sich um ein höheres Konstrukt, dessen oberer Teil, der aus Holz und Eisen bestand, geöffnet werden konnte und Löcher für die Arme und den Kopf des Verurteilten enthielt. Diese Vorrichtung unterschied sich vom Galgen – eine rechteckige Konstruktion mit mehreren Teilen, an denen ein Seil zum Aufhängen von Delinquenten befestigt werden konnte und an denen bei Bedarf Leichen zur Schau gestellt wurden. In der Regel war der Tod durch Erhängen den Bourgeois und Dörfern vorbehalten. Die Todesstrafe für den Adel wurde weiterhin durch Enthauptung vollzogen, die als edlerer und sanfterer Tod galt. Tatsächlich bestand das *Gibet* aus einem großen hölzernen Querbalken, der auf Steinsäulen ruhte. Manchmal diente das *Gibet* als Galgen für Verbrecher, es wurde aber auch genutzt, um Leichen auszustellen, von denen einige möglicherweise ganz woanders gehängt worden waren. Die Säulen dieser Galgen waren als Hängegabeln bekannt und wurden, ja nach dem Dienstgrad des örtlichen Richters, in in unterschiedlicher Anzahl angebracht.

IN DER UMGEBUNG

Schwarze Steine zum Schutz der Häuser ②

Montée des Porcelets, rue Pasteur, chemin des Ruines, rue Anatole France, 13270 Fos-sur-Mer

Bei einem Spaziergang durch die engen Gassen rund um das Schloss im historischen Dorf Fos-sur-Mer fallen einem an den Häuserfronten einige kuriose schwarze und dunkelgrüne Steine in Form von Rugbybällen auf. Vermutlich stammen diese polierten Serpentinstücke aus dem Queyras-Tal und wurden aus dem Alluvialboden der Rhône entnommen, der die Schwemmlandebene der Crau bildet. Diese Steine sollten die Häuser vor bösen Zaubern und Blitzen schützen.

DAS JURI-GAGARIN-ZIMMER

Ein Besuch vom ersten Menschen im Weltraum in Port-de-Bouc

Rue Charles Nédélec, 13110 Port-de-Bouc

Am 12. April 1961 flog Juri Gagarin als erster Mensch ins Weltall. Gagarin wurde für seine Leistung weltweit gewürdigt, vor allem

aber von den zahlreichen kommunistischen Stadtverwaltungen, die es damals in Frankreich gab und die er auf seinen Reisen besuchte. Diese Reisen wurden von der UdSSR zu Zwecken der politischen Propaganda und der Industriespionage organisiert (siehe unten).

1967 wurde Port-de Bouc, das im April 1961 sein neues Kulturzentrum stolz nach dem sowjetischen Kosmonauten benannt hatte, über einen bevorstehenden Besuch von Juri Gagarin informiert, um seine Treue zum Kommunismus zu würdigen. Der stellvertretende Bürgermeister René Rieubon beauftragte den örtlichen Künstler Francis Olive eilig mit der Anfertigung eines Flachreliefs zu Ehren Gagarins, das die nach ihm benannte Kulturhalle schmücken sollte. Die Häuser in der Umgebung waren rot geschmückt. Überall in der Stadt konnte man Tafeln mit Botschaften wie „Wir heißen unsere sowjetischen Gäste willkommen“ und „Es lebe die französisch-sowjetische Freundschaft“ sowie Fahnen der Kommunistischen Partei Frankreichs sehen. Dem Helden wurde ein feierlicher Empfang bereitet. Er wurde nicht nur mit Autogrammwünschen, emotionalen Reden und mit Pastis gefüllten Gläsern überhäuft, sondern auch dazu eingeladen, den „Friedensbaum“ der Stadt neben dem Kulturzentrum zu pflanzen. Die Kiefer ist seit dieser Zeit enorm gewachsen.

Wirtschaftsspionage während eines Besuchs von Juri Gagarin

1965 besuchte die sowjetische Delegation die Flugzeugwerke in Toulouse-Blagnac, wo die Produktion der Concorde kurz vor dem Abschluss stand. Während das Hauptaugenmerk auf Gagarin lag, gelang es russischen Spionen, an wichtige Informationen für die Entwicklung ihres Tupolew-Projekts zu kommen.

Der erste Mensch im Weltraum

Am 12. April 1961 absolvierte Oberleutnant Juri Alexejewitsch Gagarin (1934–1968) den ersten bemannten Raumflug an Bord der sowjetischen Wostok-1-Landekapsel. Sein Flug dauerte insgesamt 108 Minuten, von denen er sich 89 Minuten in der Erdumlaufbahn befand. Nach seiner Rückkehr wurde der Kosmonaut zum Liebling des Kremls und später zum internationalen Helden. Die letzten Jahre seines Lebens verbrachte Gagarin damit, die Macht der UdSSR in der ganzen Welt zu propagieren. Darüber hinaus wurde er zum Oberst befördert und mit der Ausbildung von Kosmonauten betraut. Doch er sollte nie mehr in den Weltraum zurückkehren. Gagarin starb im Alter von 34 Jahren, als seine MiG-15UTI abstürzte. Sein Leichnam wurde in der Kremlmauer beigesetzt.

EIN FLACHRELIEF AUS DEM MASSALIA-GEBIET

④

Handelt es sich hier um Marseilles ältestes Denkmal?

Kapelle des Hl. Julian,
Region Beaumanière von Saint-Julien-les-Martigues, 13500 Martigues

An einer der Fassaden der Kapelle des Hl. Julian in Martigues befindet sich ein längst vergessenes Flachrelief, das ursprünglich zu einem gallorömischen Mausoleum gehört haben könnte. Archäologen datieren es auf das 1. Jh. v. Chr. Das Werk soll offenbar ein Paar darstellen, das sich an den Händen hält. Auf beiden Seiten stehen ein Mann mit einer Toga, ein barfüßiger Mann und ein Pferd – dahinter sind zwei Kinder zu sehen.

Obwohl die Begräbnisszene typisch für ein Mausoleum ist, glauben einige, dass sie älter sein und aus dem 4. oder 5. Jh. v. Chr. stammen könnte, also aus der Zeit der Kapitulation der Salluvier nach ihrem Aufstand gegen die phokäischen Kolonisten, die sie eigentlich im 6. Jh. v. Chr. aufgenommen hatten.

Hierbei könnte es sich wohl um das älteste Denkmal von Marseille handeln. In diesem Fall würde es einen Timouque (phokäischer Stadtmagistrat) darstellen, der den Besiegten die Hand schüttelt. Im Hintergrund sind zwei gefangene Salluvier zu sehen. Doch selbst wenn man den Stein anhand der Kleidung auf eine der beiden Epochen eingrenzen würde, ließe sich keine sichere Angabe machen, da der Stein von La Couronne in einem so schlechten Zustand ist, dass man die Details nur schwer erkennen kann. Die Toga des Mannes rechts neben dem Hauptpaar weist jedoch einen deutlichen Sinus (halbkreisförmige Falte unter dem rechten Arm) auf, der eher auf ein römisches als auf ein griechisches Gewand hindeutet.

Ein weiteres Element, das römische Ursprünge vermuten lässt, sind die Mauerwerke, die mit der Technik des *Opus quadratum* gebaut wurden (sie wurde von den Römern für Mauern eingesetzt, bestand aus großen rechteckigen Steinen von etwa 70 x 40 x 40 Zentimetern und wurde ohne Mörtel errichtet).

Ein letzter Punkt, der für die Römer spricht, ist das unweit gelegene Anwesen einer großen Villa aus dem 2. Jh. v. Chr., die der Wohnsitz der auf dem Flachrelief dargestellten Personen gewesen sein könnte. Dies würde auch für den gallorömischen Ursprung des Flachreliefs sprechen.

Die Villa wurde zunächst freigelegt und später wieder zugeschüttet.

DENKMAL FÜR HENRI FABRE ⑤

Der weltweit erste Flug mit einem Wasserflugzeug

Avenue Henri Fabre, La Mède, 13220 Châteauneuf-les-Martigues
Flughafen Marseille Provence, 13700 Marignane
Henri Fabre Parkplatz, Quai Kléber, 13500 Martigues
Von Marignane oder Marseille aus folgen Sie auf der Autobahn A55 der Beschilderung nach Martigues und nehmen dann die Ausfahrt La Mède. Fahren Sie auf der RN568 in Richtung Raffinerie und biegen Sie rechts in Richtung La Pradine ab. Sie sehen das Denkmal in der Avenue Henri Fabre

Am 28. März 1910, genau an der Stelle, an der heute das Denkmal in La Mède in Châteauneuf-les-Martigues steht, hob Henri Fabre mit einem seltsam geformten Fluggerät aus der Bucht Étang de Berre ab. Er flog 500 Meter weit und landete anschließend wieder auf dem Wasser. Fabre hatte das Flugobjekt selbst entworfen und gebaut und ihm den liebevollen Spitznamen Canard (Ente) gegeben. Es handelte sich um das erste Wasserflugzeug der Welt. Zur Zeit des Ersten Weltkriegs gründete Fabre ein Unternehmen für die Massenproduktion von militärischen Wasserflugzeugen mit 200 Mitarbeitern.

Henri Fabre wurde am 29. November 1882 in Marseille geboren und starb am 29. Juni 1984 im Alter von 102 Jahren. Als Rentner baute er sich aus vier Sperrholzplatten und wasserdichtem Material ein Faltboot mit einem kleinen Mast und einem Segel. Seine Erfindung konnte er auf dem Dach seines Autos transportieren und damit jederzeit in See stechen. Er taufte diese neueste Errungenschaft auf den Namen „bateau claque".

Es gibt nur zwei bekannte Modelle der *Canard* von Henri Fabre. Das Original ist im internationalen Terminal des Flughafens Marseille Provence (Halle 1) im Bereich nach der Sicherheitskontrolle ausgestellt. Das erste Wasserflugzeug wurde 1910 kurz nach seinem ersten Einsatz beschädigt und von Enthusiasten der ehemaligen Aérospatiale aufwendig restauriert. Das zweite Modell befindet sich im Luft- und Raumfahrtmuseum in Le Bourget im Département Seine-Saint-Denis (93) in der Nähe von Paris.

1965 wurde eine Gedenktafel an einem weißen Felsen auf dem Kléber-Parkplatz in Martigues angebracht, der sich direkt gegenüber der ikonischen Landestelle von Henri Fabres erstem Flug befindet. Und noch etwas: 2010 wurden zwei Nachbauten (eine aus Holz, die andere aus modernen Materialien) zur Feier des hundertjährigen Jubiläums des Wasserflugzeugs angefertigt.

DAS RAIMU-MUSEUM

„Ich wollte den größten Schauspieler der Welt treffen"

22, Cours Mirabeau, 13200 Marignane
04 42 41 52 10
musee-raimu.com – museeraimu@yahoo.fr
Täglich von 10–12:30 Uhr und von 14:30–17 Uhr. Sonntagvormittag und Dienstag geschlossen. Ebenfalls geschlossen vom 14. November bis zum 1. Dezember sowie in der ersten Januarhälfte

Fotos: OT Marignane – Germain Thyssen

Orson Welles hatte die Hoffnung, Raimu treffen zu können, doch dieser verstarb nur wenige Tage zuvor. Der berühmte amerikanische Filmemacher drückte seine Enttäuschung in einem einzigen Satz aus: „Ich wollte den größten Schauspieler der Welt treffen."

Das Museum, das Raimu gewidmet ist, bietet die Gelegenheit, den Charme und die Persönlichkeit dieses sehr individuellen Schauspielers nachzuempfinden. Ein Schauspieler, der uns auch heute noch fasziniert, nicht nur wegen der Rollen, die Marcel Pagnol ihm gab, sondern auch wegen seiner zahlreichen Filme, die in die Filmgeschichte eingegangen sind. Die Besucher werden von Isabelle Mohan, der Enkelin des Schauspielers, begrüßt. Das Museum widmet sich Raimus Anfängen am Theater – bevor aus Jules Muraire der weltbekannte Raimu wurde – und beleuchtet anschließend seine Filmkarriere anhand von Originalplakaten, Manuskripten, Verträgen, Kostümen und mehr als 200 historischen Aufnahmen sowie Erinnerungen an Marius, Die Frau des Bäckers (La Femme du Boulanger) und natürlich an den Hut und den ikonischen Mantel aus seinem letzten Film Der ewige Gatte (L'homme au chapeau rond).

Das Museum ist außerdem im Besitz einer Privatsammlung, die einige seiner Kleidungsstücke (Raimu war stets sehr elegant gekleidet) sowie Möbel aus seinem Haus in Bandon und seiner Wohnung in der Rue Washington in Paris zeigt.

An einer Wand sieht man ein kleines Motiv des Comics, das Raimu darstellt und Auszüge aus den vier Asterix-Bänden, in denen René Goscinny den Schauspieler in seinen Asterix-Geschichten als Vorlage nahm: Tour de France, Die goldene Sichel, Asterix und der Kupferkessel und Asterix auf Korsika.

FASSADE DES GEBÄUDES 9, RUE SAINT-ROCH

⑦

Der Alchemist von Cabriès

9, rue Saint-Roch
13480 Cabriès

Praktisch direkt gegenüber des sehenswerten Edgar-Melik-Museums (s. nächste Seite) zieht eine ungewöhnliche Fassade unweigerlich die Blicke der Passanten auf sich. Sie zeigt ein Patchwork esoterischer Symbole und Inschriften, die ihren Ursprung in verschiedenen Traditionen, von der Alchemie über die Freimaurerei und den Buddhismus, bis hin zum Tarot haben.

Direkt über der Eingangstür erinnern die Buchstaben AUM (Om) an das berühmte orientalische Mantra, von dem bisweilen gesagt wird, es weise gemeinsame Wurzeln mit dem christlichen AMEN auf. Der Tradition nach soll das rituelle Wiederholen dieses Mantras die Person, die die Silbe ausspricht, in einen Zustand meditativer Schwingung versetzen.

Darüber steht der berühmte Satz „Erkenne dich selbst und du wirst das Universum der Götter erkennen", der einst auf dem Apollotempel von Delphi zu lesen war und darauf verweist, dass das Glück und die Erkenntnis des Göttlichen nicht bei anderen oder einem äußeren Gott zu suchen sind, sondern in uns selbst: erschaffen nach dem Vorbild Gottes, ist das Göttliche in uns allen. Unsere Aufgabe ist es, die Verbindung zu diesem Göttlichen wiederherzustellen, um uns von ihm unser Leben lang leiten zu lassen. Gemeint sein mag damit schlicht die berühmte Intuition.

Neben weiteren Inschriften finden sich an der Fassade eine Darstellung des Goldenen Schnitts, das Wappen von Cabriès (s. unten), ein Pentagramm (magisches Symbol des Exorzismus), eine dreidimensionale Büste, die den Alchemisten zeigt, der hoch oben auf der Kathedrale Notre-Dame in Paris zu sehen ist, eine Jakobsmuschel (Symbol der Pilger auf dem Jakobsweg), eine Tarot-Karte, ein goldenes Ei (eine Anspielung auf das Ei des Alchemisten, den Ursprung aller Dinge und Symbol der alchemistischen Arbeit), chemische Zeichen sowie Winkel und Kompass als Symbole der Freimaurer.

Der Ursprung des Wappens von Cabriès

Der Ortsname Cabriès geht auf das Wort cabre zurück, das auf Provenzalisch Ziege bedeutet. Die heraldische Bedeutung des Wappens von Cabriès lässt sich wie folgt beschreiben: „Gold, eine Eiche (Sinople, Grün), eine Ziege, die sich mit den Vorderläufen gegen den Stamm des Baumes stützt (Rot)." Bedeutet das, dass die Ziege (vor allem in Rot dargestellt ein klassisches Symbol für die primären und materiellen Instinkte des Menschen) nach spiritueller Erhöhung trachtet, indem sie sich von den Früchten der Eiche, Zeichen der Stärke und Macht, nährt?

Der Name des Nachbardorfes Bouc-Bel-Air geht ebenfalls auf eine Ziege (fr. bouc = Bock) zurück.

EDGAR-MELIK-MUSEUM 

Das faszinierende Werk eines ungewöhnlichen Künstlers

Château de Cabriès, 13480 Cabriès
04 42 22 42 81 – musee.edgarmelik@cabries.fr
Informationen zu den Öffnungszeiten auf der städtischen Website: cabries.fr
Eintritt für Kinder unter 12 Jahren frei

Edgar Melik ist heute nicht so bekannt, wie es seinem Können angemessen wäre, was nicht zuletzt daran liegen dürfte, dass er selbst sich vom „System" loslöste. Der faszinierende Maler hatte das Château de Cabriès, das heute seine Arbeiten beherbergt, einst gekauft und restauriert. In seiner letzten Schaffensphase setzte er seine Mittel sehr sparsam ein und verwendete nur zwei Farben (eine davon provenzalisches Ocker). Der Zusammenarbeit mit Händlern und Kunstkritikern stand er kritisch gegenüber. Der Abt Joseph Rey, Pfarrer von Cabriès, erzählte einst, wie Melik, der gerade drei Gemälde an einen reichen Sammler verkauft hatte, sich weigerte, diesem ein viertes aus seinem „Privatmuseum" zu verkaufen und dabei sogar so weit ging, dass er den Scheck des Käufers zerriss. Die Besonderheit des Schlossmuseums liegt darin, dass sich die Ausstellung bis in die Wohnräume des Malers und die Kapelle aus dem 17. Jahrhundert ausdehnt, deren Fresken ebenfalls von Melik stammen. Die Konservatorin des Museums, Danièle Malis, erweckt den Künstler und sein Werk voller Leidenschaft zum Leben und bietet Besuchern einen lebendigen Einblick in dessen so besonderes Universum. Einer der faszinierenden Aspekte ist dabei sicher Meliks Bewunderung für Edith Piaf, der er Texte und Zeichnungen widmete, die in einem schönen Bildband versammelt sind, der im Museum erhältlich ist.

STATUE DES ERZENGELS RAPHAEL ⑨

Die missglückte Entführung des Erzengels Raphael

Kirche Sainte-Marie-de-la-Nativité
Place de l'Église, 13480 Cabriès

Die Kirche Sainte-Marie-de-la-Nativité, erbaut im 12. Jahrhundert und später erweitert, besitzt zwei kleine vergoldete Holzstatuen aus

dem 17. Jahrhundert, die den Heiligen Raphael (Schutzpatron des Ortes) und den Heiligen Tobit zeigen. Von der Pestepidemie von 1720, die nicht nur Marseille, sondern auch einen Teil der Provence traf, blieb mit Sicherheit auch Cabriès nicht verschont – wenngleich den Annalen zufolge alle Verstorbenen „ohne jeglichen Hinweis auf die Pest" bestattet wurden. Dieser Umstand wurde auf den besonderen Schutz des Schutzpatrons von Cabriès zurückgeführt, den Erzengel Raphael, sodass die Bewohner des Nachbarortes Bouc-Bel-Air auf die Idee kamen, die Statue des Heiligen heimlich an sich zu nehmen. Als sie des Nachts vor Ort ankamen, stellten sie jedoch fest, dass sie trotz aller Anstrengung nicht in der Lage waren, den Erzengel auch nur einen Millimeter weit vom Fleck zu bewegen. Unverrichteter Dinge zogen sie von dannen, doch machten sich schnell Gerüchte um diese missglückte Entführung breit. Die Bewohner von Cabriès glaubten an ein Wunder und wurden fortan als „die Klebrigen" bezeichnet, da die Einwohner von Bouc sie bezichtigten, die Statue festgeklebt zu haben.

Der Hl. Raphael: Schutzpatron der Geheimagenten?

Mit zwei Dekreten, das letzte mit Datum vom 15. April 1998, ernannte der Bischof der französischen Streitkräfte, Monseigneur Dubost, den Heiligen Raphael zum Schutzpatron des französischen Militärgeheimdienstes. Das Buch Tobit, eine der deuterokanonischen Schriften des Alten Testaments, erzählt die Geschichte von Tobit, der erblindet und seinen Sohn, der ebenfalls den Namen Tobit trägt, losschickt, eine Schuld in Medien einzutreiben. Unter Raphaels Führung macht Tobit sich auf die Reise und erfüllt seinen Auftrag. Auf der Internetseite des Bildungs- und Studienzentrums des Geheimdienstes der Landstreitkräfte werden die Aktionen des Erzengels im Rahmen von Tobits Reise mit den Methoden moderner Informationsdienste in Verbindung gebracht. So wird der Umstand, dass Raphael mit Tobit ein unbekanntes Land durchquert, von den Militärs wie folgt interpretiert: „Infiltration in feindliches Gelände, Kenntnisse über das Verhalten auf feindlichem Gebiet, verdecktes Vorgehen." Raphael vertreibt den Dämon und verfolgt ihn: „Ergreift die Gelegenheit, dem Feind Verluste zuzufügen; Opportunitätsziel", usw.

DER PHALLUS DES PONT FLAVIEN ⑩

Ein mysteriöses Graffiti auf einer römischen Brücke

D10, 13250 Saint-Chamas

Neben den offiziellen Inschriften befindet sich an einem der Stützpfeiler des Pont Flavien, einer eindrucksvollen Steinbogenbrücke aus dem 1. Jh. v. Chr., eine ungewöhnliche Phallusdarstellung.

Eine Verbindung zu den Phallusbildern aus Pompeji, die als Wegweiser zu den Freudenhäusern der Altstadt dienten, liegt nahe, wenngleich die Bedeutung der Darstellung auf dem Pont Flavien nicht endgültig geklärt ist.

Die Brücke über den Touloubre wurde der Inschrift zufolge von einem gewissen Flavius in Auftrag gegeben: „Claudius Donnius Flavus, Sohn von Claudius, Flamin von Rom und Augustus, befahl nach seinem Willen, diese Brücke und diese Bögen unter der Leitung von Caius Donnius Vena und Caius Attius Rufus zu bauen."

Aus architektonischer Sicht ist sie aufgrund der gut erhaltenen Triumphbögen an beiden Zugängen von Bedeutung. Es handelt sich übrigens um die einzige Brücke auf der Via Aurelia zwischen Marseille und Arles, die seinerzeit die Grenze zwischen den beiden Kommunen markierte. Unter dem eingravierten Phallus ist ein ebenfalls in den Stein geritztes Hufeisen aus dem Jahr 1660 zu erkennen. Der Pont Flavien steht seit 1840 unter Denkmalschutz.

DAS WASCHHAUS DER PETITE CAMARGUE

Ein Waschhaus für die Kleider der Pestkranken

Chemin des Ragues, 13250 Saint-Chamas

Das Waschhaus, das sich in Saint-Chamas so elegant an das Ufer des Étang de Berre schmiegt, ist ein schön saniertes Gebäude, das vermutlich im 18. Jahrhundert errichtet wurde. Mit seinem auf massiven quadratischen, durch Rundbögen miteinander verbundenen Pfeilern ruhenden Kalkstein-Lauzedach mutet es an wie die schönsten romanischen Kapellen der Provence.

Es ist das letzte Waschhaus der Stadt: Jene von Petit Paris (gelegen am gleichnamigen Platz), Pénitents (Büßer – am Standort der alten Kapelle der weißen Büßer), Sente (Pfad) und *Gourg* (Abgrund) existieren heute nicht mehr. Das Waschhaus der Petite Camargue indes hat weitab des Dorfes, am Ufer des Étang, die Zeit überdauert. Es ist unter mehreren Namen bekannt: Lavoir des Ragues (vom provenzalischen Wort *rago*, das ein Wasserloch bezeichnet und auf die vielen Quellen verweist, die an dieser Stelle unter der Wasseroberfläche liegen), Lavoir des Contagieux (der Ansteckenden) bzw. des Pestiférés (der Pestkranken, da hier die Wäsche der Kranken gewaschen wurde) oder Lavoir du Polygone (benannt nach dem Schießstand, der von der Pulvermühle von Saint-Chamas nebenan zum Testen von Pulver und Sprengstoff errichtet wurde). Es war einzig Menschen vorbehalten, die unter ansteckenden Krankheiten litten.

Siehe auch Seite 393. Ein ähnliches Waschhaus befindet sich in La Marceline (04870 Saint-Michel-l'Observatoire).

GRABMALSTELE DER KAPELLE SAINT-VINCENT

⑫

Gallorömische Grabsteine, die in die Wände einer mittelalterlichen Kapelle eingelassen sind

Chemin du Cimetière, 13250 Cornillon-Confoux

Die romanische Kapelle Saint Vincent liegt am Fuße des Friedhofs von Cornillon-Confoux. Sie wurde zu Beginn des 12. Jh. an der Stelle einer frühchristlichen Nekropole aus dem 5. Jh. errichtet. Bei Ausgrabungen in den 1970er-Jahren wurden in der Nähe der Kapelle 27 frühchristliche Sarkophage gefunden. Sie stammen aus dem 5. bis 7. Jh.

Die ursprüngliche Kapelle wurde teilweise unter Wiederverwendung

älterer Materialien errichtet, darunter drei Grabsteine, die aus Steinen von Calissanne gefertigt wurden und die früher gallorömische Gräber kennzeichneten. Die Epitaphe auf zwei der Grabsteine sind noch gut lesbar: Das eine, das in den linken Pfosten des Türrahmens an der Südfassade eingelassen ist, trägt den Namen von Peregrina Matro. Das zweite Epitaph, in der Ecke der Westfassade, bezieht sich auf einen gewissen Cornelius Philoclès, einen befreiten Sklaven griechischer Herkunft.

Leitet sich der Name Cornillon-Confoux von den Grabsteinen ab?

Es ist durchaus möglich, dass die zweite Inschrift der Ursprung des Ortsnamens ist. Im Laufe der Jahre kursierten verschiedene Varianten des Ortsnamens: *Cornello* (11. Jh.), *Cornilhonis* (1118) und *Cornilione* (1123). Alle diese Formen leiten sich vom lateinischen „Cornelius" ab, dem Namen des Besitzers eines großen Landwirtschaftsbetriebs in der Gegend, wie Quellen aus der gallorömischen Zeit belegen. Cornelius Philoclès, sein ehemaliger Sklave, hatte den Namen seines Herrn angenommen, sodass das Dorf seinen heutigen Namen vielleicht dem auf diesem Grabstein eingravierten Namen verdankt. Confoux findet sich auch in verschiedenen Formen während des Mittelalters. Der Name leitet sich möglicherweise vom lateinischen confurcum (Kreuzung) ab. So könnte der zweite Teil des Ortsnamens Cornillon-Confoux an eine Kreuzung erinnern, deren Ursprung mindestens bis in die Zeit der Römer zurückreicht.

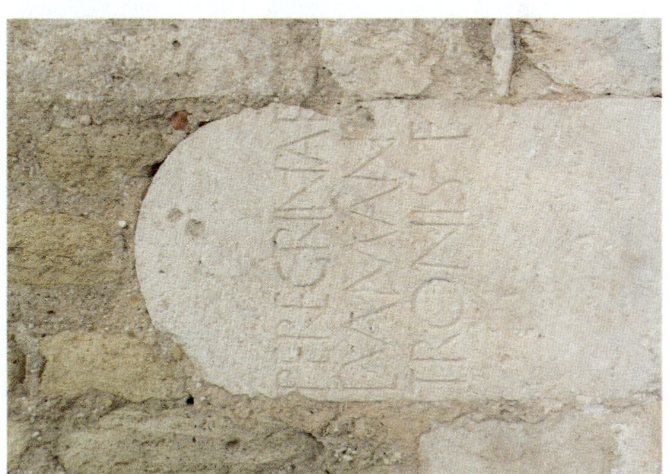

DIE BIENENMAUER VON CORNILLON-CONFOUX

(13)

Entlang der 60 Meter langen Mauer schützten 56 Nischen die Bienenstöcke vor schlechtem Wetter

Ortsteil Camp-Long, 13250 Cornillon-Confoux
Vom Dorf aus nehmen Sie die D70 in Richtung Lançon-de-Provence und Salon-de-Provence. Die Straße führt vom Dorf aus bergab – einige römische Miliaria säumen die Straße – bevor sie anschließend wieder eben verläuft. Etwa 1,5 km vor dem Dorf biegen Sie links auf die kleine, gepflasterte Straße ab. Ein Schild weist auf einen Reitverein hin, während ein hölzerner Pfeil den Weg zur Mur d'abeilles *(Bienenmauer) weist. Sie können die Mauer rechts von der Straße aus sehen. Auf der linken Seite befindet sich ein freistehendes Haus mit einem Taubenschlag*

Die meisten Menschen werden mit einer „Bienenmauer" nichts anfangen können. Und obwohl der Begriff vielleicht keine hohen Erwartungen weckt, ist dieser Ort tatsächlich sehr beeindruckend. Die bemerkenswert restaurierte l'apier, wie sie hier genannt wird, ist die zweitgrößte Bienenmauer Frankreichs. Die Trockenmauer ist 60 Meter lang und enthält 56 Nischen oder Zellen, in denen die einzelnen Bienenstöcke zu finden sind.

Diese aus Korkeichenrinde oder Roggenstroh gefertigten Bienenstöcke waren auf diese Weise vor schlechtem Wetter und tierischen Angreifern geschützt. Diese Technik, die offenbar schon von den Römern angewandt wurde, fand noch Ende des 19. Jh. Verwendung. Die Positionierung dieser Wände wurde nicht dem Zufall überlassen: Durch die Ausrichtung nach Süden und Südosten konnten sich die Bienen in der Sonne aufhalten, während sie gleichzeitig vor dem Mistral geschützt waren.

Die größte Bienenmauer Frankreichs befindet sich in La Baume in Montfrin (Gard) und umfasst 75 in den Fels gearbeitete Nischen.

Anreise zu Fuß

Der Tourismusausschuss der Bouches-du-Rhône hat in seiner Reihe *Topo Randonnée* (Wanderwege) eine Broschüre herausgegeben, die eine Wandertour in den Bergen um Cornillon-Confoux beschreibt. Die gesamte Strecke, die etwa zweieinhalb Stunden Fußmarsch in Anspruch nimmt, führt durch herrliche Landschaften mit wunderschönen Panoramen, bevor Sie die Bienenmauer erreichen. Sie stoßen auf *Bories* (Trockenmauerunterkünfte), Ruinen, römische Straßenabschnitte und das majestätische Château de Confoux, das sich in Privatbesitz befindet und für Besucher nicht zugänglich ist.

Eine weitere Bienenmauer befindet sich in Carces, siehe Seite 140.

DIE JUNGFRAU VON CORNILLON-CONFOUX

(14)

Eine hochschwangere Jungfrau Maria zerquetscht die Schlange mit ihren Füßen

Place de l'Église, 13250 Cornillon-Confoux

Das kaum bekannte Dorf Cornillon-Confoux ist im Besitz einer sehr merkwürdigen Statue der Heiligen Jungfrau: Sie steht in einer Nische vor der Kirche und stellt eine ganz offensichtlich hochschwangere Jungfrau Maria dar – oder wie man in der Provence sagt, *enceinte jusqu'aux yeux* (schwanger bis zu den Augen).

Die 1865 errichtete Statue ist eine der seltenen Darstellungen der schwangeren Mutter Christi, obwohl das Konzil von Trient im 16. Jh. „ungewöhnliche Bilder in katholischen Kirchen" verboten hatte. In Frankreich gibt es nur elf weitere Nachbildungen der schwangeren Jungfrau: in der Kathedrale von Reims (Marne), in Brioude (Haute-Loire), Plomeur (Finistère), Laroque-des Albères, Prades und Perpignan (beide im Pyrénées Orientales), Chissey-sur-Loué (Jura), Oulchy-le Château (Aisne), Arcachon (Gironde), Belpech und Cucugnan (beide im Aude).

Eine weitere Besonderheit dieser ursprünglich in der Kirche aufgestellten Statue ist, dass sie die Jungfrau so darstellt, wie sie Catherine Labouré im Jahr 1830 im Kloster Les Filles de la Charité, 140, rue du Bac, Paris, erschienen ist.

Catherine sah Maria in dieser Vision genau so, wie die Statue in Cornillon sie darstellt: schwanger, mit zwölf Sternen über dem Kopf (die inzwischen von der Statue verschwunden sind), während sie eine Schlange mit ihrem Fuß zerquetscht (ein Detail, das oft nicht beachtet wird). Dieses Pariser Wunder führte auch zur Schaffung einer „Wundertätigen Medaille" und wurde als Verkörperung zweier Bibelstellen angesehen: Im 1. Buch Mose, Genesis (3,15), zertritt die Frau die Schlange, und in der Offenbarung (12,1–2) heißt es: „Und es erschien ein großes Zeichen im Himmel: ein Weib, mit der Sonne bekleidet, und der Mond unter ihren Füßen und auf ihrem Haupt eine Krone mit zwölf goldenen Sternen. Und sie war schwanger und schrie in Kindesnöten und hatte große Qual zur Geburt ... "

Doch nicht nur wegen der Statue sollte Cornillon-Confoux in keinem traditionellen Reiseführer fehlen. Der Ort überragt den Étang de Berre und die Ölraffinerien, die von einem günstig gelegenen Hügel verdeckt werden. Ein Spaziergang auf der alten Stadtmauer bietet einen atemberaubenden Rundumblick auf die Umgebung.

Das Dorf liegt abseits der großen Touristenströme auf einem Berggipfel. Zu den Sehenswürdigkeiten gehören ein Waschhaus, eine frühchristliche Nekropole, eine romanische Kirche aus dem 12. Jh. und ein Glockenturm, der beim Erdbeben von 1909 etwas in Mitleidenschaft gezogen wurde. In der Nähe befinden sich das Schloss Confoux, mehrere Bories und eine Bienenzuchtmauer.

ÜBERRESTE EINES CHAPPE'SCHEN TELEGRAFENTURMS ⑮

Der Vorgänger des Telegrafen

Col du Télégraphe
RD 113, 13680 Lançon-Provence
telegraphe-chappe.com/chappe/lancon.html
Besichtigungen: Club d'histoire locale des Amis du Vieux Lançon
04 90 42 72 24 – robert.milani@shell.com
Oder Daniel Brachet – 06 17 21 20 82 – brachet.daniel@free.fr

Der Col du Télégraphe liegt auf einem 166 Meter hohen Felshügel. Nahe der RD 113 zwischen Lançon-Provence und La-Fare-les-Oliviers ist er gut zu Fuß über einen Feldweg durch die provenzalische Strauchheidelandschaft der Garrigue zu erreichen. Bei dem bereits von der Straße aus auf dem Gipfel sichtbaren Bau handelt es sich um eine alte Zwischenstation auf der Chappe'schen Telegrafenlinie Paris-Toulon, verbunden mit jenen von Salon-de-Provence und von Vitrolles. Er ist einer der letzten seiner Art in ganz Frankreich (s. Folgeseite).

Nach Installation eines Mobilfunksenders und auf Antrag des Rathauses und des Vereins der Freunde von Vieux Lançon wurde der auf dem Grund der Gemeinde gelegene Telegraf im Jahr 2000 saniert. Die heutige Station wurde auf den noch vorhandenen Ruinen errichtet: ein viereckiger Steinturm mit einer Höhe von 2,60 Metern und Pyramidendach.

Darüber hinaus wurde ein neuer Mechanismus mit Mast, Indikator und Regulator, jedoch ohne Steuervorrichtung (Seile, Rollen, Handrad) eingerichtet. Aufgrund des Windes wurde zudem eine nicht historische Verspannung angebracht. Puristen mögen die Zugeständnisse bedauern, die gegenüber dem historischen Vorbild gemacht wurden; alle anderen werden sich an dem sanierten Bau und der Hinweistafel erfreuen.

Eine Besichtigung ist in regelmäßigen Abständen möglich.

Die letzten Chappe'schen Türme Frankreichs

In Frankreich gibt es heute noch rund 15 Chappe'sche Türme, gut erkennbar durch ihre charakteristischen Arme: Jonquières (Aude), Haut Barr (Saverne – Bas-Rhin), Lançon-Provence (Bouches-du-Rhône), Gallargues-le-Montueux (Gard), Gradignan (Gironde), Lévignac (Haute-Garonne), Saint-Marcan (Dol de Bretagne im Département Ille-et-Vilaine), Baccon (Loiret), Buat (Saint-Michel-Thubeuf im Département Orne), Marcy-sur-Anse und Sainte-Foy-lès-Lyon (Rhône), Courberon d'Avrieux, Saint-André in der Maurienne und Solières-Sardières in der Haute-Maurienne (Savoie) sowie Annoux (Yonne).

Weitere Informationen über den Ursprung und die Funktionsweise des Chappe'schen Telegrafen auf der nächsten Doppelseite

Wie funktionierte ein Chappe'scher Telegraf?

Zu Zeiten der Französischen Revolution wurden die meisten Botschaften noch immer per Pferd übermittelt. Der Physiker Claude Chappe (1763–1805) entwickelte ein optisches Kommunikationsmittel, das mithilfe von schwenkbaren Signalarmen die schnelle Übertragung von Informationen über weite Strecken ermöglichte. In jeder Station saß dabei ein Telegrafist, der mithilfe eines Fernrohres die von dem Telegrafisten der (in einer Entfernung von rund zehn bis 15 Kilometern gelegenen) vorigen Station übermittelten Signale aufnahm und mithilfe der Arme seines Telegrafen reproduzierte. Die Vorrichtung bestand aus einem großen Arm, der in vier verschiedene Positionen geschwenkt werden konnte, sowie zwei kleineren Balken an deren Enden, die ebenfalls in unterschiedliche Stellungen gebracht werden konnten. Insgesamt ergaben sich daraus 98 mögliche Positionen mit 92 Signalen für die Nachrichtenübermittlung und sechs nur den Telegrafisten bekannten Verwaltungssignalen, die zum Beispiel das Ende einer Nachricht, einen Übertragungsfehler oder die Wiederaufnahme der Arbeit anzeigten. Das Telegrafensystem nach Chappe funktionierte nach einem numerischen Code, bei dem die Signale über die drei Arme in Zweiergruppen übermittelt wurden. Das erste Signal gab dem Empfänger die Seitenzahl, das zweite die Zeile im „Chappe'schen Vokabular“ an, einem Codebuch mit 92 Seiten à 92 Zeilen und damit 8 464 möglichen Codewörtern. Claude Chappe erhielt den Auftrag, eine erste Linie zwischen Paris und Lille aufzubauen. Die Übertragung einer Nachricht zwischen den beiden Städten nahm über die seit 1794 in Betrieb befindliche Linie gerade einmal neun Minuten in Anspruch. Die Erfindung erhielt zunächst den Namen Tachygraf und wurde später, Bezug nehmend auf altgr. *tē̆le* (fern) *gráphein* (schreiben), als „Telegraf“ bezeichnet. Die Chappe'schen Türme waren rund, pyramidenförmig oder rechteckig und wurden zum Teil auf bestehende Bauten aufgesetzt (Burgen, Tour Magne in Nîmes, Kirchtürme usw.). Die vollständig manuellen Vorrichtungen der Türme bestanden aus einem Signal und einem Arbeitsraum in dem Stockwerk, von dem aus der diensthabende Telegrafist mit dem Fernglas die Nachbartürme beobachtete, das Signalsystem bediente und die übermittelten Signale in einem Register vermerkte. Im Jahr 1844 umfasste das Streckennetz 5 000 Kilometer mit 534 Türmen und verband Paris mit 29 Städten im ganzen Land. Einziger Nachteil: nachts oder bei Nebel war das System nutzlos. 1845 begann mit dem Bau der ersten elektrischen Telegrafenlinie zwischen Paris und Rouen der Niedergang der Chappe'schen Türme.

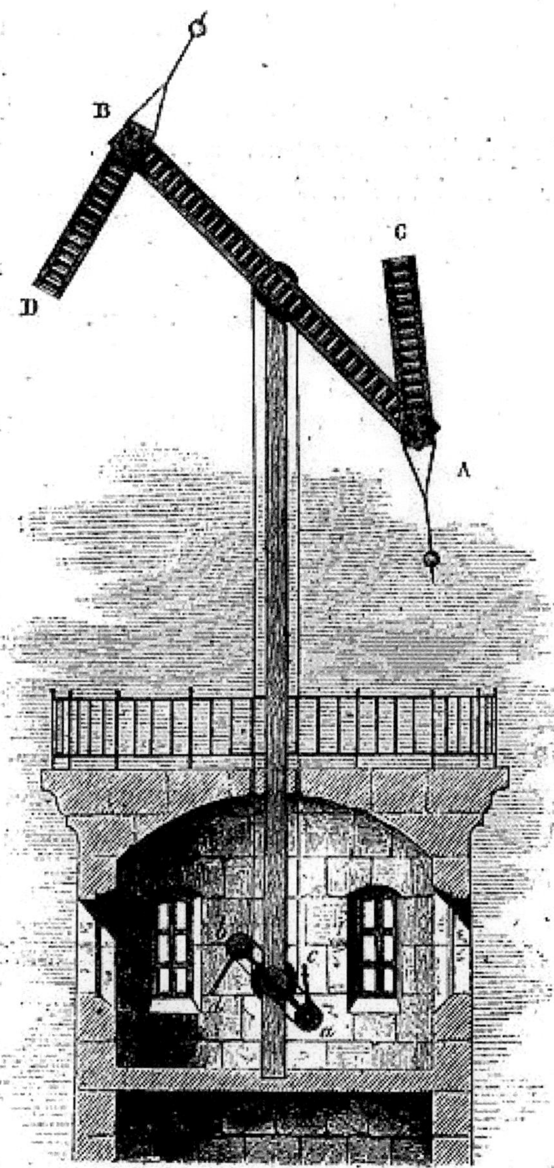

Fig. 19. — Télégraphe de Chappe.

DER MARY-ROSE-BRUNNEN

(16)

Liebesgeschichte à la Provençale

Parc de la Fontaine, 13450 Grans
Nehmen Sie die Ausfahrt Grans, um den Brunnen von der Autobahn A54 zwischen Salon-de-Provence und Arles zu erreichen. Fahren Sie durch das Dorf und nehmen Sie die RD19 in Richtung Arles. Biegen Sie kurz vor der Eisenbahnbrücke rechts ab. Der Brunnen befindet sich vor dem alten stillgelegten Bahnhof unterhalb der Straßenbrücke. Oberhalb des Parc de la Fontaine befindet sich ein großer Parkplatz. Eher tagsüber kommen als nachts …

Auguste Saurel wurde 1892 in Cavaillon geboren und lebte in Eyguières in den Alpilles. Als er 18 Jahre alt war, beteiligte er sich am Bau eines Segelflugzeugs, mit dem er einen Unfall erlitt und sich an der Schulter und am Ohr verletzte.

Marie-Rose Carias wurde am 26. Januar 1896 in Mazan geboren und lebte mit ihren Eltern in Eyguières, die Inhaber des Café de Commerce waren. Wie alle anderen in der Gegend wusste Sie von Augustes Unfall.

Einige Zeit später ging Auguste nach Grans, wo er die Aufmerksamkeit von Marie-Rose auf sich zog, die ebenfalls die Stadt besuchte. Aus unterschiedlichen Beweggründen gingen beide eines Tages zum Canebière-Brunnen, der etwas außerhalb des Dorfes lag. Ohne dass je ein Wort zwischen ihnen gesprochen wurde, entwickelte sich eine Liebe, die durch ein paar verstohlene Blicke und die Gedichte Augustes, der seine Muse gefunden hatte, befeuert wurde. Doch bevor diese Liebe aufblühen konnte, starb Marie-Rose im Alter von 15 Jahren an einer tödlichen Krankheit.

Auguste zog in den Krieg, wurde Lehrer, lebte in Lyon, Clamart und Cassis und widmete all seine Werke als Dichter einer gewissen Mary-Rose. Das „y" umgeht das Problem des stummen „e" in Marie, das nicht in sein Reimschema passte. Im Jahr 1912 traf er Monsieur Bedarrides, den Bürgermeister von Grans, und erzählte ihm die Geschichte von der Begegnung mit Marie-Rose. Davon bewegt, taufte der Bürgermeister nach dem Krieg 1919 den Brunnen von Grans in „Mary-Rose-Brunnen" um. Eine Gedenktafel wurde neben dem Brunnen angebracht, darauf ist zu lesen:

[Einer Seele / Ein Brunnen, nur mit dem Namen Mary Rose geschmückt, / Gekrönt von den Musen, Wo ich von Anfang an / Für dich die Blumen der glorreichen Jungfrau gesammelt habe, das ist das Denkmal, / Das ich deinem Andenken widme]
Auguste Saurel

Eine weitere Gedenktafel wurde im März 1977 nach dem Tod von Saurel angebracht.

Marie-Rose Carias ist auf dem Friedhof von Eyguières begraben (Tor Nr. 3, zweite Grabreihe, rechts). Achten Sie auf die Ziereiben auf dem Friedhof, die auf eine besondere Weise, nämlich wie sorgfältig aufgereihte Heuballen, geschnitten sind. Auf dem Grab der Familie Carias steht ein einziger Name, der von Saurel. Noch heute wird das Grab regelmäßig mit Blumen geschmückt, ohne dass man weiß, von wem.

DAS EPITAPH AUF DEM GRAB VON NOSTRADAMUS ⑰

Die Schändung des Grabsteins von Nostradamus

Stiftskirche Saint-Laurent
Marktplatz Saint-Laurent, 13300 Salon-de-Provence
Montag bis Freitag, 13:30–17 Uhr und während des Gottesdienstes. Sollten diese stattfinden, werden Sie gebeten, nicht in der Kirche umherzulaufen.
Starten Sie beim Fremdenverkehrsamt und gehen Sie geradeaus weiter. Nachdem Sie vom Cours Gimon nach einer Linkskurve zum Cours Victor Hugo gelangen, begeben Sie sich weiter geradeaus auf die Rue Maréchal Joffre

Obwohl er in Saint-Rémy-de-Provence geboren wurde, findet man die meisten Informationen über Nostradamus Leben in Salon, wo er von 1547 bis 1566 lebte. Sein Haus ist eine große Attraktion, und in der Stadt gibt es zwei Statuen von ihm. An der linken Wand der dritten Kapelle auf der linken Seite der Stiftskirche Saint Laurent befindet sich Nostradamus Grabstein – dabei handelt es sich bereits um seinen zweiten.

Ursprünglich wurde er in der „Église des Cordeliers“ aufrecht begraben, zusammen mit einer Feder, Papier, Tinte und einer Kerze, damit

er weiterschreiben konnte. Zu dieser Zeit war es nicht ungewöhnlich, stehend begraben zu werden. Es symbolisierte die Auferstehung der unsterblichen Seele auf ihrer Reise zu Gott. Kurioserweise hatte Nostradamus zunächst darum gebeten, in der Stiftskirche Saint-Laurent begraben zu werden, änderte aber später seine Meinung.

Im Jahr 1791 wurde die „Église des Cordeliers" von der Nationalgarde von Vaucluse geplündert. Der Grabschänder, der seinen Sarg aufbrach, soll auf den Rippen des Skeletts „eine Kupfertafel mit dem Datum der Grabschändung und den Fluch, mit dem er für die Schändung belegt wurde" gesehen haben. Der Grabschänder namens Malheureux („Unglücklicher") wurde kurz darauf wegen anderer Vergehen gehängt.

Die sterblichen Überreste wurden eingesammelt und das Porträt von Nostradamus und seinem Sohn César in Metallkästen zum Schutz auf die Gräber gelegt. Für die Erhaltung der Gräber setzten sich auch viele Franzosen ein, denn der einfache Bürger Michel Nostradamus hatte die Freiheit für das Volk vorausgesagt. Die Gebeine wurden später in der Kirche Saint-Laurent in der alten Kapelle Saint-Roche (heute Kapelle der Jungfrau Maria) mit einer Inschrift aufgebahrt, die später entfernt wurde, aber zur Zeit der Restauration noch zu lesen war.

Die Überreste von Nostradamus, die aus der „Église des Cordeliers" geborgen wurden, ruhen nun hinter den Mauern der Stiftskirche. Die ursprüngliche Inschrift wurde zerstört, aber eine überarbeitete Version aus dem Jahr 1813 lautet jetzt:

„Hier ruhen die Gebeine von Michel Nostradamus, dem einzigen Sterblichen, der in der Lage war, mit seiner fast göttlichen Feder über die großen Ereignisse zu schreiben, die sich, durch den Einfluss der Sterne, zukünftig im Universum ereignen werden. Er lebte 62 Jahre, 6 Monate und 17 Tage. Die Nachwelt soll seine Ruhe nicht stören. Anne Ponsard aus Salon wünscht ihrem Mann ewiges Glück."

Manche behaupten, Nostradamus habe seinen eigenen Tod vorhergesagt: am 1. Juli soll er zu seinem Sekretär gesagt haben: „Morgen wirst du mich nicht mehr lebend finden". Er wurde tot in der Nähe seines Bettes und einer kleinen Bank aufgefunden – genau wie er es vorausgesagt und in seiner Vorhersage 152 schriftlich festgehalten hatte.

DER UHRENTURM, DER IN BEIDE RICHTUNGEN ZEIGT ⑱

Eine Seite für die Stadtbewohner, die andere für Menschen auf dem Lande

Rue de l'Horloge, 13300 Salon-de-Provence

1626 beschloss der Stadtrat von Salon, das Farreiroux-Tor der Stadt umzubauen und mit einer Uhr zu versehen, die hoch genug war, um von den umliegenden Feldern aus gesehen zu werden. Die Bauarbeiten dauerten 38 Jahre und wurden 1630 durch eine Pestepidemie unterbrochen, der 1567 Einwohner von Salon zum Opfer fielen. Neben zwei Ziffernblättern zur Anzeige der Uhrzeit war der Turm mit zwei sehr ungewöhnlichen Vorrichtungen ausgestattet: Die eine zeigte auf der Stadtseite des Turms die Wochentage an, die andere auf der Landseite die Mondphasen.

Diese sehr logische Anordnung war durchaus sinnvoll, denn die Landbewohner interessierten sich mehr für die Mondphasen und ihre Auswirkungen auf die Ernte, während die Stadtbewohner mehr daran interessiert waren, den Wochentag zu kennen, da dieser den Rhythmus ihrer verschiedenen sozialen, kommerziellen und religiösen Unternehmungen bestimmte. Der nach Süden ausgerichtete Kalender zeigt die Wochentage, die jeweils durch den entsprechenden Himmelskörper dargestellt wurden. Der Montag (*lundi* auf Französisch) wird durch den Mond dargestellt, der Dienstag (*mardi*) durch den Mars, der Mittwoch (*mercredi*) durch den Merkur, der Donnerstag (*jeudi*) durch den Jupiter, der Freitag (*vendredi*) durch die Venus, der Samstag (*samedi*) durch den Saturn und der Sonntag (*dimanche*) durch die Sonne. Die Anzeige des Mondzyklus zeigt das Sternbild Krebs. Eine drehbare Kugel gibt die Bewegung und die Mondphasen an – weiß für Vollmond, schwarz für Neumond – und Kombinationen aus beiden stellen die Zwischenphasen dar. Die auf dieser Uhr (die 2026 ihr vierhundertjähriges Bestehen feiert) angezeigten Daten sind außerordentlich genau, denn sie werden heutzutage per Satellit empfangen.

DAS ERHABENE REVEILLE

Ein Gefallenendenkmal am Eingang zu einer Höhle

Denkmal des Ersten Weltkriegs
Friedhof von Saint-Roch (am Ende des Hauptweges),
Place Morgan, 13300 Salon-de-Provence
04 90 44 89 00

1919 entschied sich der Stadtrat von Salon-de-Provence nach einer Ausschreibung (und einer Prämie von 10 000 Francs für den Gewinner) für den Entwurf des Bildhauers Eugène Piron, der sein Gefallenendenkmal für den Ersten Weltkrieg unter dem Felsen auf dem Friedhof von Saint-Roch errichten sollte. Das Ergebnis ist beeindruckend, und niemand könnte das Werk besser beschreiben als der Künstler selbst:

„Das Denkmal wurde vollständig aus dem Felsen gemeißelt und um eine Öffnung herum angeordnet, die in ein symbolisches Gewölbe führt, in dem die Toten ruhen. Am Eingang der Höhle spielt ein Trompeter das *Sublime Réveil* („Erhabene Reveille") und ruft eine imaginäre Schar von in der Höhle Ruhenden herbei."

Eugène Piron nutzte den Eingang zu der Felsspalte, um die Hauptfigur zu platzieren, die ihr Horn in Richtung einer Art „Krypta" richtet. Um die Figur herum sind als Flachreliefs Soldaten verschiedener Armeekorps dargestellt. Etwas weiter rechts scheint eine Frau auf die Rückkehr des Soldaten zu warten.

Auf dem Boden vor der Skulptur tragen grob behauene weiße Marmorplatten die Namen der Söhne von Salon, die im Krieg gefallen sind.

Die Gedenkstätte wurde am 11. November 1925 eingeweiht.

Eugène Piron (geboren 1875 in Dijon, gestorben 1928 in Aix-en-Provence), der 1903 den Prix de Rome erhielt, schuf zahlreiche Kriegsdenkmäler. Er ist ein Nachfahre des berühmten Alexis Piron (1689–1773). Als Schriftsteller manchmal unzüchtig, als Dichter manchmal dramatisch, war er für seine Geistesblitze bekannt. Der letzte war seine Grabinschrift: „Hier liegt Piron, der nichts war, nicht einmal ein Mitglied der Académie", eine Anspielung auf Ludwig XV., der sein Veto gegen Pirons Aufnahme in die Académie Française eingelegt hatte.

IN DER UMGEBUNG

Spuren von Sträflingsketten auf dem Turm der Bourg Neuf (20)

Zwischen dem Fremdenverkehrsamt und der Stiftskirche Saint-Laurent kommen Sie an der Bourg Neuf vorbei, einem der Tore, die die Stadtmauern von Salon überragen. Im richtigen Licht kann man auf der linken Mauer deutlich die wellenförmigen Abdrücke im Stein erkennen. Sie stammen von den Fesseln und Ketten der Sträflinge, die gegen die Steinoberfläche rieben.

ÜBERRESTE VON RÖMERSTRASSEN (21) IN DER PROVENCE

Ein Brief, aufgegeben in Arles, brauchte eine Woche, um Rom zu erreichen

Verlassen Sie das Dorf Pélissanne in Richtung des Luftwaffenstützpunkts Salon-de-Provence über die RD68. Nehmen Sie die Autobahn, die den Canal EDF (staatliches Energieversorgungsunternehmen) überquert. Am Ende der Straße, nach „Béton de France“, biegen Sie links auf die RD68E ab, die wieder in den Kanal mündet. Dort beginnt die ehemalige Römerstraße in Richtung „Gigery“. Der römische Meilenstein befindet sich nach etwa 1 km auf der linken Seite

Die Provence, die ihren Namen von der ersten römischen Provincia jenseits der Alpen erhalten hat, stellt seit jeher ein attraktives Reiseziel dar und verfügte bereits in der Antike über viele Handelsrouten, die unter dem Römischen Reich zu schnellen und gut ausgebauten Verkehrswegen avancierten. Die Via Aurelia, deren gallischer Teil von Augustus Ende des 1. Jh. v. Chr. und Anfang des 1. Jh. n. Chr. gebaut wurde, war die Hauptverkehrsachse, die Rom mit der Provence verband. In ihrem südlichen Abschnitt verlief die Via Aurelia entlang des Mittelmeers. Die Küstenstrecke führte durch die Provence und

ndete im Landesinneren bei Arles. Die Via Domitia hingegen führte von den Alpen in den Norden der Provence. Noch heute sind einige Streckenabschnitte und römische Miliaria sowie Kunstwerke dieser alten Route zu sehen, sofern man sie zwischen den alten Gleisen, Autobahnen und Hochgeschwindigkeitsstrecken findet.

Da diese Straßen in erster Linie für militärische Zwecke bestimmt waren, wurden sie entlang bestehender Routen mit möglichst geraden Verläufen und kurzen Wegen angelegt. Dank einer präzisen Kartografie sind Kurven in tiefliegenden Gebieten selten. Vor Baubeginn wurde eine geometrische Vermessung durchgeführt, um eine optimale Streckenführung zu finden. So wurde darauf geachtet, überschwemmungsgefährdete Gebiete oder zu steile Böschungen zu vermeiden.

Auf dem Land bestand die Oberfläche aus verdichtetem Schotter, felsige Stellen wurden eingeebnet. In den Städten war die Straße gepflastert oder mit einem Mosaik aus Kieselsteinen ausgelegt. Die Straße war etwa fünf Meter breit und jede Meile wurde alle 1 000 Schritte mit einem Stein markiert. Dies entspricht 1 481 Metern, was eine Abweichung zur nautischen Meile (1 852 Meter) oder der englischen Meile (1 609 Meter) darstellt. Die römischen Miliaria trugen den Namen des Kaisers, der den Bau oder die Umgestaltung der Straße angeordnet hatte, sowie die Entfernung zur letzten Wegmarke.

Man kann sich heute nur schwer vorstellen, welchen Fortschritt diese Römerstraßen ermöglichten: Eilpost konnte am Tag 150 km weit verschickt werden, wobei der Bote an jeder Zwischenstation das Pferd wechselte. So brauchte ein Brief aus Arles weniger als eine Woche, um Rom zu erreichen – erst Ende des 19. Jh. war die Post wieder so effizient. Obwohl 20 Jahrhunderte seit dem Bau dieser Straßen vergangen sind und trotz der barbarischen Invasionen sowie der mangelhaften Instandhaltung im Mittelalter, kann man auch heute noch Teile dieser Straßen befahren und die außergewöhnliche Qualität der gallorömischen Baukunst bewundern.

Weitere Überreste römischer Strassen

Pont Flavien: Bei der Einfahrt in die Stadt Saint-Chamas stößt man auf ein spektakuläres Bauensemble: neben einer Brücke (sehe Seite 174) findet man einen sehr gut erhaltenen Teil der Römerstraße mit tiefen Spurrillen vor, die von Wagenrädern in den Boden gedrückt wurden.

Via Domitia: In den Fremdenverkehrsämtern von Alpes du Sud gibt es eine Broschüre über „La Via Domitia", in der die wichtigsten Sehenswürdigkeiten aufgeführt werden. Der Pont Julien in der Nähe von Apt, der den Fluss Calavon überquert, ist ein bemerkenswertes Bauwerk mit drei Bögen und Hohlräumen in den Pfeilern, durch die das Hochwasser abgeleitet werden konnte.

DAS ALTE DORF VERNÈGUES

Ein von einem Erdbeben zerstörtes Dorf

13116 Vernègues

Am 11. Juni 1909 um 19:14 Uhr erschütterte ein Erdbeben der Stärke 5,3 auf der Richterskala die Region Salon-de-Provence und verwüstete mehrere Dörfer, darunter Lambesc, Rognes, Saint-Cannat, Pélissanne und Vernègues. Die Erschütterung war in der gesamten Provence zu spüren: 46 Menschen kamen ums Leben und tausende Häuser wurden zerstört, darunter 1500 allein in Aix-en-Provence.

In einer vom Umweltministerium 1982 durchgeführten Studie wurden die Auswirkungen eines Bebens simuliert, das mit dem von 1909 vergleichbar gewesen wäre und sich am gleichen Ort ereignet hätte, wobei jedoch die derzeitige Einwohnerzahl und die Bodenbeschaffenheit berücksichtigt worden wären. Das Ergebnis: 400 bis 1 000 Todesopfer. Zu einem Beben dieser Stärke kommt es in Frankreich im Durchschnitt einmal in 100 Jahren.

Im Gegensatz zu den Dörfern in der Region, die an gleicher Stelle wieder aufgebaut wurden, wurde Vernègues nicht wieder neu errichtet. Die Einwohner gründeten unterhalb des alten Dorfes ein neues. Wenn Sie also das alte Vernègues besuchen, sehen Sie lediglich die Ruinen von Häusern, der Kirche und des Schlosses. Die Gewölbekeller der Häuser sind die einzigen Überbleibsel des ehemaligen Dorfes. Auf dem Plateau, wo inzwischen Mobilfunkantennen aufgestellt wurden, bietet sich Ihnen einer der spektakulärsten Panoramablicke der Provence.

DAS CHÂTEAU BAS

Tempel der Exzesse, Hochzeitsfotos verboten ...

Cazan, 13116 Vernègues
04 90 59 13 16 - chateaubas.com - contact@chateaubas.com
Nordöstlich von Salon-de-Provence
Über die RN7, Richtung Sud Nord, bei der Ausfahrt zum Weiler Cazan dem Schild Château Bas auf der linken Seite folgen. Parken Sie vor dem Schloss und besichtigen Sie das Anwesen zu Fuß: Der Tempel befindet sich am Ende des Gartens

Gleich hinter dem Château Bas, einem herrlichen historischen Anwesen mit einem berühmten Weinberg, erhebt sich ein römischer Tempel aus dem 1. Jh. v. Chr., gleich neben einer Kapelle aus dem 16. Jh. Der Ort ist von außergewöhnlicher Schönheit, trotz des 40 Meter hohen und fast einen Kilometer langen Eisenbahnviadukts der TGV-Méditerranée-Linie, das etwa 300 Meter vom Tempel entfernt steht und den denkmalgeschützten Bereich komplett ignoriert.

Das Château Bas wurde im 16. Jh. an der Stelle eines alten Städtchens errichtet, von dem heute nur noch der Tempel sichtbar ist.

Bei einem Rundgang um das Schloss fühlt man sich 21 Jahrhunderte in die Vergangenheit zurückversetzt, denn der antike Tempel ist im korinthischen Stil gehalten, wobei ein großer Teil des Sockels aus riesigen heimischen Steinblöcken sowie eine schöne korinthische Säule, die mit ihrem vertikalen Verlauf die Anlage prägt, immer noch erhalten sind.

Auch das Christentum machte sich diesen Ort zunutze und verwendete ihn seit dem 11. Jh.: 1054 weihten die beiden Erzbischöfe von Arles und Apt eine Kirche, die den beiden Heiligen Saint-Pierre und Saint-Césaire gewidmet war. Setzen Sie sich ins Gras zwischen Eichen und Pappeln, schließen Sie die Augen und stellen Sie sich vor, dass Menschen hierher kamen, um Diana, die Göttin der Jagd, anzubeten. Auch wenn der Name „Tempel der Diana“ uralt und angesichts der jüngsten Entdeckungen völlig überholt ist, weiß man bis heute nicht, zu welchem Kult der Tempel gehörte.

Ein Schild am Anfang des Weges, das von den Eigentümern des Schlosses angebracht wurde, verbietet Hochzeitsfotos vor dem Tempel: *„compte tenu des débordements constatés“* (angesichts der beobachteten Exzesse) – ein Beweis dafür, dass die Romantik des Ortes spontane Impulse hervorruft. Doch scheinbar verklären die Besucher den Tempel zu sehr, da er in der kollektiven Vorstellung der Menschen vor Ort immer noch Diana gewidmet ist.

DER GIGANT VON LAMANON

Die älteste Platane in der Provence

Allée du Château, 13113 Lamanon
Vom Fremdenverkehrsamt oder vom Kirchplatz aus gehen Sie in Richtung des Schlosses. Folgen Sie nach wenigen Metern der breite Allee gegenüber dem Schloss. Die Platane steht auf einem Privatgrundstück, ist aber von der Straße aus sehr gut zu sehen. Sie steht unter Naturschutz, und die Eigentümer des Grundstücks müssen sie erhalten. Das Grundstück ist in Privatbesitz, der Zutritt ist verboten

Die etwa 300 Jahre alte Lamanon-Platane ist 20 Meter hoch, hat einen Umfang von 7,5 Metern und ihre Krone erstreckt sich von oben nach unten auf über 1 500 m².

Obwohl es sieben Menschen braucht, um ihren Stamm zu umschließen, ist sie nicht das größte Exemplar der Welt. Die Platane des Hippokrates auf der griechischen Dodekanesinsel Kos ist über 2 000 Jahre alt und weist einen Umfang von stolzen 14 Metern auf. In Barjols in der Provence steht eine Platane, die nicht ganz so alt ist, deren freiliegende Wurzeln aber einen Gesamtumfang von zwölf Metern ergeben. Die Platane ist in den provenzalischen Städten und Dörfern allgegenwärtig und wird wegen ihres großen und dichten Schattens, den sie spendet, sehr geschätzt. Man findet sie in Höfen, auf Plätzen, vor Bastiden und am Straßenrand, wo sie sich als so gefährlich erwiesen hat, dass sich mehrere Vereinigungen gebildet haben, die die Fällung der Bäume fordern ...

Die Platane in der Provence

Dieser Baum ist erst seit relativ kurzer Zeit in der Provence heimisch. Zu Beginn des 19. Jh. teilten sich Ulmen, Linden, Kastanien und Zürgelbäume die Grünflächen, wobei die Ulme am beliebtesten war. Die Stadtverwaltung entschied sich für die Platane, weil sie dichten Schatten spendet und weniger anfällig für Parasiten ist. Das Wort „Platane" leitet sich vom griechischen *platanos* ab, was so viel wie „breit" bedeutet. Die in Frankreich am häufigsten anzutreffende Art ist die Gemeine Platane, auch London-Platane genannt. Charakteristisch sind ihre ahornähnlichen Blätter. Sie ist eine Kreuzung zwischen der amerikanischen und der orientalischen Platane, die im 17. Jh. in England gepflanzt wurde. In der griechischen Mythologie ist die Platane ein Symbol der Regeneration, da die Rinde in Form von Schuppen nachwächst, ähnlich wie die Schuppen einer Schlange. Das Trojanische Pferd wurde aus Platanenholz gebaut.

Doch den provenzalischen Platanen geht es nicht gut, und seit dem Zweiten Weltkrieg wurden sie nach und nach durch den Baumkrebs dezimiert, den die amerikanischen Befreier 1944 einschleppten. Es heißt, dass hölzerne Munitionskisten, die im Parc Borély in Marseille gelagert wurden, Träger des tödlichen Pilzes waren. Die Krankheit wird vor allem dann übertragen, wenn Schnittwerkzeuge mit einem befallenen Baum in Berührung gekommen sind. Daher werden mittlerweile aufwändige Vorsichtsmaßnahmen getroffen, wenn diese Bäume gefällt werden müssen.

DER KIRCHTURM VON SÉNAS

㉕

Ein subtil verschlüsselter Glockenturm

Avenue André Aune
13650 Sénas

Saint-Amand in Sénas ist eine alte Kapelle aus dem 12. Jh., die im Laufe der Jahrhunderte verändert und vergrößert wurde. Der Glockenturm, zwischen 1555 und 1559 erbaut, hat die Form eines achteckigen Turms, der mit steinernen Sprossen verziert ist, was ihm ein unerwartetes igelartiges Aussehen verleiht. Insgesamt befinden sich 56 dieser Spitzen am Kirchturm, sieben auf jeder der acht Sprossen.

Als wahrscheinlichste Deutung gilt die Hierarchie der menschlichen Erfahrung. Ganz unten stehen die niederen Aspekte der menschlichen Seele, die Animalität, die Leidenschaft und der Hedonismus, die durch Schnäbel, Klauen, Stacheln und in der nächsthöheren Reihe durch phallische Symbole dargestellt werden. Weiter oben sind die Figuren etwas grobschlächtiger und weniger figurativ, mit einer gewissen Gelassenheit. Im oberen Teil, unterhalb des Kreuzes, erinnern zwei Reihen mit Stacheln an die Dornenkrone der Passion Christi. Das Kreuz auf der Spitze des Turms wird von einem Hahn überragt, der an die dreimalige Verleugnung des Hl. Petrus erinnert.

Man hat den Eindruck, vor einem Werk von Gleichgesinnten zu stehen, die ihren Nachfahren persönliche Botschaften hinterlassen wollten. Die Phalli, die man manchmal an Gebäuden findet, sind in der Tat eher seltene Auftragsarbeiten, zumal es sich hierbei um eine Kirche handelt. Auch Wasserspeier, die auf die Gläubigen urinieren (oder Schlimmeres), wurden an einigen Gebäuden angebracht – eine ironische Botschaft an die Heiligen und die Straffreiheit für sogenannte Todsünden.

Dieser Glockenturm hat über Generationen hinweg zu Wortspielen über die Anzahl der „Nasen" (provenzalisch *nas*) pro Stachel – nämlich sieben – und den Namen des Dorfes Sénas geführt, der mit *sé nas* oder *sept nez* (sieben Nasen) übersetzt werden kann. Tatsächlich stammt der Name des Dorfes von *séno mago*, einer alten gallischen Siedlung.

IN DER UMGEBUNG

Die Pforte der Kirchenreliquie

Das kleine Tor, das den Reliquienschrein der Kirche von Sénas schützt, wurde von einem gewissen Poussel angefertigt, einem örtlichen Handwerker, der zwei Berufe ausübte: Schlosser und Gastwirt. Sein Haus hatte zwei Türen, die jeweils für eine seiner Tätigkeiten standen. Durch die Osttür betrat man die Taverne im Zeichen des Bacchus und durch die Westtür kam man zum Schlosser, nachdem man sie mit einem goldenen Schlüssel geöffnet hatte. Deshalb heißt die Straße hinter dem Rathaus auch heute noch Rue de la Clé d'Or (Straße des goldenen Schlüssels).

DIE GEMEINDE CHARLEVAL

Ein recht ordentliches Dorf...

13350 Charleval

„Unverhofft kommt oft" scheint das Motto in Charleval zu sein. Zunächst einmal ist der Aufbau des Dorfes nicht mit dem introvertierten, eigenwilligen und zwielichtigen (vor allem im Sommer ...) Charakter seiner Bewohner vereinbar. Der Ort ist geradlinig angelegt, die Straßen verlaufen absolut parallel, die Häuserzeilen sind perfekt aneinandergereiht – und obwohl jeder versucht hat, sein Haus individuell zu gestalten, könnte man meinen, man befinde sich in den USA oder im Computerspiel „Sim City".

Charleval wurde 1741 von César de Cadenet gegründet, der beschloss, ein neues Dorf zu errichten – wahrscheinlich in der Absicht, Arbeitskräfte anzuwerben, um sein Einkommen durch Landwirtschaft aufzubessern. Mit einer Urkunde vom 6. November 1741 übertrug de Cadenet den Familien auf lange Sicht ein Grundstück, das sie an einem festgelegten Ort und in einem bestimmten Stil und Umfang bebauen durften. Daraus entstand das rechtwinklige Dorf.

Der Kuriositätswert von Charleval ergibt sich aber auch aus den vielen Details, die für eine Disney-Atmosphäre sorgen. Das gotische Renaissanceschloss aus dem 19. Jh. zum Beispiel, in dem man Micky, Donald und seine Freunde erwartet.

Oder der Dorfplatz mit dem Puppenhaus-Rathaus und der Statue des Gutsherrn auf seinem Sockel, der in den Himmel blickt und sich dafür zu entschuldigen scheint, dass er seine Rechte in diesem Land der Hügel und Täler ausgeübt hat ...

Alle Kartesianer, die die Ordnung lieben, sollten sich einen Spaziergang durch die von alten Platanen gesäumte Allee nicht entgehen lassen, die kerzengerade entlang des Canal de Craponne verläuft.

Uzès
AVIGNON
Sorgues
Villeneuve-lès-Avignon
Rochefort-du-Gard
Pont du Gard
Remoulins
Castillon-du-Gard
Le Pontet
Barbentane
Aramon
Châteaurenard
Noves
Graveson
Maillane
St-Rémy-de-Provence
Tarascon
Beaucaire
Marguerittes
Bouillargues
Manduel
Les Antiques
Glanum
Les Baux-de-Provence
Chaîne des Alpilles
St-Gabriel
Fontvieille
Moulin de Daudet
Paradou
Maussane-les-Alpilles
Abbe de Montmajour
ARLES
Fourques
St-Gilles
St-Martin-de-Crau
Mouriès
Eygalières
Mollégès
Miramas
Musée Camarguais
PARC NATUREL RÉGIONAL DE CAMARGUE
PLAINE DE LA CRAU
Étang de Vaccarès
Albaron
Salin-de-Giraud
Port de Fos
Fos-sur-Mer
Port-de-Bouc
Port-St-Louis-du-Rhône
La Palissade
Stes-Maries-de-la-Mer
Golfe de Beauduc
Pointe du Sablon
Plage de Piémanson
GOLFE DE FOS
1
2
3
4
7
8
9
10
11
12
13
14
15
16
17
18
19
20
21
22
23

Camargue und Alpilles

DAS CROIX GARDIANE

①

Ein vom Marquis de Baroncelli entworfenes „Zeichen“

Avenue Riquette Aubanel, 13460 Les Saintes-Maries-de-la-Mer
Folgen Sie vom Fremdenverkehrsbüro aus dem Ufer entlang der Avenue Van Gogh, die dann in die Avenue Théodore Aubanel und schließlich in die Avenue Riquette Aubanel übergeht (in der Provence ist Riquette ein Kosename für den weiblichen Vornamen Frédérique). Sobald die Avenue das Ufer verlässt, biegen Sie rechts neben dem großen Tor mit dem Schild „Camarguais“ ab. Der Weg ist für Fahrzeuge nicht passierbar, da er von vier großen Felsbrocken versperrt wird

Diese Frage kann selbst die Einwohner von Saintes-Maries-de-la-Mer einen Moment lang zögern lassen: „Wo ist das ursprüngliche Croix Gardiane?" Im Normalfall sollte ein Ortskundiger die Frage in weniger als zehn Sekunden beantworten können, ansonsten handelt es sich wohl um einen Touristen. Man findet das auch als Croix de Camargue bezeichnete Kreuz überall in der Umgebung, sogar am Kreisverkehr an der Straße nach Arles am Ortseingang.

Folco de Baroncelli wurde 1869 als Sohn einer toskanischen Adelsfamilie geboren, die im 14. Jh. in die Provence ausgewandert war. Die ersten Berührungspunkte des jungen Mannes mit der *Gard manades**, später mit dem spanischen Stierkampf und nicht zuletzt mit der von Frédéric Mistral und anderen gegründeten Félibrige-Bewegung weckten in ihm eine regelrechte Leidenschaft für die Provence und insbesondere für die Camargue, die zur Entstehung dieses bekannten Kreuzes führte.

1895 ließ er sich in Les Saintes-Maries-de-la-Mer nieder und züchtete die Rinderrasse Manado Santenco. Fortan bemühte er sich aktiv um die Rückbesinnung auf lokale Bräuche im Rhône-Delta. Er legte die Regeln für den Stierkampf im Stil der Camargue fest (bei dem die Stiere nicht getötet werden) und machte mit der Gründung der „Nacion Gardiano" auch den Beruf des Viehhirten wieder salonfähig. Er ging strategische Freundschaften z. B. mit Mitgliedern des Sioux-Stammes ein, die mit dem Zirkus von Buffalo Bill nach Europa kamen. Tatsächlich verglich er das Schicksal der amerikanischen Ureinwohner oft mit dem der Zigeuner und behauptete sogar, eine äußerliche Ähnlichkeit zu erkennen. Diese Auffassung veranlasste ihn dazu, den Umzug der Zigeuner zu einer regelmäßigen Zeremonie werden zu lassen, die jedes Jahr am 24. Mai stattfand. Da sein Todestag auf den 26. Mai fällt, wird dieser Tag von Hirten, Zigeunern und den Saintois, wie die Einwohner von Les Saintes genannt werden, auch heute noch begangen.

Es ist nicht von der Hand zu weisen, dass der Marquis ein Zeichen setzen wollte, um die provenzalische Bevölkerung der Camargue zu vereinen: „Menschen der Erde, Menschen der See, geeint durch das Herz". Dieses Symbol war das *Croix Gardiane*, dessen Formen den Glauben mit dem Kreuz, die Hoffnung mit dem Anker und die Nächstenliebe mit dem Herzen symbolisieren. Es erhielt den Namen Gardiane, weil die drei Spitzen, die die Arme des Kreuzes verlängern, an den Dreizack des Hirten erinnern. Die erste öffentliche Darstellung wurde auf Wunsch des Marquis vom Maler Hermann Paul angefertigt und ist heute noch auf der Pont du Mort zu sehen, auch wenn sie nicht durch ein Schild als solche gekennzeichnet ist. Sie wurde 1930 von Gédéon Blatière, einem Kunstschmied aus dem Dorf Le Cailar (Gard), wo es seither einen Boulevard mit dem Namen Baroncelli gibt, angefertigt.

**Manade: Stierrasse, die in der Camargue gezüchtet wird.*

GEDENKTAFEL AN DER STIERKAMPFARENA

②

Vovo, ein legendärer Stier

Avenue Van Gogh, 13460 Les Saintes-Maries-de-la-Mer

An der Außenwand der Stierkampfarena von Les Saintes-Maries-de-la-Mer befindet sich eine Gedenktafel für einen berühmten Stier (1943–1959). Seiner Mutter, Gyptis, gelang die Flucht. Nach sechsmonatiger Wanderschaft durch die Sümpfe wurde sie gefunden und mit Prouvenço gepaart. Vovo war das Ergebnis. Vovo wurde von dem Wilderer Clan-Clan gebrandmarkt und entkam ebenfalls, wenn auch nur für zwei Monate. Obwohl Vovos Karriere als Cocardier (siehe unten) von kurzer Dauer war, hinterließen seine Auftritte dennoch einen bleibenden Eindruck. In einem Stück über einen Raseteur, der sich mit

ihm in der Arena angelegt hatte, heißt es: „Vovo versuchte vergeblich, ihn mit seinen Hörnern zu durchbohren, also begann er, brutal auf ihm herumzutrampeln, und dann riss er ihm rasend vor Wut mit den Zähnen ein Stück vom Skalp ab!" Im Jahr 2010 wurde an der Vorderseite der Stierkampfarena eine Statue von Vovo aufgestellt. Sie ist das Werk des englischen Bildhauers Peter Eugene Ball. Auf Wunsch des Bürgermeisters wurde die Gedenktafel ziemlich weit oben angebracht, „damit junge Mädchen nicht in Versuchung geraten die Hoden des Stiers zu berühren, denn das bringe angeblich Glück".

Beim Stierkampf in der Camargue tritt der Cocardier (der Kampfstier) gegen zwei Männer an, den Tourneur und den Raseteur. Der erste manövriert das Tier in Richtung des zweiten, der versuchen muss, das rote Band (die Cocarde), zwei weiße Pompons (die Quasten) und eine Schnur, die am Kopf des Stiers befestigt ist, mit einem Haken zu entfernen.

DAS KISSEN DER MARIEN

Ein wertvolles Marmorkissen

Die Kirche in Les Saintes-Maries-de-la-Mer
Place de l'Église, 13460 Les Saintes-Maries-de-la-Mer

In der Mitte der Kirche Les Saintes-Marie-de-la-Mer befindet sich in einem Pfeiler auf der linken Seite ein Stück weiß polierter Marmor in Form eines Kissens. Obwohl kaum ein Besucher davon weiß, handelt es sich um eine wertvolle Reliquie, die gleichzeitig mit den Gebeinen der Heiligen entdeckt wurde. In dem von König René 1448 in Auftrag gegebenen Ausgrabungsbericht ist die Rede von der Entdeckung von „zwei perfekt erhaltenen menschlichen Körpern" und „einem Marmorstein" direkt neben ihren Köpfen. Als man den Stein aus dem Boden holte, riefen die damals Anwesenden: „Das Kissen, das Kissen der Heiligen!" Der Marmorstein wurde anschließend an der Stelle befestigt, an der er heute noch zu sehen ist.

Seitdem haben einige Pilger, die sich nicht damit zufrieden gaben, den Stein zu küssen oder zu berühren, ihn lieber mit Messern abgeschabt, um etwas Pulver zu gewinnen. Dieses Pulver soll wohl, wenn es mit Wasser vermischt wird, heilende Kräfte besitzen. Dies würde auch die beiden Furchen erklären. Doch vor kurzem wurde die Annahme laut, dass das Marmorstück ursprünglich als neolithisches Polier- oder Schleifwerkzeug verwendet wurde.

Im Jahr 1793 wurde der Marmor als „Grundstein" für den Baum der Freiheit ausgewählt und zu diesem Zweck unter seinen Wurzeln begraben. Vier Jahre später wurde der Baum gefällt und das Kissen wieder an seinem Platz befestigt.

Archäologen vermuten, dass das „Kissen der Heiligen" nicht als normales Kissen diente, sondern ein gallorömischer Steinaltar war, der gut in die sonstige liturgische Einrichtung der Heiligen gepasst hätte.

Weitere Informationen über die Ankunft der Marien in der Camargue und eine nicht ganz so gängige Theorie über Sara finden Sie auf der folgenden Doppelseite.

War die Hl. Sara die Tochter von Jesus Christus und Maria Magdalena?

Durch Ihre Ankunft in Les Saintes-Maries-de-la-Mer erreichten die drei Marien (Maria Salome, Maria Jacobi und Maria Magdalena) zusammen mit einer Frau namens Sara sowie den Heiligen Maximinus, Sidonius, Lazarus von Bethanien und Josef von Arimathäa (der den Heiligen Gral mitbrachte, siehe Seite 201) die Provence. Im 4. Jh. gab der Geograf Avienus an, dass die Küstenstadt, in der die Heiligen ankamen, *Oppidum Priscum* Ra hieß, was soviel wie „alte (*priscum*) erleuchtete (*ra*) Festung (*oppidum*)" bedeutet. Da Ra der ägyptische Name für den Sonnengott ist, könnte es sein, dass der Name Avienus' von einer bereits existierenden keltischen Kultstätte inspiriert wurde, die einer Art Sonnenkult gewidmet war. Nach der Christianisierung wurde dieser lateinische Name durch Notre-Dame-de-Ratis ersetzt (indem *Ra* in *Ratis*, „Boot", geändert wurde), anschließend durch Notre-Dame-de-la-Mer und schließlich 1838 durch Les Saintes-Maries-de-la-Mer.

Die jährliche Pilgerfahrt nach Les Saintes-Maries-de-la Mer (24. und 25. Mai) findet zu Ehren der Schutzpatronin der Roma statt, der schwarzen Sara (in ihrer Sprache Kali). Vermutlich stammt die Tradition der Verehrung der Hl. Sara aus der Zeit, als die Roma Ende des 14. Jh. aus Indien oder dem Nahen Osten nach Europa kamen, auch wenn sie laut der Legende der Saintes Maries von Vincent Philippon erst nach 1521 hierher kamen.

Die christliche Tradition besagt, dass die Hl. Sara aus einer Familie adeligen Geschlechts in Oberägypten stammte und zur jüdischen Religion konvertierte, bevor sie sich Jesus anschloss. Sie soll die Dienerin von Maria Salome und Maria Jacobi gewesen sein und diese auf ihrer Reise in die Camargue begleitet haben. Auch soll sie die Dienerin und Hebamme gewesen sein, die Jesus Mutter Maria bei der Geburt ihres Sohnes beistand. Nach dem apokryphen Protoevangelium des Jakobus schätzte Jesus sie daher sehr.

In der heterodoxen christlichen Tradition wird Sara jedoch eine sehr hohe Bedeutung beigemessen, angefangen bei ihrem Namen. Im Hebräischen bedeutet Sara nämlich Prinzessin, was darauf hindeuten könnte, dass sie mit Jesus und Maria Magdalena verwandt sein könnte. Auch die Verse sieben und acht des vierten Klagelieds von Jeremia in der Bibel werden ihr zugeschrieben: „Ihre Fürsten waren reiner als der Schnee und weißer als Milch (...) Nun aber ist ihre Gestalt so dunkel vor Schwärze, dass man sie auf den Gassen nicht erkennt."

Der Überlieferung der Roma zufolge war es Sara, die den Aposteln nach der Auferstehung Christi mitteilte, dass sie nach Europa aufbrechen sollten. Als sie von Bord gingen, war es Sara, die als erste das Land betrat, ihren Kopf mit einem Tuch bedeckt. Die Gruppe der Apostel wurde von den Bewohnern der Camargue erwartet. Im Nachhinein besagt die Legende, dass es sich dabei um Roma handelte, was ihre Verehrung für die Hl. Sara erklären würde: Sie war der erste Apostel, der zu ihnen sprach.

Wegen ihrer Hautfarbe wird Sara auch mit der Schwarzen Madonna in Verbindung gebracht (siehe Seite 328) und damit mit dem Glauben an eine alte vorchristliche Muttergöttin, die eine weibliche Gestalt annahm, als sie dem Wasser des Lebens entstieg. Dies könnte erklären, warum die Statue der Hl. Sara bei der Prozession, die die Roma-Pilger seit 1936 zu ihrem Gedenken veranstalten, von der Taille abwärts ins Meer getaucht wird.

Die Menschen wenden sich mit allen möglichen Bitten an die Hl. Sara: Ihr wird nachgesagt, die Wünsche all derer zu erfüllen, die an sie glauben sowie gleichzeitig Unterdrücker, Tyrannen, Rassisten und all diejenigen zu verfolgen, die sich gegen ihre wichtigsten Schützlinge, die Roma, wenden. Sara ist die Schutzpatronin der Hoffnungslosen, der Opfer und derer, die vom Weg abkamen. Sie hilft allen, die an sie und vor allem an *Kristesko*, also Jesus Christus, der angeblich ihr Vater ist, glauben.

DIE CHARITÉ-KAPELLE

In dieser bewegenden Kapelle nahm Manitas de Plata sein erstes Album auf

Hôtel Jules César – Boulevard des Lices, 13631 Arles
04 90 52 52 52
hotel-julescesar.fr
Die Kapelle kann auf Anfrage beim Hotelpersonal besichtigt werden

Das Hotel Jules César befindet sich in idealer Lage an der Hauptstraße von Arles direkt vor der Altstadt. Das Viersternehotel ist in einem ehemaligen Karmeliterkloster untergebracht und beherbergt die *Chapelle de la Charité*, deren Fassade sich über dem Boulevard des Lices erhebt. Da die Kapelle zum Hotel gehört, kann sie nur nach Voranmeldung besichtigt werden und auch nur dann, wenn das Hotelpersonal Zeit hat, sie zu öffnen. Die sehr schöne und bewegende Kapelle ist zufällig der Ort, an dem Manitas de Plata, der auch als Ricardo Baliardo bekannte Flamenco-Musiker, sein erstes Album aufnahm. Obwohl er damals nur einem kleinen Publikum bekannt war, wurde Manitas von einem amerikanischen Produzenten dazu überredet, eine Platte aufzunehmen. Damals hätte ihn jedoch niemand überreden können, ein Flugzeug zu besteigen und in die USA zu fliegen. Stattdessen schlug er dem Produzenten vor, nach Arles zu kommen und die Songs bei ihm aufzunehmen. Gesagt, getan, aber ein Wohnwagen der Roma erwies sich als etwas zu eng, um ein Tonstudio einzurichten. So kam es schließlich dazu, dass das Album in dieser Kapelle aufgenommen wurde. Seitdem kennt jeder die musikalische Karriere des Mannes, dessen Pseudonym „Silberhändchen“ bedeutet.

DIE SCHAFSUNTERFÜHRUNG AN DER BRÜCKE IN ARLES

⑤

Auf zu den saftigen Weiden

Am Ende des Boulevard Clemenceau, in der Nähe der Rhône und auf der Seite, wo die Brücke über den Fluss führt, gibt es eine Rampe hinunter zur Unterführung

Unter der Autobahnbrücke, die über die Rhône führt, liegt ein Tunnel, durch den die Schafe den Fluss je nach Jahreszeit auf ihrer Wanderschaft geschützt vor dem Verkehr überqueren können.

Als die Umgehungsstraße von Arles auf der RN113 zwischen Salon und Nîmes gebaut wurde, musste eine neue Brücke über die Rhône errichtet werden. Der Ingenieur Paul Geniet berücksichtigte bei der Planung die Tatsache, dass die Schafe je nach Jahreszeit über die Rhône getrieben werden mussten, und baute in das 1969 eingeweihte Bauwerk eine breite Fahrspur unter dem Hauptdeck der Brücke ein, die den Tieren eine trockene und sichere Überquerung ermöglichte.

Damals verließen jedes Frühjahr Tausende von Schafen die Ebenen der unteren Provence auf ihrer jährlichen Wanderung zu den grünen Weiden, um in kühlere Gefilde zu gelangen und auf den weiten Wiesen der Alpen zu weiden. Etwa drei Wochen lang haben die Hirten, natürlich zu Fuß, diese riesigen Herden begleitet, geführt und beaufsichtigt, sie gefüttert, mit Wasser versorgt und an ihr Ziel gebracht. Und selbst dort, wo Züge den Transport übernehmen konnten, mussten die Schafe erst einmal zu den Zügen gebracht werden – und diese fuhren in Arles ab, am linken Rhône-Ufer, auf der anderen Seite des Flusses und der Weiden in der Camargue.

Die Schafe konnten also, wenn sie Arles sicher erreichten, den Rest der Reise mit der Bahn zurücklegen, doch die Überquerung der Rhône mit Tausenden von Tieren, inmitten des Verkehrs, war keine leichte Aufgabe. So entstand die raffinierte Lösung, eine Schafsunterführung in die Brücke der Rhône zu integrieren.

DIE GENOUILLADE- KAPELLE ⑥

Auf dem Altar kann man noch immer die Spuren des Kniefalls von Jesus Christus sehen

Auf der RN113 zwischen Arles und Pont de Crau
Die Kapelle ist für Besucher geschlossen
Vom Boulevard des Lices in Arles aus fahren Sie in Richtung Pont de Crau und Marseille. Am Ende einer geraden Strecke biegt die Straße oberhalb der ehemaligen SNCF-Eisenbahnwerkstätten nach rechts ab. Die Kapelle befindet sich 100 Meter weiter auf der rechten Seite. Vom Stadtzentrum aus können Sie sie in weniger als zehn Minuten zu Fuß erreichen. Andernfalls parken Sie in der Rue Frédéric Chevillon, die gegenüber der Kapelle auf der linken Seite beginnt

Als Maria Magdalena und die anderen Heiligen in Les Saintes-Maries-de-la-Mer in der Provence ankamen, wurden sie vom Hl. Trophimus begleitet. Er brachte den abgetrennten Kopf seines Cousins, des Hl. Étienne (Stephan), mit, der zu einer begehrten Reliquie wurde. Trophimus wollte Arles zum Christentum bekehren und wurde der erste Bischof der Stadt. Seine erste Amtshandlung bestand darin, einen Teil des römischen Friedhofs von Alyscamps für christliche Gräber zu reservieren. Zu dieser Zeremonie berief er sieben weitere Bischöfe aus dem Kreis der ersten Jünger Christi. Zu ihnen gehörten der Hl. Maximinus von Aix, der Hl. Saturninus von Toulouse und der Hl. Paulus von Narbonne. Der Legende nach soll Jesus selbst erschienen sein, um den Friedhof zu segnen, indem er ein Knie beugte, dessen Abdruck auf dem Stein zurückblieb. Dieser Stein wurde später zum Altar der Chapelle de la Genouillade (Kapelle des Kniefalls), die an diesem Ort zum Gedenken an dieses Ereignis errichtet wurde. Nach ihrem Verfall wurde sie im 16. Jh. wiederaufgebaut.

Traditionell beendete man seinen Spaziergang oder seinen Besuch in Alyscamps mit einem Halt an dieser Kapelle. Doch als es um die Frage ging, ob Arles oder sein Konkurrent Aix an die Bahnstrecke Paris-Marseille angeschlossen werden sollte, schickten die Einwohner von Arles eine Petition mit 4 700 Unterschriften an Lamartine, den Vorsitzenden der parlamentarischen Kommission, der den Bahnentwurf prüfte. Der Abgeordnete und Dichter stellte sich in dieser Debatte auf die Seite von Arles und erklärte von der Tribüne aus: „Wenn die Novelle siegt, wenn ihr die Rhône, das Meer und die Natur angreift, was soll man vom Schicksal des unglücklichen Arles halten? Nehmen Sie die Karte von Frankreich und schreiben Sie darauf: Ruinen und Trümmer." 1848 erhielt Arles seine Bahnstrecke, was auch zur Zerstückelung von Alyscamps führte. Zur Chapelle de la Genouillade gelangte man darauf als Tourist nicht mehr so einfach und die Kapelle geriet dadurch in Vergessenheit.

Schwimmende Särge

Vor langer Zeit hatten viele Menschen den letzten Wunsch, in Alyscamps bestattet zu werden. Sie wollten, dass ihr Leichnam in einem Fass zusammen mit dem Geld, das erforderlich war, auf der Rhône zu Wasser gelassen würde. Einige gewiefte Leute in Beaucaire fingen einen dieser schwimmenden Särge ab und nahmen das Geld an sich. Das Fass kehrte daraufhin immer wieder zu der Stelle am Ufer zurück, an der auch die nachfolgenden Diebstähle stattgefunden hatten. Dies erregte die Aufmerksamkeit der Behörden, die die Diebe schlussendlich verhafteten.

Waren der Hl. Trophimus von Arles und Josef von Arimathäa ein und dieselbe Person?

Der Legende nach war der Hl. Trophimus im 5. Jh. der erste Bischof von Arles. Er soll eine einfache Basilika in eine dem Hl. Stephan geweihte Kathedrale umgebaut haben und wurde später zum Schutzheiligen der Stadt.

Nach einer alten kirchlichen Überlieferung, die im Widerspruch zur Legende steht, sandte Papst Fabianus während der Herrschaft der römischen Kaiser Decius und Herennius Etruscus im Jahr 251 n. Chr. sieben Bischöfe zur Verkündigung des Evangeliums in Frankreich aus: Gatianus nach Tours, Paulus nach Narbonne, Saturninus nach Toulouse, Dionysius nach Paris, Austremonius nach Clermont, Martial nach Limoges und Trophimus nach Arles.

Ab Mitte des 5. Jh. kam es in der lokalen Überlieferung zu einer Verwechslung zwischen Trophimus von Arles und seinem Namensvetter, einem Gefährten des Hl. Paulus, der in der Apostelgeschichte (20,4 und 21,29) und im zweiten Timotheusbrief (4,2) und später von seinem Biografen, Papst Zosimus, in *Romanum Martyrium* erwähnt wird. Tatsächlich war dieser Trophimus eine biblische Figur, die im Neuen Testament als ein Einwohner von Ephesus und als einer der Begleiter des Apostels Paulus (er zählte 70 Anhänger) während seiner dritten Missionsreise beschrieben wird. Es ist daher unmöglich, dass der Trophimus in der Provence und der biblische Trophimus ein und dieselbe Person waren, da vier Jahrhunderte zwischen ihnen liegen: der eine lebte im ersten Jahrhundert, der andere wurde im fünften Jahrhundert geboren.

Andere wiederum hielten den Hl. Trophimus für Josef von Arimathäa, den „geheimen Jünger", von dem der Evangelist Johannes berichtet. *Trophimus* bedeutet göttlicher Schöpfer, und Arimathäa (griechisch *Arimatheos*) kommt vom skythischen *Arima* und bedeutet einzelner Gott – eine Bedeutung, die dem lateinischen Namen des Trophimus sehr nahe kommt. Die Verbindung zwischen den beiden wird noch deutlicher, wenn man bedenkt, dass der Hl. Trophimus nach der *„goldenen Legende"* von Jacobus de Voragine das Evangelium in der Gegend von Arles und der Camargue verbreitete, während Josef von Arimathäa den Heiligen Gral im Boot der Marien (siehe Seite 194) transportierte, als dieses in der Camargue ankam. Er war es, der das heterodoxe Zeitalter des Christentums im Westen einleitete, das später von den Katharern und den Templern mit Begeisterung aufgegriffen wurde. Während der Hl. Trophimus von Großbritannien in die Provence reiste, um dort die Monarchie und die Bevölkerung zu missionieren, scheint Josef von Arimathäa auch nach Wales gereist zu sein und dabei Glastonbury durchquert zu haben.

Er hatte den Heiligen Gral dorthin mitgenommen, bevor er seine Reise in die Provence fortsetzte, sich von Maria Magdalena verabschiedete und nach England zurückkehrte. Joseph von Arimathäa ist somit die erste Person in der Überlieferung des Heiligen Grals, die über Gallien nach Frankreich und in andere europäische Länder gelangte. Besonders als Reiseland hervorzuheben ist hier Portugal, das von den Templern des 12. Jh. Porto Graal genannt wurde. Dies wird durch mehrere Kartierungen des ersten portugiesischen Königs, Alfons I., bestätigt. Es war Josef von Arimathäa, der mit Hilfe von Nikodemus den Leichnam Jesu vom Kreuz nahm, ihn in ein Tuch wickelte und ihn bestattete. Nach der Beerdigung wurde er auf jüdischen Befehl von den Römern verhaftet. Doch ein von Jesus nach der Auferstehung gesandter Engel befreite ihn auf wundersame Weise aus seinem Gefängnis. Daraufhin begab er sich mit den anderen Aposteln auf ein Boot in Richtung Camargue und brachte den Heiligen Gral, den Kelch mit dem Salböl und das heilige Grabtuch, in das der Leichnam Christi gehüllt war, mit. Sie erinnern jeweils an das Blut, die Salbung und die Auferstehung Christi. Nach der goldenen Legende diente das heilige Grabtuch sogar als Segel für das Boot, das die Heiligen auf wundersame Weise in die Provence brachte.

Demnach handelt es sich bei der als Kaufmann gekleideten Skulptur im romanischen Kloster der Kirche Saint-Trophime um Josef von Arimathäa, der weiterhin als der erste Bischof von Arles gilt.

VILLA BENKEMOUN

7

Eines der bestgehüteten Geheimnisse von Arles

915, chemin de la Batelle, 13200 Arles
Besichtigung nach Vereinbarung: villabenkemoun.fr – villabenkemoun@gmail.com
Eintritt frei
Die Villa kann gelegentlich für Privatveranstaltungen angemietet werden

Simone und Pierre Benkemoun waren noch nicht einmal 30 Jahre alt, als sie sich, aus Algerien kommend, 1962 in Arles niederließen:

ein bescheidenes junges Paar ohne Heimweh und Wurzeln, dafür mit großer geistiger Offenheit.

Zehn Jahre später besaßen sie die Mittel, um ein Haus zu bauen. Mit der Realisierung beauftragten sie ihren Freund und Architekten Emile Sala. Von seinen modernen Gestaltungsformen begeistert, ermunterten sie ihn, mit den klassischen Codes des provenzalischen Hauses zu brechen. Emile Sala, der Le Corbusier als seinen Meister betrachtete, ließ seiner Kreativität freien Lauf und schuf fließende und dynamische Räume, bewegliche Volumina, Wechselspiele aus Licht und Schatten. Geraden Linien zog er geschwungene Formen vor, die den Raum sanfter wirken lassen. Diese organische Architektur erinnerte ihn vor allem an Neuronen, doch beim Gang durch das Gebäude fühlt man sich sogleich in die um einen Innenhof (patio) angeordneten Räume einer Hacienda oder eines Riads versetzt.

Visuell erinnert die Villa an das, was eine solche Architektur will: Familie und Freunde mit stets weit geöffneten Armen empfangen. Pierre und Simone Benkemoun verbrachten an diesem Ort 45 glückliche Jahre mit ihren drei Kindern und später ihren drei Enkelkindern – und vielen großen Tischgesellschaften mit Familie und Freunden.

2017 beschlossen ihre Tochter Brigitte Benkemoun und ihr Mann Thierry Demaizière, die Villa Benkemoun auch weiterhin als lebendigen und offenen Raum zu erhalten.

Die Villa trägt das offizielle Label „Kulturerbe des 20. Jahrhunderts“.

DIE HYPOGÄEN DES MONT DES CORDES

⑧

Geheime heilige Grabstätten

Verlassen Sie das Dorf Fontvieille über die RD17 in Richtung Arles. Sobald Sie L'Abbaye de Montmajour sehen, achten Sie auf ein kleines braunes Schild auf der rechten Seite mit der Aufschrift „L'Hypogée du Castelet". Gleich dahinter befindet sich ein Parkplatz. Die beiden anderen zugänglichen Hypogäen befinden sich auf dem Gelände des Restaurants Parc des Cordes: 06 18 03 17 23

Ein Hypogäum ist ein von Menschenhand ausgehobener Hohlraum, in der Regel für ein Grab. Die spektakulärste Sammlung von Hypogäen in der Provence findet man in der Nähe von Fontvieille. Der L'Hypogée du Castelet beispielsweise befindet sich auf öffentlich zugänglichem Gelände und ist sehr gut zu besichtigen, da er direkt an der RD17 liegt, wenn man die Ausfahrt Fontvieille in Richtung Arles nimmt. Er ist zwar klein, aber dennoch sehenswert. Sie können zwei weitere Hypogäen besichtigen, indem Sie im Parc des Cordes zu Mittag oder zu Abend essen, wo die Hypogäen „de Bounias" und „de la Source" auf Sie warten. Der Zugang zu anderen Hypogäen in der Umgebung ist aufgrund mangelnder Sicherheitsvorkehrungen eingeschränkt.

Es gibt mehrere Theorien über das Datum ihrer Entstehung. Im Jahr 1835 behauptete Prosper Mérimée, dass sie das Werk einer prähistorischen Zivilisation seien. Das Alter der überdachten Gänge könnte mehrere tausend Jahre betragen (5000 v. Chr.). Wenn in den Gräbern modernere Gegenstände gefunden wurden, dann deshalb, weil die Hypogäen später wieder von anderen Völkern benutzt wurden. 1866 stieß ein Sohn der Familie Bounias bei der Kaninchenjagd auf dem Plateau du Castelet auf ein weiteres Grab, das die Spekulationen über das tatsächliche Alter der Hypogäen neu entfachte. Das Musée de l'Arles et de la Provence Antiques präsentiert in seinem ersten Ausstellungsraum ein Modell der Hypogée des Fées, die auf dem Mont des Cordes entdeckt wurde, sowie eine Vitrine mit Gegenständen, die bei archäologischen Ausgrabungen im Hypogäum von Fontvieille gefunden wurden.

DER MUSCHELALTAR

9

Geburt der Venus oder doch die Spur des Hl. Jakobus?

Carrière romaine, RD 17, 13900 Fontvieille
Um den Muschelaltar zu besuchen, verlassen Sie das Dorf Fontvieille über die RD17 in Richtung Saint-Rémy und Les Baux-de-Provence. Nach drei Kilometern biegen Sie links auf die Straße ab, die nach Les Baux-de-Provence führt. Sie passieren die Carrières de Provence (Steinbrüche) zu Ihrer Rechten und sehen dann nach 500 Metern einen Feldweg, der zwischen zwei Steinmauern nach rechts abzweigt. Am Anfang des Weges finden Sie zahlreiche Schilder mit der Aufschrift „Betreten verboten“, „Einbahnstraße“ und „Privatbesitz“. Um auf der gegenüberliegenden Seite zu parken, fahren Sie am besten weiter und drehen um, denn der Verkehr auf dieser Straße ist sehr dicht. Fußgänger auf dem Feldweg werden von den Anliegern geduldet. Beachten Sie, dass es kein Schild gibt, das darauf hinweist, dass dies der Weg zum Muschelaltar ist! Aber das Ziel befindet sich 200 Meter weiter auf der rechten Seite des Weges. Und bitte vergessen Sie nicht, dass es sich um einen Privatweg handelt

Der Muschelaltar ist eine Skulptur in Form einer Jakobsmuschel an der Wand des ehemaligen Steinbruchs von Fontvieille und liegt direkt neben dem heute noch genutzten Steinbruch.

Die Römer, die seit jeher viel mit Steinen gearbeitet hatten, meißelten diesen Altar und dieses Motiv in den Fels. Es stellt den Perlenaltar dar, aus dem Venus bei ihrer Geburt emporstieg. Ursprünglich war auf dem Altar ein Votivbild eingraviert, das auf der linken Seite von der Darstellung eines Stiers auf dem Weg zur Opferung begleitet wurde. Das Denkmal soll einer regionalen Gottheit gewidmet gewesen sein, die mit Wasser in Verbindung gebracht wurde.

Später, als die Pilger auf ihrem Weg nach Santiago de Compostela genau hierher kamen, hielten sie für einen Moment des Gebets vor einem vermeintlich christlichen Oratorium an. Es wurde als Teil der Pilgerroute ausgewiesen und als Emblem des Hl. Jakobus dargestellt – ein weiteres Beispiel dafür, wie das Christentum geschickt Spuren früherer heidnischer Religionen einfach übernahm.

Eine dritte Deutung wird von den Einwohnern der Provence vertreten, nach der die Muschel für Fruchtbarkeit steht und mit der Verehrung von Wassergeistern zusammenhängt.

DIE MONDUHR AM ALTEN RATHAUS

(10)

Zum Ablesen der Uhrzeit in der Nacht

78, rue Frédéric Mistral, 13990 Fontvieille

Der steinerne Weiser am alten Rathaus von Fontvieille erinnert stark an eine Sonnenuhr – ist jedoch praktisch das genaue Gegenteil, nämlich eine der wenigen Monduhren, die in Frankreich und weltweit existieren (s. unten).

Mehr Informationen über die Funktionsweise von Monduhren s. nebenstehende Seite.

Was ist eine Monduhr?

Eine Monduhr ist ein Zeitmessinstrument, das vom Prinzip her einer Sonnenuhr gleicht, jedoch anstelle des Schattens des Sonnenlichts den Schatten des Mondlichts nutzt. Dahinter steht der Gedanke, dass die Leuchtkraft des Vollmondes zwar deutlich schwächer ist, als jene der Sonne, aber dennoch ausreicht, um einen Schatten zu werfen. Wie bei einer Sonnenuhr wirft ein Gnomon, ein Schattenzeiger, einen Schatten auf eine mit einer Skala versehene Tafel und ermöglicht so die Bestimmung der Uhrzeit.

Da der Mond alle 29,53 Tage dieselbe Position am Erdhimmel einnimmt, verliert die Monduhr jeden Tag im Durchschnitt 48,8 Minuten. Angesichts der genähert elliptischen Mondumlaufbahn dreht dieser sich nicht in einem gleichförmigen Rhythmus um die Erde, woraus sich erklärt, dass es sich nur um einen durchschnittlichen Wert handelt. Beträgt die Differenz zwischen zwei aufeinanderfolgenden Mondaufgängen also durchschnittlich 48,8 Minuten, so kann diese je nach Jahreszeit und Position des Mondes auf seiner Umlaufbahn um 20 bis 110 Minuten schwanken. Aus diesem Grund umfassen die ausgeklügeltsten Monduhren, wie jene in Cambridge (s. unten), Tafeln, um die notwendigen Korrekturen vorzunehmen. Ohne Korrektur zeigen Monduhren nur in Vollmondnächten die richtige Uhrzeit an. Darüber hinaus sind Monduhren auch eng mit der Theorie des Gartenbaus verbunden, bei dem häufig die Mondphasen herangezogen werden, um den besten Zeitpunkt für die Aussaat oder die Pflege bestimmter Pflanzen zu ermitteln.

Weitere Mondweiser in Frankreich: Château de Béru (Yonne), Fassade der Kirche Saint-Dagobert in Longwy (Meurthe-et-Moselle), Kirche Saint-Médard in Saint-Mars-sous-Ballon (Sarthe), Ostfassade des Rathauses von Saint-Cyr-sur-Loire (Indre-et-Loire). Weitere Monduhren finden sich in Italien (Ristorante Cadran solaire in Courmayeur) und in Großbritannien an einer der Mauern des Queens College in Cambridge (s. Foto) und auf dem Kreuz von Maybole (Schottland).

DAS FRIEDHOFSKREUZ

11

Drei Pferde mussten sterben, bevor die Witwe ihr Versprechen einlöste

Friedhof von Le Paradou
Route des Arcoules, 13520 Le Paradou

Das einzige Denkmal im hübschen Dorf Le Paradou ist ein bearbeitetes Steinkreuz über einem Grabstein auf dem Friedhof. Auf der einen Seite ist Christus am Kreuz in einer eher ungewöhnlichen, schiefen Pose zu sehen. Auf der anderen Seite betet die Jungfrau Maria. Im unteren Teil der Säule hält der Hl. Petrus einen Schlüssel und Margareta von Antiochia trampelt auf einem Drachen herum. Am Sockel des Kreuzes erinnert eine Tafel an eine örtliche Legende, die besagt, dass Margareta nach dem Tod Ihres Mannes den Grabstein, den sie und ihr Mann zu seinen Lebzeiten geplant hatten, verspätet aufstellte. Es heißt, eine Taube sei gekommen und habe zur Patentochter ihres Mannes gesprochen: „Geh und sag deiner Patentante, sie solle ihr Versprechen einhalten, ein Kreuz auf dem Friedhof aufzustellen und die entsprechenden Gottesdienste zu begehen, um die Seele des armen Clapier zur Ruhe zu betten; andernfalls würden die Pferde auf dem Hof von einer tödlichen Krankheit heimgesucht." Nachdem die Nachricht überbracht worden war, starb ein Pferd, dann ein zweites, dann ein drittes. Erst dann löste Margareta ihr Versprechen ein.

IN DER UMGEBUNG

Der Sommer auf dem Brunnen der vier Jahreszeiten (12)

Place Laugier de Monblan, 13520 Maussane-les-Alpilles

Der 1864 eingeweihte schöne Brunnen der vier Jahreszeiten in Maussane-les-Alpilles liegt an der Place Laugier de Monblan. Interessantes Detail für einen Vier-Jahreszeiten-Brunnen: Nicht alle Jahreszeiten sind dargestellt. Der Sommer macht sich auf Kosten des Herbstes gleich doppelt breit. Warum das so ist, ist bis heute ein Rätsel.

DIE KAPELLE UND DER TURM VON SAINT-GABRIEL

13

Bootsführer, Säcke und behauene Steine

5 km südlich von Tarascon an der RD 32
Das schiefe Haus dient als Orientierungspunkt. Vor der Kapelle befindet sich ein Parkplatz. Der Zugang zum Turm ist im Sommer nur eingeschränkt möglich. Weitere Informationen erhalten Sie beim Fremdenverkehrsamt in Tarascon

In der Nähe von Tarascon lohnt sich ein Besuch einer Kapelle aus dem 11. Jh. Besonders erwähnenswert ist die verborgene Kuriosität dieses Ortes, ein monumentaler Turm, der aus sehr großen, behauenen Steinen gebaut wurde.

La Chapelle Saint-Gabriel steht an der Stelle der antiken Stadt Ernaginum an der Via Aurelia, die in das Sumpfgebiet mündete. Dort wurden die Waren auf hölzerne Flöße verladen, die von aufgeblasenen Ziegenfellsäcken gestützt und von *utriculaires* (vom lateinischen *uter*, „Sack") gelenkt wurden. Diese Bootsführer waren darauf spezialisiert, flache und sumpfige Gewässer zu befahren.

Die Trockenlegung der Sümpfe bewirkte jedoch das Verschwinden der Stadt, von der nur zwei Bauwerke übrig geblieben sind, die auf ihre Existenz hinweisen.

Die Kapelle, die im 12. Jh. im romanischen Stil erbaut wurde, besitzt eine prächtige Fassade, die zum Sonnenuntergang hin ausgerichtet ist. Auf dem Tympanon sind zwei Szenen dargestellt: „Daniel in der Löwengrube" und „Adam und Eva", die gerade der Sünde erlegen sind.

Wenn Sie sich anschließend an der Apsis der Kapelle orientieren, finden Sie den schmalen Weg, der ein paar Minuten lang nach oben führt. Am Ende wartet eine große Überraschung: der Turm, etwa zehn Meter breit und 20 Meter hoch, ist wirklich beeindruckend. Er stammt vielleicht aus der gleichen Zeit wie die Kapelle (Ende des 12. Jh.), ist aber seltsamerweise weder ausgeschildert noch wird er in irgendeinem Reiseführer erwähnt.

EINE BEFESTIGTE STRASSE AUS DER RÖMERZEIT

⑭

Befand sich hier der Verladekai für die römischen Steinbrüche von Ernaginum?

Draille des Joncs, 13150 Tarascon
Verlassen Sie Fontvieille über die Avenue de Tarascon (RD 33), die anschließend zur Route de Fontvieille wird. Nach etwa 3 km biegen Sie links in eine kleine Straße ein, die mit einem Schild zur Draille des Joncs ausgeschildert ist. Das Ziel befindet sich nach 300 m auf der rechten Seite und ist von der Straße aus zu sehen, wenn Sie langsam fahren (GPS-Koordinaten: 43°45'11 "N, 4°41'40 "O)

In Tarascon, nur einen Steinwurf von der Chapelle de Saint-Gabriel – und damit von der antiken Stätte Ernaginum selbst – entfernt, befinden sich die wenig bekannten Überreste einer befestigten Straße aus der Römerzeit. Die Überreste befinden sich am Rande des Sumpfgebiets, das man mit dem Boot durchqueren musste, um die Via Aurelia (die Rom über die Küste mit Arles verband) und die Via Agrippa (die von Arles nach Lyon führte) zu erreichen. Manche halten die Überreste für einen Teil der Via Domitia (die Italien mit der Iberischen Halbinsel verband), doch bei näherer Betrachtung erscheint eine andere Theorie plausibler.

Tiefe, parallel verlaufende Rillen, die noch im Straßenpflaster zu sehen sind, lassen vermuten, dass die Steinblöcke, die in den benachbarten Kalksteinbrüchen abgebaut wurden, entlang dieser Route zum Kai transportiert und dort verladen wurden. Es ist erwiesen, dass es hier schon in frühgeschichtlicher Zeit Steinbrüche gab. Diese rudimentären „Schienen" erinnern an die vie *di lizza*, die von den Steinbrucharbeitern in den Apuanischen Alpen angelegt wurden, um die Marmorblöcke aus Carrara an den Fuß der steilen Hänge zu befördern. Bei der als *lizzatura* bezeichneten Methode wurden diese extrem schweren Lasten auf zwei Balken angeordnet und auf eingefettetem Holz hinabgelassen. Zur zusätzlichen Sicherheit wurden Seile an den Schlitten befestigt und mit Pfählen verbunden, die auf beiden Seiten der Straße versenkt wurden. Trotz der häufigen Unfälle (z.B. durch Reißen der Seile) wurde diese Methode bis in die Neuzeit beibehalten.

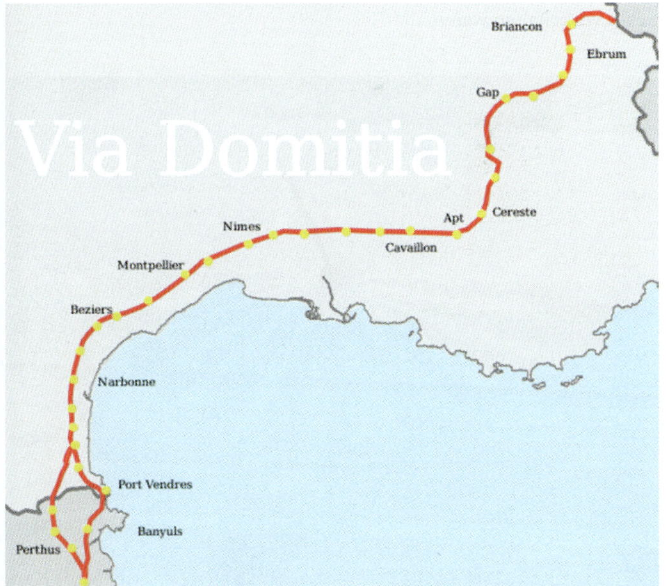

DIE SONNENUHR DER STUNDENGEBETE IN DER KAPELLE SAINT-MARCELLIN IN BOULBON

⑮

Eine Sonnenuhr, die nicht die Uhrzeit, sondern die Gebetsstunden anzeigt

Kapelle Saint-Marcellin de Boulbon
3, Impasse du Prieuré
13150 Boulbon
Geöffnet am 1. Juni zur Segnung der Flaschen und im Rahmen der Journées du patrimoine

Die romanische Chapelle Saint-Marcellin in Boulbon wurde in der zweiten Hälfte des 12. Jahrhunderts (lt. Inschrift geweiht im Jahre 1175) auf einer Vorgängerkirche aus dem 11. Jahrhundert errichtet, von deren Westfassade ein Kuppelfenster mit Christusmonogamm, einer segnenden Hand und einem kreuztragenden Lamm erhalten ist. Bis 1628 war die Kapelle Pfarrkirche des Ortes.

Oberhalb des Portals der Kapelle befindet sich eine gut erhaltene Sonnenuhr, die eine Besonderheit aufweist: Anstatt die 24 Stunden des Tages anzuzeigen, kündigt sie die Gebetszeiten an, die in religiösen Orden und im Säkularklerus zusätzlich zur täglichen Messfeier dem Gebet vorbehalten waren.

Traditionell sah die kirchliche Liturgie sieben Stundengebete am Tage und eines in der Nacht vor: Matutin bzw. Vigil (in der Nacht), Laudes (im Morgengrauen), Prime (erste Stunde des Tages), Terz (dritte Stunde des Tages), Sext (sechste Stunde des Tages), Non (neunte Stunde des Tages), Vesper (abends) und Komplet (vor dem Schlafengehen).

Die Saint-Vinage von Boulbon: die Segnung der Flaschen

Die Chapelle Saint-Marcellin in Boulbon ist Schauplatz eines ungewöhnlichen Rituals, der Saint-Vinage de Boulbon, eines halb-bacchistischen, halb-katholischen Festes, das jedes Jahr am 1. Juni um 19 Uhr in der Kapelle gefeiert wird. Es steht unter der Schirmherrschaft des Heiligen Marcellinus, dem nachgesagt wird, er sei *„bon pèr l'aigo et bon pèr lou vin"* (gut für das Wasser und gut für den Wein). Noch heute dürfen nur Männer die Kapelle betreten. Mit einer Flasche (guten) Weins unter dem Arm führt die Prozession mit Fahne und Reliquienbüste des Heiligen an der Spitze von der Kirche Saint-Joseph bis zur Kapelle. Die Tradition geht auf das Jahr 304 zurück, als Marcellinus, Bischof von Rom, ins Gefängnis geworfen wurde, wo ihm ein Engel erschien und eine blutbefleckte Tonscherbe in eine Weinamphore verwandelte. Diesem Wunder wird die Macht des Heiligen Marcellinus zugeschrieben, es bei Trockenheit regnen zu lassen. Die Tradition der Flaschensegnung soll von den Mönchen von Montmajour eingeführt worden sein, welche die Sümpfe um ihre Abtei trockengelegt hatten. Der gesegnete Wein soll sogar von Fieber geheilt haben. Am Abend der Segnung weist die örtliche Polizei Frauen im Namen der Tradition von den Türen der Kapelle zurück. Nach der Zeremonie werden Auszüge aus der Hochzeit zu Kana aus dem Johannesevangelium vorgelesen. Anschließend heben die Männer ihre Flaschen zur Segnung in die Höhe und trinken ein gut gefülltes Glas des nun gegen Krankheiten aller Art vorbeugenden Weins. Danach kehren die Pilger zu ihren Ehefrauen, Töchtern und Freundinnen zurück, damit auch sie von dem göttlichen Saft kosten. Die Flasche wird das ganze Jahr über im Arzneimittelschrank aufbewahrt und zur Linderung von Fieber und Schmerzen hervorgeholt.

Neben den provenzalischen Primitiven ist im Richelieu-Flügel des Pariser Louvre (2. Stock, Raum 5) ein wunderschöner Altaraufsatz (Retabel) zu sehen, der aus der Chapelle Saint-Marcellin stammt.

DIE PILGERFAHRT NACH NOTRE-DAME-DU-CHÂTEAU

16

Eine Alpenjungfrau in den Alpilles

Avenue Notre-Dame-du-Château, 13103 Saint-Étienne-du-Grès
Verlassen Sie das Dorf in Richtung Westen und nehmen Sie vor dem Rathaus die kleine, nicht ausgeschilderte Straße, die nach rechts führt. Parken Sie 3 km weiter, gegenüber dem Eingang vom Schloss Dalmeran. Der Weg zur Kapelle ist dort ausgeschildert (15 Minuten Fußweg)

Die Kapelle Notre-Dame-du-Château von Saint Étienne du-Grès bildet das Zentrum der außergewöhnlichen Verehrung der „Belle Briançonne".

Im Jahr 1346 beschlossen die Einwohner von Briançon (Hautes-Alpes) die Schutzpatronin von Tarascon, die Hl. Martha, um Fürsprache zu bitten, damit sie die schreckliche Bedrohung durch den Schwarzen Tod, die Pest, aus ihrem Gebiet vertreibt. Die Hl. Martha, die dafür bekannt war, dass sie das Ungeheuer, das zu Recht „La Tarasque" genannt wurde, besiegt hatte, schien mächtig genug zu sein, um sich dieser Herausforderung zu stellen. Ihr Eingreifen erwies sich als erfolgreich, und nachdem die Pest besiegt war, schickten die Einwohner von Briançon eine Delegation nach Tarascon, um der Heiligen persönlich zu danken. Als Zeichen Ihrer bedingungslosen Verehrung nahmen sie eine hölzerne Statue der Jungfrau aus einer ihrer Kapellen mit.

Nachdem sie ihren Auftrag erfüllt hatten, kehrten sie nach Hause zurück und stellten die Statue der Jungfrau wieder an ihren Platz. Als die benachbarten Waadtländer später in ihr Gebiet eindrangen, ergriff der Einsiedler Imbert, der die Statue bewachte, die Initiative und brachte sie in Tarascon in Sicherheit, wo sie schon einmal kurzzeitig untergebracht war. Dies erklärt, warum sie heute in der Kapelle Notre-Dame-du-Château in Saint-Étienne-du-Grès zu sehen ist.

Die Wallfahrt nach Notre-Dame-du-Château findet jedes Jahr am ersten Tag der Bitttage (Sonntag vor Christi Himmelfahrt) statt. Tatsächlich ist das Datum in der heutigen Zeit etwas durcheinander geraten, aber der Ablauf ist nach wie vor derselbe: Die Statue wird von der Kapelle Notre-Dame-du-Château nach Tarascon transportiert, wo sie in einer Nische an der Pforte Saint Jean aufgestellt wird, damit sich die Träger einige Stunden lang ausruhen können, bevor sie in die Stiftskirche Collégiale Sainte-Marthe gebracht wird. Dort bleibt sie 40 Tage lang, und ihr Gewand wird täglich gewechselt.

Auch wenn das Fest auf eine Legende zurückgeht, die niemand nachprüfen kann, ist der Spaziergang nach Notre-Dame-du-Château sehr reizvoll. Auf dem Weg dorthin überquert man einen Bach auf einer alten Brücke, und links des Weges führen in den Fels gehauene Stufen zu einer Höhlenwohnung. Von der Kapelle aus hat man einen sehr schönen Blick auf La Montagnette (den Berg, auf dem sich die Abtei Saint-Michel-de Frigolet befindet), auf Tarascon und auf das übrige Gebiet der Alpilles.

DAS KISSEN IM FRÉDÉRIC-MISTRAL-MUSEUM

(17)

Frédéric Mistral, ein Freund von Buffalo Bill?

11, avenue Lamartine, 13910 Maillane
04 90 95 84 19
museemistral.fr – contact@museemistral.fr
Informationen zu den Öffnungszeiten auf der Website

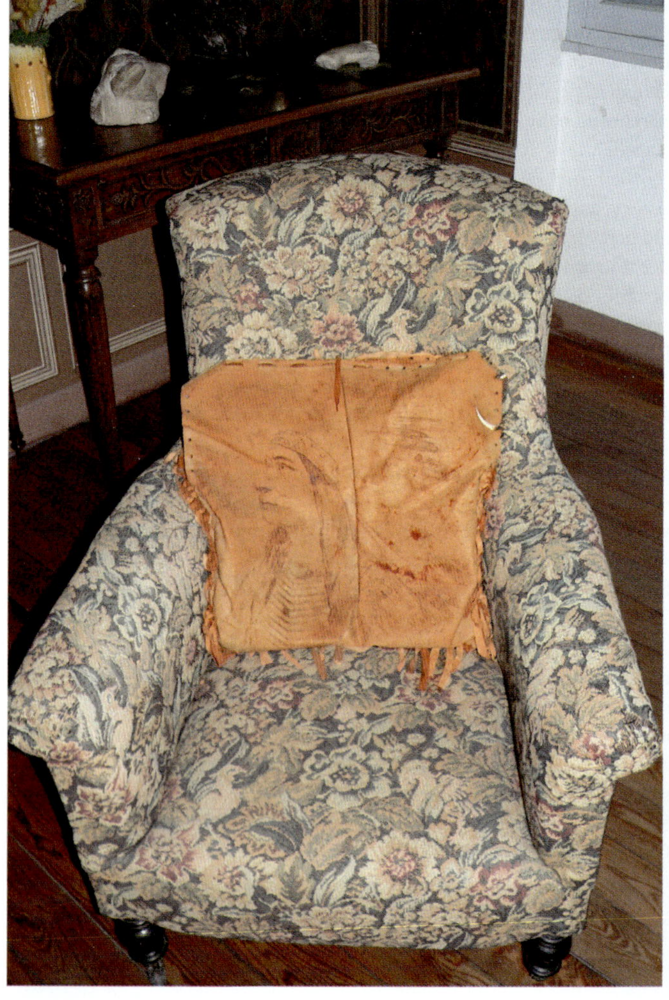

Im Büro des Wohnmuseums von Frédéric Mistral zieht ein Kissen auf einem der Sessel die Aufmerksamkeit auf sich.

Es ist aus beigem Leder gefertigt, grob genäht und trägt das Porträt eines Gesichts. Dieses „Lebenskissen“ gehörte dem Indianerhäuptling Silver Eagle, der Anfang des 20. Jh. während Buffalo Bills Zirkustour durch Frankreich hierher kam.

Doch wie ist dieses Kissen hierhergekommen? Das scheint niemand zu wissen. Nach indianischem Brauch werden solche Kissen an die Nachkommen des Besitzers vererbt. Bekannt ist hingegen, dass der Marquis Folco de Baroncelli, als die „Wild West Show“ von William F. Cody, alias Buffalo Bill, nach Nîmes und Marseille kam, sich in die Geschichte der verfolgten Ureinwohner Nordamerikas vernarrte, kurzerhand Zivilisationen vermischte und die Indianer zu den Cousins der Zigeuner erklärte. Es sei darauf hingewiesen, dass der Zirkus während seiner zweiten französischen Rundreise 1905/06 (die erste fand 1890 statt) eines der Mitglieder der indianischen Truppe, Charging Elk, aufgrund einer Krankheit zurückließ. Mittellos schleppte er sich durch die Stadt Marseille, von Gassen zu Krankenhäusern, ohne ein Wort Französisch zu sprechen, bis er einsam in dem für ihn fremden Land starb. Seine traurige Geschichte wird in einem Roman von James Welch, *The Heartsong of Charging Elk*, ergreifend nacherzählt.

Was das Kissen betrifft, so wollen wir nicht mehr darüber erzählen, als wir tatsächlich wissen, und das ist praktisch nichts. Es gibt noch eine andere nette Geschichte, auch wenn sie wohl nicht ganz wahr ist: Als Buffalo Bill Maillane besuchte, soll er seinen Hund „vergessen“ haben, oder anderen Quellen zufolge, hat er ihn Mistral gegeben. Letzterer, der nicht mit einem Tier, ob domestiziert oder nicht, behelligt werden wollte, war verärgert. Doch als Mistral dem Familiengrab auf dem Dorffriedhof seine Ehre erweisen wollte, ging der Köter vor ihm her und legte sich prompt auf die Marmorplatte seiner Vorfahren. Das rührte ihn so sehr, dass er die Fellnase adoptierte.

Frédéric Mistral (1830-1914)

Der in Maillane in den Alpilles geborene Frédéric Mistral gilt als der größte Dichter der Provence. Sein erstes bedeutendes Gedicht, „Mireille“, veröffentlichte er 1859. Der von Lamartine als „neuer Homer“ bezeichnete Dichter setzte sich für die provenzalische Sprache ein, die damals als unbedeutender Dialekt galt, und gründete zusammen mit sechs anderen Dichtern die literarische Bewegung Félibrige. Im Jahr 1904 erhielt er den Nobelpreis.

PRIVATSAMMLUNG MIT KUNSTHANDWERK AUS DEN SCHÜTZENGRÄBEN 1914–1918

⑱

2000 Handwerkskunst von Soldaten des Ersten Weltkriegs

Mas Magali
3309, Chemin Roumieux la Crau , 13160 Châteaurenard
04 90 94 18 66
Kostenlose Besichtigung nach vorheriger Anmeldung

Als ihre Tochter ihr eines Tages ein Kunstwerk aus zwei kupfernen Granaten schenkte, beschloss Maryse Dupont, die Sammlung aufzubauen, in der heute mehr als 2 000 Objekte aus dem Ersten Weltkrieg zu sehen sind.

Eine ganze Epoche findet sich in dieser eindrucksvollen Sammlung wieder, die Exponate umfasst, von denen eines erstaunlicher ist als das andere: Feuerzeuge aus Patronenhülsen oder Münzen, Anleiheplakate, Untersetzer ..., von Soldaten (auf frz. „*les poilus*" genannt, wörtl. „die Haarigen") in den Schützengräben des Ersten Weltkrieges zum Zeitvertreib mit unglaublichem Geschick gefertigt.

Einige der Objekte sind gar humorvoll, wie ein Medaillon, das auf einer Seite das stolze Profil von Wilhelm von Preußen und auf der anderen sein zu einer Grimasse verzogenes Gesicht und die Worte „Das Wasser der Marne ist bitter" trägt. Kleine silberne Jungfrauen in Etuis aus verschiedenen Materialien, die der Staat an die Soldaten verkaufte, zeugen davon, dass der Ausdruck „mit Säbel und Aspergill" (Armee und Kirche) seinerzeit noch aktuell war. Angesichts der Cognac-Feldflasche, die die Soldaten zu Weihnachten 1914 als Geschenk erhielten, wird zudem deutlich, dass der Konsum von Alkohol damals beim Militär durchaus gestattet zu sein schien.

DIE STEINRELIEFS DER „TREMAÏÉS" ⑲

Die drei Marien von Les Baux-de-Provence

Es ist empfehlenswert, diese Stätte zu Fuß zu besuchen, nachdem man in Les Baux-de-Provence einen Parkplatz gefunden hat (was nicht immer einfach ist, vor allem während der Touristensaison). Von der Esplanade Charles-de-Gaulle am Ausgang des Dorfes in der Nähe des Parkplatzes nehmen Sie die Straße rechts in Richtung Autobahn. An der ersten Kurve sehen Sie auf der rechten Seite einen Feldweg mit einem kleinen Schild mit der Aufschrift „Trémaïé". Folgen Sie diesem Weg bis zur Chapelle des Saintes-Maries, die Stele befindet sich direkt darüber. Um zur Stele „Gaïé" zu gelangen, gehen Sie den Weg weiter, bis Sie auf ein Holzschild stoßen, das Ihnen den kleinen Pfad auf der rechten Seite anzeigt. Dieser ist 250 Meter von „Tremaïé" entfernt

Die Stätte der „Trémaïé" liegt im kleinen Tal von Entreconques, direkt unterhalb der Klippen des Dorfes Les Baux. Sie besteht aus einer in den Fels gehauenen Stele, die drei Figuren in römischer Kleidung darstellt.

Der Überlieferung nach handelt es sich um ein Porträt der drei Marien, die in Les Saintes-Maries-de-la-Mer an Land gingen: Maria Magdalena, Maria Jacobi und Maria Salome. Der Name der darunter liegenden Kapelle, Les Saintes-Maries, scheint diese Vermutung zu bestätigen. Einer anderen Interpretation zufolge handelt es sich bei den drei Figuren um den römischen Feldherrn Marius, seine Frau Julia und seine offizielle *Pythonin* (Wahrsagerin) Martha. Diese Martha, nicht zu verwechseln mit der Hl. Martha, die mit den drei Marien ankam und später *La Tarasque* (ein lokales Ungeheuer) besiegte, soll eine wichtige Rolle beim berühmten Sieg von Marius gegen die Teutonen am Fuße des Berges Sainte Victoire gespielt haben. Die in der Region geborene Martha salluvischer (kelto-ligurischer) Abstammung machte sich aufgrund ihrer Talente in der Zauberei, wohl aber vor allem aufgrund ihrer körperlichen Reize, für Marius unentbehrlich. Die langweiligste, aber plausibelste Erklärung dürfte wohl sein, dass die drei Figuren ein „Foto" einer wohlhabenden Familie aus Les Baux darstellen, die vor dem Meißel des Porträtkünstlers posierte. Ein Stück weiter auf dem Weg bringt auch die andere Stele, die „Gaïé" darstellt, kein Licht ins Dunkel. Zu allem Überfluss ist auch das Gestein erodiert und macht es dadurch schwierig, die beiden Figuren in ihren Togas zuzuordnen. Die Szene scheint einen Altar darzustellen, auf dem ein Opfer dargebracht wird: Man erkennt eine Rinne, durch die das Blut in Schalen fließt, das den alten Göttern geopfert wird. Einige unleserliche Inschriften könnten noch mehr Informationen ans Licht bringen, aber die Einheimischen glaubten immer, dass es sich um den oben erwähnten Marius handelt und dass der Name „Gaïé" von seinem Vornamen „Caïus" abgeleitet ist. Historiker glauben, dass es sich um ein Grabdenkmal handelt, das ein gewisser Montanus zum Gedenken an seine Eltern in Auftrag gegeben hatte.

Au hasard Balthazar

Die Fürsten von Les Baux waren mehrere Jahrhunderte lang die Herrscher der Provence. „Ein Volk von Adlern, die niemals Vasallen waren", wie Frédéric Mistral schrieb. Sie behaupteten, von einem der Heiligen Drei Könige, Balthasar, abzustammen, daher ihr Motto *Au hasard Balthazar* („In die Gefahr, Balthasar"). Und auch ihr Emblem, ein Stern mit 16 Strahlen, symbolisiert den Stern, der den Heiligen Drei Königen den Weg zur Geburtsgrotte von Bethlehem wies.

St JEAN

DIE ENERGIETÜRME

Das industrielle und landwirtschaftliche Gedächtnis von Saint-Rémy

Kreisverkehr am Ende der Avenue Frédéric Mistral
Verlassen Sie Saint-Rémy in Richtung Maillane über die Avenue Frédéric Mistral (Maillane ist der Geburtsort des provenzalischen Dichters). Die Getreidemühle befindet sich auf der rechten Seite kurz vor dem ersten Kreisverkehr. Der erste der drei „Tours de Force" liegt direkt gegenüber demselben Kreisverkehr

Ein mittelalterlicher Bergfried? Ein Eiffelturm aus Beton? Der am Rande eines gewöhnlichen Kreisverkehrs gelegene Turm Saint-Jean überrascht den vorbeifahrenden Autofahrer mit seinem rostigen, scheinbar stillstehenden Rad an der Spitze.

Es handelt sich um einen von drei Türmen, die dazu dienten, die Energie der Turbinen von einer Mühle zur anderen zu übertragen.

Zwischen 1868 und 1887 begann das Unternehmen Mistral Frères, Eigentümer von vier Getreidemühlen entlang des Réal-Kanals, ein Programm zur Modernisierung und Automatisierung seiner Anlagen ins Leben zu rufen. Das Unternehmen installierte in seinen Mühlen Saint-Bernard und Saint-Jean Turbinen, um die traditionellen Schaufelräder zu ersetzen und die Turbinen in diesen beiden Mühlen miteinander zu koppeln. Dazu wurden drei Türme gebaut, an denen ein Kabel befestigt war, das die Energie von einer Mühle zur anderen übertrug. Die so übertragenen 15 Pferdestärken erhöhten die Leistung der Mühle von Saint-Jean auf 36 Pferdestärken.

Die Idee war gut, aber wie so oft wurde das große Ganze nicht bedacht. Die Camargue erwies sich als sehr schlechter Boden für den Weizenanbau, vor allem wegen der hohen Salzkonzentration auf den Feldern. Die Gebrüder Mistral standen bald vor dem finanziellen Ruin, und weil die Mühlen nicht profitabel genug waren, wurden sie schließlich 1910 stillgelegt.

DIE BUCHMALEREIEN VON AUGUSTIN

(21)

Prächtige Buchmalereien aus dem 19. Jahrhundert

Alpilles-Museum
Place Favier, 13210 Saint-Rémy-de-Provence
04 90 92 68 24
alpillesenprovence.com/fiches/musee-des-alpilles
Informationen zu den Öffnungszeiten auf der Website

Zu der faszinierendsten Ausstellung des 1919 gegründeten und im prächtigen Herrenhaus Mistral de Mondragon untergebrachten Musée des Alpilles zählen die Illuminationen von Augustin Gonfond, der 1849 in Saint-Rémy-de-Provence geboren wurde. Man wird sofort in das anschauliche Universum der mittelalterlichen Buchmalerei entführt. Es geht um Engel und Dämonen, Pflanzen, reale und imaginäre Tiere, Landschaften, Denkmäler und Menschen. Aber die Geschichte, die sich

hier entfaltet, hat nichts mit dem Mittelalter zu tun, sondern mit dem Leben des Künstlers.

Wie bei Vincent Van Gogh – ein Zeitgenosse und Nachbar, obwohl sie sich nie begegnet sind – wurde das Schaffen von Augustin Gonfond durch unerträglichen Schmerz genährt. Er erfuhr großes Unglück, als er seine drei Töchter verlor, die noch sehr jung waren. Gonfond widmete ihnen einen Teil seines Werks und schuf prächtige Bilder, vermischt mit Porträts seiner Familie und sogar Haarsträhnen seiner Kinder, die die Geschichte ihres Lebens inmitten schöner Gemälde erzählen.

Gonfond starb im Jahr 1909. Als gläubiger Katholik vertrat er die Auffassung, dass die Welt in drei Teile geteilt ist, wie er sie in seinen Büchern und Bildern darstellte: oben das Gute, zu dem „gute“ Tiere (z.B. Marienkäfer, Schmetterlinge, Tauben) und „gute“ Pflanzen gehören; unten das Böse, das von Fledermäusen, Dämonen und Skorpionen bevölkert wird; und dazwischen die sichtbare Welt, in der sich Gut und Böse gegenüberstehen.

DAS ZUGPFERD VON MOLLÉGÈS ㉒

„In den Felsen gemeißelt, bin ich hier Zeuge"

Place du Lavoir, 13940 Mollégès – papijaque.pagesperso-orange.fr

Ende der 1980er-Jahre beschlossen Claude Parraud und einige andere Einwohner von Mollégès (das „s" am Ende wird ausgesprochen), dass sie ihrem Dorf, das bis dahin in den wichtigsten Reiseführern nie beschrieben oder auch nur erwähnt worden war, eine sichtbarere Identität verleihen sollten. Nach reiflicher Überlegung kamen sie zu dem Schluss, dass das Zugpferd, das gewissermaßen der „König" des Dorffestes von St. Eloi war, es verdiente, für die Nachwelt festgehalten zu werden, auch vor dem Hintergrund, dass Pferde nicht mehr oft zum Ziehen von Lasten verwendet wurden, da die motorisierte Kraft des Traktors Pferd samt Hafersack ersetzt hatte. Am 7. Mai 1989 wurde das Denkmal eingeweiht, das heute der Stolz des Dorfes ist. Das Pferd wurde von Camille Soccorsi, einem Bildhauer aus Tarascon, aus einem einzigen Steinblock aus dem Steinbruch von Oppède gemeißelt. Der Bildhauer ist auch für die beiden Stiere bekannt, die Beaucaire (ein Nachbarort von Tarascon im Département Gard) berühmt gemacht haben: Clairon und Goya. Die auf dem Sockel der Statue eingravierten Zeilen sind dem Werk des provenzalischen Dichters Charles Galtier entlehnt: *Wir können nicht erraten, was der morgige Tag bringen wird, / Und damit wir in Zukunft noch sicher sein können, / Des Glücks, das Mensch und Pferd verbindet, / In den Felsen gemeißelt, bin ich hier Zeuge.*

DAS AMPHITHEATER VON JEAN VARGAS

Stein an Stein ...

Avenue du Comtât, 13940 Mollégès – 04 90 95 42 45
Dienstags und samstags, 10–12 Uhr

Die vier Chambres d'hôtels des L'Amphithéâtre in Mollégès sind besonders beeindruckend: Sie bieten einen Blick auf das ehrgeizigste Projekt zur Wiederherstellung einer antiken Stätte in der gesamten Provence. Jean Vargas, Museumswärter im Ruhestand, bewachte die Exponate des Louvre und der archäologischen Stätte von Glanum, bis seine Sehschärfe auf beiden Augen auf 1 % sank. Praktisch blind, setzte er die Bildhauerei „nach Gefühl" und mit Hilfe seiner Frau Marie fort. Insgesamt schuf er 583 Werke, darunter sein Meisterwerk, eine Kopie des „Paysan Cavare", einer Statue, die einen Bauern aus dem Cavaillon darstellt, der in der Nähe gefunden wurde. Das Werk kann heute im Louvre bewundert werden.

Mal abgesehen von seinen Skulpturen ist der faszinierende Jean Vargas auch eine originelle Persönlichkeit: Er beschloss, sich an nichts Geringeres zu wagen als an die Rekonstruktion eines Theaters, eines Amphitheaters und einer Arena aus der Antike. Da er dies alles auf demselben Gelände unterbringen möchte, erfindet er ganz einfach eine latinisierte Version eines Allzweck-Sportstadions.

Auch sein Zeitplan ist sehr eng gesteckt. Im Jahr 2005 weihte er das Flachrelief eines römischen Stierkampfes ein, das als jeu crétois (kretisches Spiel) bekannt ist. Für 2006 waren der Bau des Stierstalls und für 2007 der Bau einer gallischen Taverne vorgesehen. Die Einweihungen finden jeweils am ersten Sonntag im Juni statt. Es wird gefeiert, getrunken und zu Musik getanzt.

Lapalud
St-Pierre
Bollène
La Croisière
Lamotte-du-Rhône
Mondragon
Les Farjons
Mornas
Le Luget
Vénéjan
St-Étienne-des-Sorts
Chusclan
Belvédère de Marcoule
Codolet
Caderousse
Piolenc
ORANGE
L'Ardoise
Montfaucon
St-Geniès-de-Comolas
Roquemaure
St-Laurent-des-Arbres
Lirac
Tavel
Truel
Sauveterre
Pujaut
Rochefort-du-Gard
Villeneuve-lès-Avignon
AVIGNON
Ile de Barthelasse
Les Angles
Saze
Domazan
La Grillette
Aramon
Barbentane
Roque d'acier
Boulbon
Abbᵉ St-Michel-de-Frigolet
La Montagnette
Tarascon
Le Roubian
Lansac
St-Gabriel
Fontvieille
Moulin de Daudet
Abbᵉ de Montmajour
ARLES
Pont-de-Crau
Raphèle-les-Arles
Moulès
St-Hippolyte
Visan
St-Turquoit
Bouchet
Suze-la-Rousse
Rochegude
Tulette
St-Maurice-sur-Eygues
Mirabel-aux-Baronnies
Villedieu
Buisson
Puyméras
Vaison-la-Romaine
St-Romain-en-Viennois
St-Marcellin-lès-Vaison
St-Roman-de-Malegarde
Roaix
Rasteau
Ste-Cécile-les-Vignes
Cairanne
Crestet
Séguret
Sablet
Lagarde-Paréol
(Uchaux)
La Galle
Sérignan-du-Comtat
La Courançonne
Travaillan
Camaret-sur-Aigues
Violès
Gigondas
Dentelles de Montmirail
Malaucène
Suzette
La Roque-Alric
Lafare
Montmirail
Vacqueyras
St-Hippolyte-le-Graveyron
Le Barroux
Crillon-le-Brave
Caromb
Modène
Beaumes-de-Venise
Chabert
N.-D. d'Aubune
Jonquières
Aubignan
Loriol-du-Comtat
Courthézon
Sarrians
Serres
Carpentras
Châteauneuf-du-Pape
Bédarrides
Monteux
Entraigues-sur-la-Sorgue
Sorgues
Althen-des-Paluds
St-Didier
Pernes-les-Fontaines
La Roque-sur-Pernes
Vedène
Le Pontet
St-Saturnin-lès-Avignon
Jonquerettes
Morières-lès-Avignon
Velleron
L'Isle-s-la-Sorgue
Saumane-de-Vaucluse
Le Thor
Châteauneuf-de-Gadagne
Caumont-sur-Durance
Velorgues
Lagnes
Petit Palais
Les Vignères
Rognonas
Châteaurenard
Noves
La Crau
Graveson
Cabannes
Cavaillon
Robion
Bel-Air
Taillades
Combe de Vidauque
Cheval-Blanc
Verquières
St-Andiol
Eyragues
Maillane
Paluds-de-Noves
Plan-d'Orgon
Mollégès
St-Rémy-de-Provence
Mas-Blanc-des-Alpilles
Laurade
Orgon
Les Antiques
Glanum
La Caume
St-Étienne-du-Grès
Chaîne des Alpilles
Eygalières
Sénas
Les Baux-de-Provence
Les Plaines
Castelas de Roquemartine
Grottes de Calès
Lamanon
Les Calans
Le Destet
Aureille
Eyguières
Paradou
Maussane-les-Alpilles
Le Grand Berbegal
Mouriès
Craponne
Colline de Roque R
Salon-de-Provence
Tourniaire
Caphan
St-Martin-de-Crau
Camp militaire
Étang d'Entressen
Grans
PLAINE
Durance
Sorgue
Nesque
Ouvèze
Aigues
RHÔNE

Die Region um Avignon

DIE INSCHRIFT „EQ G ILL“ ①

Ein für einen Reiter reservierter Sitzplatz

Römisches Theater in Orange
Rue Madeleine Roch, 84100 Orange
04 90 51 17 60
theatre-antique.com – message@theatre-antique.com
Informationen zu den Öffnungszeiten auf der Website

Auf den Sitzstufen des alten römischen Theaters in Orange, hat ein faszinierendes Beweisstück, das die Zuteilung der Sitzplätze zu Zeiten der Römer veranschaulicht, bis heute überlebt. In einer Reihe kann man die Inschrift „EQ G III" erkennen, was „Equitum gradus 3" oder „Reiter 3. Grades" bedeutet.

Im Theater wurde das Publikum nach seiner jeweiligen sozialen Stellung auf den Stufen platziert. Wichtige Persönlichkeiten, egal ob mit zivilem oder militärischem Hintergrund, saßen weiter unten, während die niederen Gesellschaftsschichten die oberen Ränge besetzten. Auf diese Weise konnte man die soziale Hierarchie der Stadt penibel einhalten. Heute sind die Sitzplätze mit roter Farbe markiert.

Das Römische Theater in Orange

Das antike Theater in Orange wurde etwa um Christi Geburt während der Regentschaft von Kaiser Augustus (63 v. Chr. bis 14 n. Chr.) erbaut. Die Kaiserstatue blickt Richtung Publikum. Das römische Theater ist eines der besterhaltenen der Welt. Seine majestätische Bühnenwand (103 Meter breit und 37 Meter hoch) konnte zu einem sehr großen Teil erhalten werden. Auch heute noch finden hier 10 000 Zuschauer Platz, und jedes Jahr erklingen im Theater die Stimmen des renommierten Lyrik-Festivals *Chorégies d'Orange*.

SKULPTUR DES BESCHÄMENDEN KUSSES ②

Der angebliche Hexenkuss auf den Anus des Teufels

Kapitelsaal der Kartause von Villeneuve-lès-Avignon
Centre national des écritures du spectacle
58, rue de la République, 30400 Villeneuve-lès-Avignon
Von 1. Oktober bis 31. März täglich von 10–17 Uhr, von 1. April bis 30. September täglich von 9:30–18:30 Uhr
1. Januar, 1. Mai, 1. und 11. November sowie 25. Dezember geschlossen

Im Kapitelsaal der Kartause, am Fuße eines Eckpfeilers, befindet sich die Darstellung eines Mönchs, der sich auf allen Vieren daran zu erfreuen scheint, von einem Ziegenbock den „beschämenden Kuss", einen Kuss auf den Anus, verabreicht zu bekommen. Das auf Latein als *osculum infame* („beschämender Kuss" oder „Kuss der Schande") bekannte Ritual soll auf die Tradition zurückgehen, wonach Hexen den Anus des Teufels (seinen anderen Mund) küssten.

Besonders am Pranger stand es während der Zeit der Hexenverfolgung (zwischen 1450 und 1750). In überlieferten Geständnissen von „Hexen", von denen die meisten unter Folter erzwungen worden waren, verlas der Teufel zu Beginn des Hexensabbats die Namen der Teilnehmerinnen

und erwartete, dass diese ihm huldigten, in dem sie sich ihm kriechend näherten und sein Hinterteil küssten.

Der Kuss war auch Teil der Initiationsriten für angehende Hexen. In England sagte man, der Teufel nähme außermenschliche Formen an, um den Kuss der Schande entgegenzunehmen – jene eines Schaf- oder Ziegenbocks oder einer Katze oder Kröte.

Gregor IX. schrieb im 13. Jahrhundert in seiner Bulle *Vox in Rama* über manche Hexen (und seltener auch Hexer): „Einige küssen ihn auf das Gesäß, andere am Maul, lutschen an seiner Zunge und saugen seinen Speichel auf. [...] Nach diesem Kuss sind alle Reste des katholischen Glaubens verschwunden.“ Eben jener beschämende Kuss wurde im Übrigen den Templern vorgeworfen.

Nicht wenige jedoch sind der Auffassung, dass das Relief im Kapitelsaal nicht ernst zu nehmen sei, da der Saal, in dem das Kapitel (die das Kloster leitenden Mönche) zusammenkam, durchgehend geschlossen war. So könnte die Skulptur eine Mahnung sein, mit seinem Mund nichts Unüberlegtes zu tun und lieber zu schweigen, oder ganz allgemein eine Erinnerung an ein bedeutendes Tabu. Letzte Hypothese: Vielleicht handelt es sich schlicht um ein Augenzwinkern des Bildhauers, um darauf hinzuweisen, dass auch Mönche sich bisweilen körperlichen Vergnügungen hingaben, die dem Kanon der katholischen Kirche zufolge nicht immer als tugendhaft galten.

DAS SCHALLGEFÄSS IN DER KIRCHE DER KARTAUSE

③

Eine antike Technik zur Verbesserung der Klangqualität

Kartause von Villeneuve-lès-Avignon
Centre national des écritures du spectacle
58, rue de la République, 30400 Villeneuve-lès-Avignon
Von 1. Oktober bis 31. März täglich von 10–17 Uhr, von 1. April bis 30. September täglich von 9:30–18:30 Uhr
1. Januar, 1. Mai, 1. und 11. November sowie 25. Dezember geschlossen

An der nördlichen Mauer der (verfallenen) Kirche der Kartause von Villeneuve-lès-Avignon sind bei genauerem Hinsehen Löcher zu erkennen, unter denen sich eine weitere, runde Öffnung befindet. Es handelt sich hierbei um Schallgefäße, wie sie in einigen Kirchen ab dem Mittelalter zum Einsatz kamen.

Wie René Floriot 1964 in seiner Dissertation „Les vases acoustiques au Moyen Âge“ (Schallgefäße im Mittelalter) erläutert, nahmen diese Frequenzen um 200 Hertz teilweise auf und verringerten dadurch die Zeit, die der Schall benötigte, um zurückgeworfen zu werden. Das Ergebnis: ein klarerer Klang.

Im Jahr 2016 untersuchten ein Archäologe und ein Akustiker die 110 tönernen Gefäße in den Mauern von Notre-Dame-des-Anges im Finistère (Bretagne) und kamen zu dem Schluss, dass diese den Schall nicht nur beschleunigten, sondern zudem verstärkten, was Sänger und Predigern höheren Komfort bot.

Der Einsatz dieser Technik lässt sich bis in die Antike zurückverfolgen: Schon die Griechen und Römer fügten Bronzegefäße in Nischen ein, um die Akustik ihrer Theater zu verbessern: „So wird die Stimme [...] die Deutlichkeit erhöhen und durch die Klangverbindung eine entsprechende Konsonanz hervorrufen“. Im fünften Buch seines Werks *De architectura* widmet sich Vitruv dem Theater. Er beschreibt genau, welche Größe die Schallgefäße haben sollten und wo sie anzubringen sind. Er empfiehlt, sie ausschließlich in aus Stein und Marmor erbauten Theatern anzuwenden, da diese keine Resonanz hervorrufen.

Das einzige Theater, in dem noch Spuren dieser außergewöhnlichen Erfindung – Mauernischen zur Aufnahme solcher Schallgefäße – zu finden sind, ist das Theater von Skythopolis (Bet Sche'an) im heutigen Israel. Im Mittelalter griffen Handwerkergilden auf die Technik zurück, wobei sie die Gefäße nicht aus Bronze, sondern aus Terrakotta fertigten. Kurioserweise scheinen in Schlössern und Palästen keine solchen Vorrichtungen vorhanden zu sein und, im Gegensatz zu antiken Theatern und den Geboten Vitruvs, lassen sich in geschlossenen Räumen nur kleinere Beispiele finden, weit entfernt von den Ohren der Zuhörer und stets eingemauert, anstatt, wie von Vitruv empfohlen, so aufgestellt, dass sie „keine Wand berühren und ringsum Raum und auch am oberen leeren Ende freien Platz haben [...]“.

Weitere Schallgefäße

Heute sind in den Kirchen Europas noch mehr als 200 Schallgefäße vorhanden. Die Hälfte davon befindet sich in Frankreich, wie in der Kirche Saint-Marcel im zentralfranzösischen Département Indre, in der Kirche Notre-Dame-des-Anges im bretonischen Finistère (110 Schallgefäße), in der Kapelle des Conservatoire national des arts et métiers in Paris, in der Kathedrale von Saint-Denis sowie in den Kathedralen von Beauvais, Senlis, Sens und Chartres. Weitere Beispiele finden sich in Saint-Rombaut de Malines (Belgien), in der Basilika San Petronio und in der Kirche San Pietro (Bologna, Italien).

AUSSERGEWÖHNLICHE GRÄBER AUF DEM FRIEDHOF SAINT-VÉRAN ④

Um das Leben ihres Vaters zu retten, trank sie das Blut eines enthaupteten Mannes

Avenue Stuart Mill
Zwischen der Route de Lyon und der Avenue de la Folie, 84000 Avignon
avignon-tourisme.com
Vom 1. November bis zum 31. März, 8:30–18 Uhr und vom 1. April bis zum 31. Oktober, 8:30–19 Uhr
Führungen des Tourismusbüros Avignon. Nähere Informationen im Internet

Der herrliche Friedhof Saint-Véran d'Avignon ist aufgrund seiner vielfältigen, schattigen und üppigen Grünanlage bemerkenswert. Abgesehen von der Schönheit dieses Ortes, findet man hier einige originelle Charaktere, deren posthumer Besuch sich lohnt. Geht man, vom Haupteingang kommend, auf der linken Seite bis ans Ende der ersten Reihe, findet man dort das Grab von Marie-Maurille Virot de Sombreuil (1774–1823), bekannt als „Mademoiselle de Sombreuil",

die ihren Vater im September 1792 vor der Guillotine bewahrte. Als das Todesurteil vollstreckt werden sollte, kletterte sie aufs Schafott, rief die Anwesenden zu Zeugen an und bat den Henker, ihren Vater zu verschonen. Er versprach, den Verurteilten zu begnadigen, wenn sie ein Glas vom Blut des zuvor Enthaupteten trinken würde. Und das tat sie. Die Inschrift auf ihrem Grab lautet folgendermaßen: *Ein Opfer kindlicher Liebe, lebte sie ausschließlich dafür die vom Glück Benachteiligten zu trösten und ihnen beizustehen. Ihr verwundetes Herz konnte nur durch den Tod geheilt werden. Ihren Lohn wird sie im Himmel erhalten.*

Ihr Körper ist in Avignon begraben, doch ihr Herz befindet sich in einer Urne im Invalidendom in Paris, wo ihr Vater Gouverneur war. Diese Geschichte inspirierte Victor Hugo, der sich in *La mort de Mademoiselle de Sombreuil* (Odes II, IX), an morbide Bildsprache wagte: *Das unglückselige Mädchen ... / Fühlte mit Schrecken, in ihren blassen Venen / Blut, das nicht ihr eigenes war.*

Auf Parzelle 11 liegt der britische Philosoph und Ökonom John Stuart Mill, Begründer des Utilitarismus, der lieber in Avignon, wo seine Frau eines plötzlichen Todes gestorben war, begraben sein wollte als bei sich zu Hause in Westminster. Die Grabinschrift in englischer Sprache überrascht und berührt. Der Gedenkstein erinnert auf Französisch daran, dass Mill sein ganzes Leben der Emanzipation der Frauen gewidmet hat. Er war der Meinung, dass sie durch das Wahlrecht Interesse an der Politik entwickeln und sich ihrer Verpflichtungen bewusst werden würden.

IN DER UMGEBUNG

Sonnenuhr im Jardin des Doms ⑤

Im herrlichen Jardin des Doms von Avignon, der auf der einen Seite auf den Platz vor dem Papstpalast und auf der anderen Seite auf die Rhône blickt, können Besucher mit Hilfe ihres eigenen Schattens die Zeit bestimmen. Man stellt sich bequem auf die Datumslinie und liest die Zeit an der Stelle ab, an der sich Schatten und Ellipse schneiden.

SAINT BÉNÉZET

Eine himmlische Stimme befahl den Bau der Brücke

Die Statue des Hl. Bénézet befindet sich auf Höhe des 1. Geschosses in einer Nische an der Ecke der Rue de la Bourse und dem Place des Corps Saints, gegenüber dem Kloster Célestins. Um Sie zu finden, gehen Sie rechts um die Touristeninformation herum. Der Place des Corps Saints liegt gleich dahinter

Avignon zu besuchen, ohne die Brücke gesehen zu haben, ist wie ein Besuch in Rom, ohne den Papst gesehen zu haben. Diese Brücke hat unbestreitbar Symbolcharakter, da jeder schon einmal *Sous le pont d'Avignon* gesungen (und dazu getanzt) hat. Die Brücke wurde im 12. Jh. vom Hl. Bénézet erbaut. Einige Male durch Überschwemmungen der Rhone fortgerissen, wurde sie schließlich im 17. Jh. ihrem Verfall preisgegeben. Heute ragt nur noch ein Abschnitt, bestehend aus vier der ursprünglich 22 Bögen in den Fluss. Für diejenigen, die wissen möchten, wie der Hl. Bénézet, der Erbauer der Brücke, die seinen Namen trägt, aussieht, wartet seine Statuette mit der Brücke in der Hand in einer Nische der Mauer an der Ecke zwischen Börse und Place des Corps Saints.

St. Bénézet, der gar kein Heiliger ist (er wurde nie heilig gesprochen), scheint nicht zur Legende zu taugen, hatte aber tatsächlich gelebt, wie aus einer alten Schriftrolle mit zwei Texten hervorgeht. Einer erzählt die Geschichte von Bénézet, gefolgt von einem Appell an die Großzügigkeit der Gläubigen, für die Brücke zu spenden. Der andere ist eine Auflistung von Zeugenaussagen, um seine Heiligsprechung zu unterstützen.

1777 hörte der junge Bénézet (was soviel wie „kleiner Benoît" bedeutet), während er bei Burzet (Vivarais*) die Schafe seiner Mutter hütete, eine Stimme vom Himmel, die zu ihm sprach: „Ich bin Jesus Christus und ich möchte, dass du die Schafe deiner Mutter zurücklässt und für mich eine Brücke über die Rhône baust ..." Das Kind, das niemals das Dorf verlassen hatte, beteuerte, keine Ahnung von Straßen und Brücken zu haben. Wie auch immer – ein als Pilger verkleideter Engel begleitete ihn zu den Ufern der Rhône und der kleine Benoît ging zum Bischof, der gerade eine Predigt hielt. Der Bischof schickte ihn zum Vorsteher, der ihm auftrug, einen Stein aufzuheben, den 30 Männer nicht hätten bewegen können. Bénézet hob den Stein auf, trug ihn davon und legte ihn dort, wo er die Brücke bauen sollte, neben dem Fluss ab. Der Vorsteher, der sich des übernatürlichen Charakters dieses Vorgangs bewusst war, half Bénézet und stellte ihm Männer sowie Geld zur Verfügung, damit er seine architektonische Bestimmung erfüllen konnte.

Bénézet starb 1184 ohne die Fertigstellung der Brücke zu erleben. Seine sterblichen Überreste wurden bis 1674 in der Saint-Nicolas-Kapelle auf der Brücke selbst aufbewahrt und dann in das Kloster Célestins gebracht, wo bis heute seine Statue zu sehen ist. Seit der Schändung des Klosters 1791 ist nur mehr sehr wenig von seinen Gebeinen übrig, die sich jetzt in der Kathedrale Notre-Dame-des-Doms in Avignon befinden.

* *Eine alte, gebirgige Provinz rund um die Stadt von Viviers (Viviers-sur-Rhône), die in etwa dem Départment Ardèche entspricht.*

DIE STATUE DER SCHWANGEREN SCHWARZEN MADONNA ⑦

Eine in zweierlei Hinsicht ungewöhnliche Marienstatue

Rue Émile Espérandieu (gegenüber dem Paiais du Roure), 84000 Avignon

Die Madonnenstatue in einer kleinen Nische der Rue Espérandieu ist eine der ungewöhnlicheren Exemplare des *Oubliées d'Avignon*-Projekts (siehe unten). Abgesehen von der Tatsache, dass sie schwarz ist (siehe die *Symbolik der schwarzen Madonna*, Seite 401), weicht der Stil der Madonna, die dem Palais du Roure zugewandt ist, dadurch, dass sie schwanger ist, noch einmal von der klassischen Darstellung der Jungfrau mit Kind ab. Ihr markanter Bauch wird durch die Hände betont, die sie schützend darauf legt.

Diese Art von Darstellung ist sehr selten, da sie vom Konzil von Trient verboten wurde, das im 16. Jh. „unübliche Darstellungen in Kirchen" untersagte. Es gibt nur noch zwölf weitere in Frankreich: in Reims (Marne), Brioude (Haute-Loire), Plomeur (Finistère), Laroque-des-Albères, Prades und Perpignan (Pyrénées Orientales), Chissey-sur-Loué (Jura), Oulchy-le-Château (Aisne), Arcachon (Gironde), Belpech und Cucugnan (Aude) und Cornillon-Confoux (Bouches-du-Rhône, siehe Seite 180).

Die schwangere Madonna wurde vom Künstler Francis Blot angefertigt und von den Energieversorgern EDF und GDF gesponsert.

Les Oubliées d'Avignon

1992 riefen der Gemeinderat und die Junge Wirtschaft einen Wettbewerb mit dem Namen *Les Oubliées d'Avignon* (die vergessenen Statuen von Avignon) ins Leben, die die Nischen in den Straßen, deren Heilige abhanden gekommen waren, wieder füllen sollten. Von fast 250 Nischen sind nur noch 180 übrig, und etwa ein Viertel davon ist leer. Für jedes neue Werk wird ein Sponsor gesucht, der dann mit einem Künstler zusammengebracht wird. Ihre Namen sind auf Tafeln neben der Nische zu lesen, sobald die Ersatzstatue darin platziert wird. Es lohnt sich, einen kleinen Umweg zu machen, um die anderen Oubliées zu besichtigen: der Hl. Vincent in der Rue du Puits de la Reilie von D. Fabre und F. Bordas, die, anstatt die übliche Steinfigur zu entwerfen, eine Glasplatte gravierten; der Engel in der Rue Saint-Jean-le-Vieux, der den Kopf von Johannes dem Täufer hält und der vom Künstler Jeanne Mettra ausgewählt wurde, stellt einen anderen Aspekt des Heiligen dar als jenen, der auf derselben Straße etwas weiter oben präsentiert wird. Er konzentriert sich auf das Opfer, das Johannes wegen einer Laune Herodias, die von Herodes seinen Kopf forderte, erbringen musste; und schließlich die Jungfrau mit Kind an der Ecke Rue Joseph Vernet und Rue Petite Lanterne, die auf den ersten Blick sehr traditionell wirkt – bis man ihr fröhliches Lächeln und den bis über ihre Knie hochgeschobenen Rock bemerkt – eine phantasievolle Interpretation des Künstlers Francis Lievore, die früher auf keinen Fall toleriert worden wäre.

DIE SAN-MIGUEL-RESIDENZ

⑧

Der Architekt verwendete Materialien, die mit der Stadtmauer harmonieren

Rue Ninon Vallin, 84000 Avignon

Die San-Miguel-Residenz umfasst einige luxuriöse Büro- und Wohnhäuser, die zwischen 1968 und 1988 erbaut wurden. Das erfolgreiche Zusammenspiel zeitgenössischer Gebäude mit der Stadtmauer aus dem 14. Jh. brachte der Residenz den vom Kulturministerium verliehenen Titel „Kulturerbe des 20. Jh." ein. Max Bourgoin, ein Architekt, der sich am Wiederaufbau des Département Vaucluse nach dem Zweiten Weltkrieg beteiligt hatte, war etwa 30 Jahre lang für den Bau tausender Wohnungen und öffentlicher Gebäude, vor allem Schulen, verantwortlich. In den frühen 1960er-Jahren, nach der Umstrukturierung seiner Büros und nachdem er sich von seinem Geschäftspartner getrennt hatte, startete er noch einmal durch und legte seinen Fokus darauf, seine Arbeiten harmonisch neben bestehenden Gebäuden einzufügen.

Das Immobilienprojekt der San-Miguel-Residenz entstand durch die schiere Willenskraft des Architekten, der das an die Stadtmauer angrenzende Grundstück, gemeinsam mit seiner Frau, kaufte. So war er alleinverantwortlich für den Entwurf der Residenz, in der er selbst wohnen wollte und musste auf keine finanziellen oder konzeptionellen Beschränkungen Rücksicht nehmen, da er sowohl Auftraggeber als auch Chefarchitekt war. Das Ergebnis ist sehr beeindruckend. Sie erkennen allerdings nicht, wie modern die Residenz ist. Die perfekte Anpassung des Projekts an den Stil der angrenzenden Stadtmauer gelang durch die klare Vision des Architekten. Die Höhe der Gebäude wurde an die Zinnen der Wehrmauer angepasst, die Entfernung zur Straße nimmt Rücksicht auf die Ausrichtung und rund um einen Innenhof verschmelzen die Komponenten mit der Straße intra muros. Es gibt Parkplätze, unterirdische Zufahrten für Fahrzeuge und offene Tore für Passanten, die sich die Gebäude näher ansehen möchten.

Um die für die Stadtmauer verwendeten Materialien nachzubilden, arbeitete Max Bourgoin an der „Außenhaut" der Gebäude, indem er Graffiti, Ornamente und Verzierungen einsetzte. In seinen Spezifikationen hielt er fest: „Geschnittener Stein, gebrochener Stein, Oberflächen aus rauem Stein, Ziegel etc." Er wollte hier wohnen und überließ bei den Bauarbeiten nichts dem Zufall. Es kam auch vor, dass er sich das Werkzeug eines Arbeiters schnappte und selbst Hand anlegte.

IN DER UMGEBUNG

Die letzten Überreste der alten Stadtmauern von Avignon ⑨

An der Ecke Rue Saint-Charles und Rue Joseph Vernet, 84000 Avignon

Avignon ist eine der wenigen französischen Städte, deren Stadtmauern (im 14. Jh. zwischen 1355 und 1370 erbaut) vollständig erhalten sind. Allerdings ist fast nichts von den früheren Außenmauern, die zwischen dem 12. und 13. Jh. auf den römischen Verteidigungsmauern errichtet wurden, übrig. Alles, was heute noch davon zu sehen ist, befindet sich am Beginn der Rue Saint-Charles, an der Ecke der Rue Joseph-Vernet. Eine Tafel liefert nähere Informationen dazu.

DIE ERNEUTE TEILUNG DES ROTEN MEERES

⑩

Die fromme und königliche Gesellschaft der Grauen Büßer von Avignon

Kapelle des Hl. Kreuzes – 8, Rue des Teinturiers, 84000 Avignon
Sonntag Früh kurz vor der 10-Uhr-Messe

Am 14. September 1226, nach einer drei Monate dauernden Belagerung, zog König Ludwig VIII. (1187–1226) wieder in Avignon ein, das auf Seiten der Albigenser gekämpft hatte.

Unverzüglich, barfuß und in Sackleinen gehüllt, führte er eine Sühneprozession zur Kapelle des Heiligen Kreuzes, um eine Eucharistiefeier abzuhalten. Denn die Albigenser lehnten die Betrachtung der Hostie als Leib Christi ab. Um diese Feier fortbestehen zu lassen und die heilige Kommunion zu erhalten, wurde die Bruderschaft der „frommen und königlichen Gesellschaft der Grauen Büßer von Avignon" gegründet.

Am 30. November 1443 fiel die Stadt einer schrecklichen Flutkatastrophe durch die Rhône zum Opfer, die über die Ufer trat. Die Grauen Büßer beeilten sich, das allerheiligste Sakrament in ihrer Kapelle in Sicherheit zu bringen. Nachdem sie das von der Flut blockierte Tor endlich öffnen konnten, sahen sie mit Erstaunen, wie das Flusswasser, das in das Gebäude eingedrungen war auf wundersame Weise an den Seiten der Kapelle verharrte, wie Wellen in einem Schwebezustand – genauso wie bei der Teilung des Wassers durch Moses Stab.

Die Grauen Büßer von Avignon bewahren ihre Tradition bis

heute. Sie ist eine der wenigen Bruderschaften, die sich im Laufe der Jahrhunderte kaum verändert hat, trotz der zeitweiligen Unterbrechung, die ihnen während der Revolution aufgezwungen wurde.

Blau, weiss, rot, grau

Vor der Revolution hatte es in Avignon bis zu sieben Bruderschaften gleichzeitig gegeben. Die ersten waren die Grauen. Dann kamen die Schwarzen Büßer, die 1488 von Florentinern gegründet wurden, die dem Bürgerkrieg bei sich zu Hause entflohen waren. Die Weißen Büßer schlossen sich 1527 als nächste der Bewegung an, gefolgt von den Blauen Büßern 1557. Ende de 16. Jh. entstand eine neue Bruderschaft mit dem Namen Schwarze Büßer der Barmherzigkeit. Zuletzt kamen die Violetten 1622 und die Roten im Jahr 1700 hinzu.

Die Erlösungszeremonie

Kapelle der Schwarzen Büßer – 57, Rue Banasterie, 84000 Avignon

Die Bruderschaft der schwarzen Büßer der Barmherzigkeit wurde 1586 von Pompée Catilina (1583–1669), einem Oberstleutnant der päpstlichen Infanterie, gemeinsam mit anderen Italienern aus Avignon gegründet. Sie machten es sich zur Aufgabe, Gefangenen zu helfen und zum Tode Verurteilte zu unterstützen. 1596 gestand Papst Clemens VIII. (1536–1605) ihnen das Privileg zu, einmal im Jahr, am Tag des Gedenkens an die Enthauptung Johannes des Täufers (29. August), um Gnade für einen Verurteilten zu bitten. Papst Paul V. (1550–1621) erweiterte das Privileg, das von nun an an jedem Tag im Jahr angewendet werden konnte. Dieser Tag der Erlösung wurde für die Leute von Avignon zu einem großen Feiertag. Er umfasste Prozessionen, Gesang und Festivitäten. Wie ein Star wurde der befreite Häftling durch die Stadt geleitet. Die Bruderschaft wählte einen Kandidaten aus und präsentierte dem Vizelegat einen „Antrag auf Freilassung“. Dieser konnte nur dann Einspruch erheben, wenn der Gefangene wegen „Häresie, Geldfälschung, Fälschung kirchlicher Briefe, Majestätsbeleidigung oder Giftmord“ verurteilt worden war. Der Kerkermeister führte den Verurteilten gefesselt vor. Danach wurde er in einer Prozession zur Kapelle der Büßer geleitet, wo er seine erste Hl. Messe besuchte. Dann wurden ihm die Eisen entfernt, er wurde in einen roten Mantel gehüllt und man setzte ihm eine Krone aus Olivenzweigen auf den Kopf. Während sich die Prozession langsam durch die ganze Stadt bewegte, sangen alle, von Musikern begleitet das „Te Deum“. Der Tag endete mit Feierlichkeiten, bei denen Akrobaten und andere Straßenkünstler auftraten.

DAS FLACHRELIEF DER NIKE

(11)

Seit wann wissen wir, dass die Erde rund ist?

Steinmuseum
Archäologische Sammlung im Musée Calvet
Jesuitenkirche, 27, rue de la République, 84000 Avignon
04 90 84 75 38
musee-lapidaire.org
10–13 und 14–18 Uhr, außer montags. Geschlossen am 1. Januar, 1. Mai und 25. Dezember

Unter den Sehenswürdigkeiten des Steinmuseums von Avignon befindet sich ein recht unauffälliges Flachrelief, das die Aufmerksamkeit der Besucher erst auf sich zieht, wenn sie das Schild, das das Werk beschreibt, genauer lesen. Dort steht: „Flachrelief, das die Göttin Nike (Viktoria), mit einem Fuß auf einer Erdkugel stehend und mit verschiedenen Trophäen zeigt, römisches Gallien, 2. Jh. n. Chr., Kalkstein mehrfarbig, Ursprung: Place de la Principale, Avignon."

Die Göttin Viktoria war das römische Pendant zur griechischen Nike. Sie verfügt auch über dieselben Merkmale: Flügel, die ihr das Fliegen ermöglichen und eine Krone aus Lorbeerblättern, um den Sieger zu krönen. Die Nike in Avignon ist jedoch sehr ungewöhnlich. Die Einbeziehung einer Erdkugel in ein solches Werk war extrem selten. Andere bekannte Statuen, wie die berühmte geflügelte Siegesgöttin von Samothraki (in Wahrheit eine Nike) und die Nike von Ephesos, beinhalten keine Erdkugel.

Kurioserweise wird sie in Siegesdarstellungen für moderne Sportwettkämpfe wieder als Symbol eingesetzt. So zeigt z. B. der Pokal der ersten FIFA-Weltmeisterschaften, der nach Jules Rimet (1873–1956) benannt wurde, eine Nike, die auf einer Weltkugel stehend, eine Schale hochhält. 1974 nahm die neue Trophäe, mit zwei die Erde tragenden Figuren, eine immense Größe an.

Die Frage, die das Flachrelief von Avignon aufwirft, betrifft den Stand wissenschaftlicher Erkenntnisse im 2. Jh. Wenn der Künstler eine Kugel in sein Werk integrierte, dann bestimmt deshalb, weil man schon damals wusste, dass die Erde rund war. Allerdings gehen wir von der Annahme aus, dass Christoph Kolumbus (1451–1506) der Erste war, der diese Theorie bestätigte. Doch schon ab dem 6. Jh. v. Chr. hatten die Theorien von Anaximander (610–546 v. Chr.) sowie die Berechnungen von Eratosthenes (276–194 v. Chr.) den Gedanken, die Erde sei keine Scheibe, unterstützt. Den Werken von Platon (428–346 v. Chr.) und Aristoteles (384–322 v. Chr.) zufolge galt die Vorstellung, dass die Erde rund sei, damals als Tatsache und war weit verbreitet.

Seltsamerweise setzte sich in der Spätantike um das 6. Jh. rasch die Theorie durch, dass die Erde tatsächlich eine Scheibe sei und verdrängte alle anderen Annahmen. Fakt ist, dass damals viele Texte verloren gegangen waren (z. B. beim Brand in der Bibliothek von Alexandria) und Wissenschaftler keinen Zugang mehr zu den Überlegungen vergangener Zeiten hatten.

DAS BALLON-HAUS

⑫

Wurde hier der Heißluftballon erfunden?

18, rue Saint-Étienne, 84000 Avignon

Blickt man die Fassade des Gebäudes der Rue Saint-Étienne Nr. 18 empor, erkennt man die ungewöhnlichen Darstellungen auf den Geländern vor den vier Fenstern (zwei in jedem Stockwerk). Diese Formen sind Heißluftballons und unterstreichen die Theorie, dass hier der Heißluftballon erfunden wurde. 1782 war die Privatvilla im Besitz eines Jean-Joseph Guichard, einem Drucker aus Avignon. Er war ein treuer Kunde der Montgolfier-Brüder, die eine Papierfabrik in Annonay besaßen. Wenn Sie also in der Papststadt zu Besuch waren, stellte er ihnen eines der Zimmer im zweiten Stock zur Verfügung.

In seinem 1908 verfassten Werk „Die Erfindung der Luftschifffahrt in Avignon 1782“, behauptete der örtliche Historiker Félix Digonnet, dass der Ballon tatsächlich in genau dieser Villa in Avignon erfunden worden sei. „Nach dem Aufstehen wollte er (Joseph-Michel Montgolfier, der ältere der beiden Erfinder-Brüder) das Hemd, das er vorhatte anzuziehen, aufwärmen. Also nahm er Papier, um vor dem Kamin ein schönes, helles Feuer zu entfachen, und hielt die obere Hemdöffnung mit der linken Hand zu, während er das untere Hemdende wie eine Glocke auseinander zog, um die Wärme damit einzufangen. Das Hemd wurde von der heißen, darin eingeschlossenen Luft aufgeblasen, und die improvisierte Feuerstelle ließ es kräftig in die Höhe steigen.“

Das erklärt vielleicht, warum die Montgolfier Brüder, kurz nach dem ersten offiziellen Ballonflug am 4. Juni 1783 in Annonay, nach Avignon kamen, um ihren Ballon im großen Innenhof des Hôtel de Villeneuve-Martignan (die Privatvilla) vorzuführen, das jetzt das Musée Calvet ist.

Den ersten Flug in einem Flugzeug, das leichter als Luft war, absolvierten aber nicht die Montgolfier-Brüder, sondern ein brasilianischer Priester, Bartolomeu Laurenço de Gusmão, der 1709 in Portugal in einer Art Luftschiff flog.

Nähere Informationen zu Heißluftballonen in der Provence auf Seite 278 (Ort der ersten Ballonfahrt in der Provence).

DAS BANNER IN DER BASILIKA ST. PIERRE IN AVIGNON

13

Ein Wappen, das in einer Basilika nicht oft zu sehen ist

Place Saint-Pierre, 84000 Avignon
9:30–18:30 Uhr

Der päpstliche Umbraculum oder Ombrellino, der in der Nähe des Altars steht, bleibt in einer Basilika oft unbemerkt, obwohl es sich dabei um ihr Wappen handelt. Manchmal auch Pavilion oder Gonfalon genannt, ist der Ombrellino eine Art Sonnenschirm mit einem Holzgerüst und Stoffstreifen aus gelber und roter Seide. Das sind die Farben des Pontifikats, die man aus dem alten Rom übernommen hat, wo sie dem Senat zugewiesen waren. In einer Basilika minor, wie der St. Peterskirche in Avignon, ist der Ombrellino halb offen, während er in einer Basilika maior komplett geöffnet ist. Nur wenn ein Papst eine Basilika minor besucht, wird der Gonfalon vollständig geöffnet.

Ursprünglich war der Umbraculum ein Zelt, das im alten Testament zum Schutz für den Patriarchen oder für Könige eingesetzt wurde. Gemeinsam mit dem Tintinnabulum – einem Stab mit kleinen Glöckchen – diente er als Wappen, das nur in einer Basilika genutzt werden durfte.

Es war Papst Benedikt XVI. (nur der Papst kann eine Kirche zu einer Basilika erheben), der beschloss die St. Peterskirche zu einer Basilika minor zu machen, um ihre Bedeutung in der Diözese von Avignon zu unterstreichen.

Weitere Ombrellinos kann man in der Basilika zum Heiligen Erlöser in Rennes, der Basilika St. Tudwal in Tréguier (Bretagne) und der Mariae-Himmelfahrts-Basilika in Nizza finden.

Was ist eine Basilika?

Im Römischen Reich war die Basilika der Palast, von dem aus der König (Basileus) Recht sprach. Nach dem Edikt von Mailand (313 n. Chr.), das Christen ermöglichte den Gottesdienst im Freien abzuhalten und ihre Verfolgung beendete, ließ Kaiser Konstantin in Rom vier Basiliken bauen, alle maior. Er schenkte sie dem Papst: Den Petersdom im Vatikan, der angeblich an der Stelle, an der Petrus den Märtyrertod starb, erbaut wurde; St. Paul vor den Mauern, wo der Hl. Paul den Märtyrertod starb; Santa Maria Maggiore, die erste Kirche des Christentums, die Maria geweiht war und St. Johannes im Lateran zu Ehren des Apostels, „den Jesus liebte“, die auch die Kathedrale von Rom ist, „Mutter und Haupt aller Kirchen der Stadt Rom und des Erdkreises“. Alle anderen Basiliken in Rom oder anderswo auf der Welt werden als minor bezeichnet. Sie genießen das Privileg, unter dem Schutz des heiligen Stuhls zu stehen und einer der vier Basilicae maiores zugeordnet zu sein. Heute erhält eine Kirche den Status einer Basilika durch einen päpstlichen Erlass, abhängig von ihrem religiösen Einfluss und den Ansprüchen an die tägliche Praxis.

DAS PERRINET-PARPAILLE-RETABEL

(14)

Ein Andenken an die Religionskriege

Basilika St. Peter in Avignon
Place Saint-Pierre, 84000 Avignon
9:30–18:30 Uhr

Im nördlichen Querschiff der Basilika St. Peter in Avignon befindet sich der Retabel der Familie Perrinet Parpaille, die Teil einer faszinierenden Geschichte ist.

Jean-Pierre Parpaille, genannt „Perrinet d'Avignon" wurde 1518 in die Parpaglia-Familie aus dem Piemont hineingeboren. Bis 1560 blieb er treuer Anhänger des katholischen Glaubens. In diesem Jahr eroberte er als Ritter des Papstes die Stadt Malaucène von den Hugenotten zurück. Doch bald kam er in Konflikt mit der Hochschule der Rechtswissenschaften in Avignon, wo er als Professor lehrte. Als die Einrichtung ihn sogar aus seiner Stadt zu verbannen drohte, stürzte ihn das in eine religiöse Krise und er konvertierte 1561 zum Protestantismus. Danach wurde er Parlamentspräsident in Orange, wo er Zuflucht gefunden hatte, und hob eine Truppe aus, die plündernd durch die Gegend zog. Nachdem man ihn in Bourg-Saint-Andéol verhaftet hatte, als er versuchte, das Kirchensilber von Orange zu verkaufen, wurde er nach Avignon gebracht, wo er am 15. August 1562 enthauptet wurde. An der Stelle, an der einst sein Haus stand, befindet sich jetzt der Place Pie (nach Papst Pius IV. benannt).

Der Parpaille-Retabel wurde um 1526 von Baochon Imbert angefertigt, noch bevor Jean-Perrin Parpaille zum Hugenotten konvertierte, wurde später beschlagnahmt und die Statuen (eine Jungfrau mit Kind, der Hl. Roch und der Hl. Sebastian) aus ihren drei Nischen entfernt. Später wurden sie durch Darstellungen von Jesus, Petrus und dem Hl. Paulus ersetzt. Auf dem Flachrelief im unteren Teil des Retabels ist das Letzte Abendmahl dargestellt. Es könnte von Leonardo da Vinci inspiriert sein.

Der Ursprung des Wortes „Parpaillot"

Der Ursprung des Wortes „parpaillot", das früher Protestant bedeutete, ist ungewiss. Laut R. A. Geuljans' *Dictionnaire étymologique de l'occitan* (*Okzitanisches Etymologisches Wörterbuch*), leitet sich das Wort vermutlich vom okzitanischen *parpalhon* ab, das wiederum vom lateinischen *papilionem*, (Schmetterling), kommt.

Ursprünglich dürfte sich die Bezeichnung auf die Hemden bezogen haben, die die Protestanten während der Belagerung von Nérac (1620) trugen. Während der Religionskriege wurden nächtliche Zusammenkünfte der Calvinisten in Volksliedern mit Mottenschwärmen verglichen. Eine andere Theorie, die S. J. Honnorat in seinem *Dictionnaire Provençal-Français* (1817) stützt, stellt eine Verbindung zwischen dem provenzalischen *parpalhoau* („Calvinist") und der Geschichte von „Jean Perrin, Fürst von Parpaille ... einem der gefährlichsten calvinistischen Anführer des Landes", her.

SPUREN DER „ISLES" VON AVIGNON

15

Beleg für die Volkszählungen im 18. Jh.

Place des Trois Pilats (Isle 80)
An der Ecke der Kapelle der schwarzen Büßer und der Rue Banasterie (Isle 91)
An der Ecke des Palais des papes und der Rue Peyrollerie (Isle 92)
Place de l'Amirande (Isle 93)
Auf der Vorderfront des Maison Jean Vilar, Rue de Mons (Isle 98)
2, Rue de l'Observance (Isle 120)
Place Saint-Didier (Isle 127)

Mitunter wird Ihnen die kurze Inschrift „ISLE“, gefolgt von einer Zahl, die an den Ecken älterer Häuser in Avignon eingraviert ist, auffallen. Sie kennzeichnen die früheren Verwaltungsgrenzen der Stadt.

Zu Beginn des 18. Jh. erkannten die Magistrate der Stadt die Notwendigkeit, über die Einwohnerzahl und Ressourcen der Stadt Buch zu führen, um den Kampf gegen die größten Geißeln der damaligen Zeit, Hungersnot und Seuchen, effektiv koordinieren zu können. Seit dem Mittelalter trugen die Straßen keine offiziellen Namen und die Stadt dehnte sich immer weiter aus. Einige Straßen kannte man sogar unter mehreren Bezeichnungen, während andere nie einen Namen erhielten. Auch die Häuser waren damals nicht nummeriert.

Wahrscheinlich war es das Werk Vaubans (der 1686 die *Gängige und einfache Methode der Volkszählung* geschrieben hatte), das die Stadträte von Avignon auf zwei Ideen brachte: die Erstellung eines Formulars, das es ermöglichte, die Bevölkerung zu zählen und die Einführung eines Systems, das die Stadt in logische, als „Isles“ bezeichnete Bezirke, unterteilte. Diese waren nummeriert und zogen sich, im Zentrum zwischen der Rue Carreterie und den Stadtmauern beginnend, nach dem Vorbild Venedigs spiralförmig nach außen.

Dank dieser Maßnahmen konnte nach der Volkszählung 1721 in Avignon zum allerersten Mal die exakte Einwohnerzahl bestimmt werden: Damals lebten in der Stadt 24 041 Menschen.

Im Zuge weiterer Volkszählungen schwankte die Zahl der „Isles“ in Avignon beträchtlich. Ausgehend von 230 im Jahr 1720, sank die Anzahl 1747 auf 205. Schließlich verfügte der Stadtrat am 23. September 1790, dass die Anzahl der „Isles“ an den Ecken der Häuser sichtbar werden sollten. Diese Zahlen waren während der ersten Hälfte des 19. Jh. auch auf Stadtplänen zu sehen, und bis heute sind viele davon noch immer auf den Gebäuden selbst zu erkennen.

* *Isle leitet sich vom lateinischen Wort insula ab, das zu römischen Zeiten ein Katasteramt (oder Finanzamt) bezeichnete, das sich mehrere Einwohner teilten. Im weiteren Sinne wurde der Begriff in der Bedeutung von einem „Häuserblock“ verwendet.*

DAS DENKMAL AM BAHNHOF VON SORGUES

16

Die unglaubliche Odysee des Geisterzuges

Place Wettenberg, 84700 Sorgues
lesdeportesdutrainfantome.org

Vor dem Bahnhof von Sorgues erinnert ein besonders ergreifendes Denkmal, das Männer und Frauen zeigt, die zwischen zwei Mauern gequetscht werden, an den Leidensweg von über 700 Deportierten während des Zweiten Weltkriegs.

Auf die Landung der Alliierten in der Normandie am 6. Juni 1944 folgte eine steigende Anzahl an Deportationen, höchstwahrscheinlich, weil die Deutschen hofften, mit einer möglichst großen Anzahl Gefangener einen besseren Friedensvertrag aushandeln zu können.

So wurden im Sommer 1944 in Toulouse hektische Vorbereitungen für die Abfahrt eines Zuges getroffen. Viehwaggons wurden mit Mitgliedern der Resistance, ehemaligen Kämpfern aus dem Spanischen Bürgerkrieg, Juden und italienischen Flüchtlingen gefüllt, die aus dem Gefängnis Saint Michel in Toulouse, dem Fort du Hâ in Bordeaux und dem Internierungslager Le Vernet in Ariège hierhergebracht worden waren. Am 3. Juli 1944 machte sich der Zug auf den Weg nach Deutschland, eine Reise, die drei Tage dauern sollte. Doch die Resistance und Flugzeuge der Alliierten, die falsche Informationen über den Zug erhalten hatten, sahen in ihm ein Angriffsziel. Der Zug wurde in Angoulême angehalten und kehrte vom 12. Juli bis zum 9. August nach Bordeaux zurück.

Dann machte er sich wieder auf den Weg, wurde aber am 18. August in Roquemaure abermals gestoppt. Zu diesem Zeitpunkt zwangen die Deutschen ihre Gefangenen, zu Fuß nach Sorgues zu gehen und dort einen anderen Zug zu besteigen. Auf dem 17 Kilometer langen Fußmarsch, mitten im heißesten Sommer des Krieges, bot sich einigen von ihnen die Gelegenheit zur Flucht. Andere wurden von den Einheimischen mit Proviant versorgt. Schließlich fuhr der Zug von Sorgues ab und erreichte am 21. August Lyon. Eine Woche später kam er, nach zwei Monaten voller Umwege, an seinem finalen Zielort an. Die Männer wurden im Konzentrationslager Dachau interniert, die Frauen in Ravensbrück.

Überlebende dieser grauenvollen Episode wurden erst 1945 befreit. Doch jene, die den Marsch nach Sorgues miterlebt hatten, haben ihn nie vergessen. In den frühen 1990er-Jahren konnte man nach ausgedehnten Recherchen diese schmerzliche Episode rekonstruieren und Opfer sowie Zeugen in einer Vereinigung für Mitglieder der Resistance, die mit dem Geisterzug deportiert wurden, zusammenbringen. Sie gedenken dieser Tragödie an jedem 18. August.

Es gibt auch andere Geschichten rund um „Geisterzüge“ aus dieser Zeit. Ein solcher Zug, der 1400 Gefangene in die deutschen Lager bringen sollte, wurde von belgischen Bahnarbeitern Anfang September 1944 aufgehalten. In diesem Fall konnten alle Passagiere fliehen.

DIE MONTGOLFIEREN DES JARDIN DE BRANTES

17

Erinnerung an den Ort, an dem 1784 der erste Heißluftballon der Provence abhob

157, chemin de Brantes, 84700 Sorgues
Garten nach Vereinbarung geöffnet von April bis Juni
jardindebrantes.com
contact@jardindebrantes.com

Der Jardin de Brantes in Sorgues ist ein elegantes gartenbauliches Meisterwerk, das man auf den ersten Blick vielleicht nicht unbedingt mit der Geschichte der Luftfahrt in Verbindung bringt. Wer jedoch offenen Auges durch den Garten geht, stellt fest, dass oben auf den beiden Steinsäulen an den östlichen und westlichen Eingangsportalen des Gartens steinerne Heißluftballons thronen. Und auch im Inneren des Gartens findet sich vor dem kleinen Gebäude, in dem die Arbeiten der Artists in Residence gezeigt werden, ein ebensolcher, mit Kieselsteinen gezeichneter, Heißluftballon. Diese Darstellungen verweisen darauf, dass hier am 4. April 1784 der erste Heißluftballon der Provence zu seinem Jungfernflug aufbrach, erfunden von dem Physiker Marc-Louis de Brantes. Der aus Avignon stammende de Brantes war mit den Gebrüdern Montgolfier befreundet, die dort eines Abends im November 1782 das Prinzip des aerostatischen Auftriebs entdeckt hatten und am 21. November 1783 in Paris zur ersten bemannten Ballonfahrt der Welt aufbrachen (s. Reiseführer Verborgenes Paris im selben Verlag).

Der im Florentiner Stil angelegte Jardin de Brantes im Département Vaucluse ist in der Liste der historischen Denkmäler als sehenswerter Garten („jardin remarquable“) verzeichnet. Das Château de Brantes, eine frühere Scheune, wurde 1700 von der aus Florenz stammenden Familie del Bianco erbaut, die sich von 1600 bis 1791 als Zahlmeister der päpstlichen Truppen in Avignon niedergelassen hatte. 1815 von Général de Cessac, Minister unter Napoleon I., erweitert, wurde das Schloss ab 1955 von den heutigen Eigentümern, Nachfahren der del Bianco, saniert.

Der zeitgenössische Garten, in dem eine der ältesten und größten Magnolia grandiflora Europas (200 Jahre, 6 Meter Umfang) steht, entstand 1960 nach Plänen des dänischen Landschaftsarchitekten Mogens Tvede. Den Mittelpunkt der Anlage bildet eine Achse mit drei Spiegelbecken, in denen Wasser aus der nahen Sorgue fließt.

MUSÉE DES ARCADES

Ein eindrückliches Museum der Psychiatrie

Centre hospitalier de Montfavet
2, avenue de la Pinède
84918 Avignon
04 90 03 90 46
ch-montfavet.fr
musee.arcades@ch-montfavet.fr
Mittwoch von 13:30–17 Uhr
Eintritt frei
Fragen Sie am Eingang um Erlaubnis, ob sie mit dem Auto hineinfahren dürfen

Die Idee, im Centre hospitalier de Montfavet ein Museum der Psychiatrie einzurichten, geht auf die Sammlung von Henri Kuras zurück, einem Archivar der Einrichtung, der es sich zur Aufgabe gemacht hat, ausrangierte Gerätschaften und Materialien aufzubewahren.

Das 2009 in einem alten Pflegegebäude für besonders schwere Fälle untergebrachte Museum bietet eine Einführung in die Welt der Psychiatrie und erzählt von der Geschichte der Fachklinik von Montfavet, die die 1844 auf dem Gelände von Mondevergues eröffnete Psychiatrische Anstalt ablöste.

Der alte Gemeinschaftsraum beherbergt heute den zentralen Ausstellungsraum des Museums. Zu sehen sind hier verschiedene Exponate (Zwangsjacken, Gurte, Elektroschocker) sowie alte Fotografien und Informationstafeln.

Die Ausstellung umfasst drei Abschnitte, die der Geschichte der Krankenhäuser und psychiatrischen Anstalten der Vaucluse, der Entwicklung der Pflege und Behandlung psychisch kranker Menschen und der Präsentation von in Kunsttherapiesitzungen entstandenen Kunstwerken gewidmet sind.

> Ein Raum widmet sich Camille Claudel, die 30 Jahre lang in der Anstalt lebte (s. Folgeseite).

DAS CAMILLE-CLAUDEL-DENKMAL

⑲

Von 1915 bis 1943 verließ die Künstlerin kein einziges Mal die Anstalt von Montfavet

Allgemeines Krankenhaus von Montfavet
2, avenue de la Pinède, 84918 Avignon
04 90 03 90 00 – ch-montfavet.fr
Das Denkmal steht vor dem Haupteingang des Krankenhauses
Die Gemeinde Montfavet befindet sich 5 km südöstlich von Avignon. Sie fahren auf der Autobahn Richtung Marseille und dann, bei einem der Kreisverkehre, folgen Sie links den Schildern nach Montfavet. Das Krankenhaus ist ab dem Stadtrand von Montfavet ausgeschildert

Vor dem psychiatrischen Krankenhaus von Montfavet steht ein von Martine Droit gestaltetes Denkmal, das nur wenigen Menschen auffällt. Es erinnert daran, dass die Bildhauerin Camille Claudel sich bis zu ihrem Tod 1943 in der damaligen psychiatrischen Anstalt aufhielt. Das Werk besteht aus zwei Teilen: einem Onyx-Block aus dem vier Hörner ragen und einer Stele mit den Namen all jener, die an der Errichtung dieses Denkmals für die Künstlerin beteiligt waren.

Camille, die Schwester des berühmten französischen Autors Paul Claudel, wurde am 8. Dezember 1864 in Fère-en-Tardenois geboren. Die Familie zog jedoch nach Nogent-sur-Seine, wo ihr Vater eine Anstellung als Finanzbeamter annahm. Sie lernte den Bildhauer Boucher kennen und fertigte ein Jahr später eine Büste ihres Bruders Paul an. Im Alter von 17 Jahren ließ sie sich, überzeugt von ihrer künstlerischen Berufung, in Paris nieder und begann als Bildhauerin zu arbeiten. Zwei Jahre danach lernte sie Auguste Rodin kennen, dessen Schülerin, Modell und Geliebte sie später werden sollte. Das war eine sehr produktive Zeit für sie, in der sie Werke wie *Sakountala*, eine Büste Rodins, *La valse* und *Le Dieu envole* schuf. Diese leidenschaftliche Beziehung fand erst durch die Liaison des Bildhauers mit Rose Beuret ein Ende.

Camille Claudel, deren Werk stark von Rodin beeinflusst worden war, nahm darauf ihr Leben selbst in die Hand, und in dieser Phase entstanden ihre meistbewundertsten Werke. Nachdem sie mit Gips, Bronze und Marmor gearbeitet hatte, nahm sie Onyx in Angriff, den sie im japanischen Stil bearbeitete. Ihre Meisterwerke, die im Rodin Museum ausgestellt werden, sind *L'Âge mûr*, *Les Causeuses* und *La Vague*.

1906 war Camille Claudel 42 Jahre alt, und die ersten Anzeichen ihrer psychischen Erkrankung machten sich bemerkbar. Auf Ersuchen ihrer Mutter und nach der Entscheidung des Familienarztes ihre „geistige Entfremdung" behandeln zu lassen, wurde sie 1913 in Ville-Evrard eingewiesen. Aufgrund des Krieges wurde sie 1915 in die Anstalt von Montfavet überstellt, wo sie bis zu ihrem Tod am 19. Oktober 1943 blieb.

FLACHRELIEF VON LAURA DE NOVES UND PETRARCA

20

Erinnerung an die unerfüllte große Liebe Petrarcas

Rathaus von Noves
Place Jean Jaurès, 13550 Noves

An den Mauern des Rathauses von Noves zeigt ein Flachrelief Laura de Noves (1307–1348) stehend vor dem zu ihren Füßen knienden Francesco Petrarca. Die Darstellung erinnert daran, dass Laura, der Petrarca sein Leben lang in tiefer, unerfüllter Liebe verbunden war, in Noves geboren wurde.

Am 6. April 1327 erblickt der berühmte Dichter bei der Morgenmesse in der Kirche Sainte-Claire in Avignon Laura zum ersten Mal. Er verliebt sich auf den ersten Blick unsterblich in sie. Doch seine

Verse lassen die junge Schönheit kalt.

Zwei Jahre zuvor hatte Laura in der Kapelle der weißen Büßer in Noves (die heute die Bibliothek Marc Mielly beherbergt) Hugues de Sade geheiratet.

Während Petrarca seine Angebetete aus seinem einsamen Rückzugsort in Fontaine-de-Vaucluse vergeblich mit immer neuen Sonetten bedenkt, bringt diese im Laufe der Jahre mehr als zehn Kinder zur Welt. Sie stirbt 1348 an ihrem 40. Geburtstag an der Pest. Ihr Leichnam ruht heute in der Kirche der Minderen Brüder des Hl. Franz von Assisi in Avignon.

Petrarca besingt nichtsdestoweniger weiter seine Liebe zu ihr, insbesondere in seinem *Canzoniere*, der ganz ihr gewidmet ist. Diese in toskanischer Sprache verfasste Sammlung von Sonetten und Kanzonen gibt Einblick in die intime Gefühlswelt Petrarcas und macht ihn zum ersten Dichter der Moderne.

„Nicht wie die Sterblichen ging sie einher, nein, wie die Engel leicht. Ihr Reden klang, als käm es nicht aus eines Menschen Munde."

Eine Statue von Laura de Noves aus den Händen von Auguste Ottin befindet sich im Pariser Jardin du Luxembourg: Sie ist eine der 20 berühmten Frauen (darunter mehrere französische Königinnen), die dort seit Mitte des 19. Jahrhunderts zu sehen sind.

IN DER UMGEBUNG

Die weiblichen Engel an den Türen der Kirche von Noves (21)

Église Saint-Baudile
Rue du 11 novembre, 13550 Noves

Wenngleich Engel offiziell geschlechtslos sind, so werden sie doch für gewöhnlich als männliche Wesen dargestellt. Jene an den Türen der Kirche Saint-Baudile in Noves bilden indes eine Ausnahme zu dieser Regel: Sie haben langes Haar und sehr weibliche Brüste. Handelt es sich hier möglicherweise um eine Hommage an die in dem Ort geborene Laura de Noves, von der Petrarca sagte, sie habe „die Form eines Engels" (s. oben)?

DIE BAUSTELLEN-SONNENUHREN ㉒

Sonnenuhren, die anzeigen, wann es Zeit für die Kaffeepause ist

Saint-Symphorien-Kapelle
Impasse de la Chapelle, 84510 Caumont-sur-Durance

Auf der Südfassade der Kapelle Saint Symphorien in Caumont-sur-Durance, etwa auf zwei Meter Höhe, können Besucher mit scharfem Blick drei kleine Sonnenuhren erkennen. Interessanterweise bezeichnet man diese Sonnenuhren als *cadrans de chantier* (Baustellen-Sonnenuhren). Sie wurden genutzt, um während des Baus der Kapelle Pausen und das Ende des Arbeitstages anzuzeigen.

Diese Sonnenuhren waren nicht sehr genau. Ihre Holzzeiger (die Seite des Schattenstabs, die den Schatten wirft), wurden im rechten Winkel zur Wand angebracht, sind aber schon lange verschwunden. Erst einige Jahrhunderte später wurden die Zeiger der Sonnenuhren parallel zur Rotationsachse der Erde angebracht.

Die Kapelle Saint Symphorien wurde im 12. Jh. im rein provenzalisch-romanischen Stil erbaut. Im Inneren besteht sie aus einem einzigen Schiff mit vier Jochen und besitzt ein Spitzbogengewölbe. Die Apsis bildet innen ein Kesselgewölbe, ist aber außen fünfeckig. Der Kirchturm wurde im 16. Jh. hinzugefügt.

DAS PIERRE-SALINGER-MUSEUM 

Vom Weißen Haus zum Bastide Rose

99, Chemin des Croupières, 84250 Le Thor – 04 90 02 14 33 – 06 78 43 57 33
pierresalinger.org – poppy@pierresalinger.org
Täglich außer Dienstag, 14:30–18:30 (Chemin des Coudelières, abseits der D1)

Dieses eigenständige Museum ist einem außergewöhnlichen Mann gewidmet: Pierre Salinger (1925–2004). Es beherbergt eine Sammlung rund um den engagierten Journalisten, der dazu auserkoren wurde, den erfolgreichen Wahlkampf von John F. Kennedy zu leiten und später sein Sprecher des Weißen Hauses wurde. Nachdem George W. Bush gewählt worden war, verließ Salinger die USA, um sich in der Bastide Rose niederzulassen. Poppy Salinger, seine Witwe, betreibt das Museum. In drei Räumen dieser ehemaligen Mühle sind bewegende Erinnerungsstücke an diesen Mann ausgestellt, von denen einige noch unbekannt waren. Die Ausstellungsstücke beleuchten Pierre Salingers Leben (seine Mutter war Französin, daher sein Vorname) und seine engen Bande zur Kennedy-Familie.

DIE ÜBERRESTE DES GHETTOS IN L'ISLE-SUR-LA-SORGUE

24

Eine der vier Städte, die jüdische Gemeinden zuließen

Impasse de l'Ancien Ghetto, Place de la Juiverie,
Rue Louis Lopez (früher Rue Hébraïque), 84800 L'Isle-sur-la-Sorgue

Obwohl heute nichts mehr von der Synagoge in L'Isle-sur-la-Sorgue übrig ist (siehe unten), gibt es noch immer eindeutige Belege für die bedeutende Präsenz der Juden in L'Isle-sur-la-Sorgue ab dem 17. Jh., im als *Carrière* bekannten Bezirk (vom provenzalischen *carriero*, was „Straßenzug" bedeutet). Die jüdische Gemeinde lebte in armseligen, fünf- bis siebenstöckigen Gebäuden. Historisch gesehen, ist die Präsenz der Juden an diesem Ort das Ergebnis einer Entscheidung, die von den Ständen des Comtat Venaissin getroffen wurde und den *Juifs du Pape* (den Juden des Papstes – siehe Kasten unten) erlaubte, sich in vier Städten niederzulassen: Avignon, Carpentras, Cavaillon und L'Isle-sur-la-Sorgue. 1795 wurden das Comtat Venaissin und Avignon von Frankreich annektiert. So wurden die Juden zu Franzosen und konnten sich überall frei bewegen und niederlassen. Sie verließen die Städte, in denen sie gezwungen gewesen waren, unter schwierigsten Bedingungen zu leben und ließen sich in Orten wie Aix-en-Provence oder Marseille nieder. Nur die Ärmsten blieben zurück, und die Gemeinde zerfiel nach und nach. 1808 gab es nur noch sechs jüdische Familien in L'Isle-sur-la-Sorgue.

Die Juden des Papstes

Die Juden des Papstes oder Juden aus dem Comtat Venaissin waren Juden, die seit 1274 (das Jahr in dem das Comtat Venaissin an die Kirchenstaaten fiel) und 1309 (als der Sitz des Papstes nach Avignon verlegt wurde) bis zur Revolution in den Kirchenstaaten lebten. Obwohl die Juden des Papstes ziemlich privilegiert waren, waren sie nichtsdestotrotz einer Vielzahl von Verpflichtungen und Einschränkungen unterworfen, die sich auf ihr Leben auswirkten. Sie mussten gewisse Erkennungszeichen tragen, wie z.B. den rouelle (ein Ring aus gelbem Tuch), in Straßen wohnen, die am Abend abgesperrt wurden (das Wort „Ghetto" war noch nicht gebräuchlich) und zusätzliche Steuern zahlen.

IN DER UMGEBUNG

Ein Geländer aus der Synagoge ㉕

Stiftskirche Notre Dame des Anges
Place de la Liberté, 84800 L'Isle-sur-la-Sorgue

Es ist interessant, dass das Geländer vor dem Altar der Kirche Notre Dame des Anges (das den Chor vom Querschiff trennt) ursprünglich von der Frauenempore der alten Synagoge von L'Isle-sur-la-Sorgue stammt. Die Synagoge wurde im 17. Jh. erbaut, stillgelegt, während der Revolution geplündert und durch einen Brand teilweise zerstört. 1856 wurde sie schließlich abgerissen und das Gelände der Frauenempore diskret in die Kirche verfrachtet.

DIE ORGELN DER STIFTSKIRCHE VON L'ISLE-SUR-LA-SORGUE

26

Eine eindrucksvolle Orgelattrappe

Place de l'Église 84800 L'Isle-sur-la-Sorgue
Informationen: Office de Tourisme
Place de la Liberté, 84800 L'Isle-sur-la-Sorgue
04 90 38 04 78

Die Stiftskirche Notre-Dame-des-Anges in L'Isle-sur-la-Sorgue ist eine der beeindruckendsten Kirchen der Provence. Und inmitten der unglaublichen Fülle an Flach- und Hochreliefs, Gemälden, Goldauflagen und Retabeln stehen beiderseits des 15 Meter hohen Chors zwei Orgeln, die auf den ersten Blick vollkommen identisch aussehen.

Wir schreiben das Jahr 1648. Die Kirche muss glänzen, um der

voranschreitenden Reformation Einhalt zu gebieten. Kunst wird zu Propagandazwecken eingesetzt, um unentschlossene Gläubige zu versammeln. Mit der Orgel von L'Isle-sur-la-Sorgue, mit deren Bau er den Flamen Charles Royer beauftragt, will Probst Casals, ein angesehener Geldgeber, das Volk beeindrucken. Eine der zentralen Regeln des damals vorherrschenden Renaissance-Stils war die Symmetrie, und so beschloss Casals, nicht eine, sondern zwei einander gegenüberstehende Orgeln anfertigen zu lassen. Dem Grundsatz der Symmetrie indes wurde dabei in der Stiftskirche nur vordergründig genüge getan. Der Prospekt auf der rechten Seite ist völlig leer und beinhaltet kein Instrument – vermutlich aus finanziellen Gründen. Und so stehen wir hier vor der ersten Orgelattrappe Frankreichs.

Zwei Jahrhunderte später wird die andere – echte – Orgel auf der linken Seite von dem italienischen Wander-Orgelbauer Giovanni Mentasti „italianisiert". Er verleiht dem Instrument einen gegenüber der flämischen Machart klareren, feineren, römischeren Klang. Die Mischung beider Stile führte letztlich zu dem, was heute als „provenzalische Ästhetik" bezeichnet wird, und verhalf der Orgel zu ihrer besonderen Berühmtheit.

In Italien finden sich häufig Zwillingsorgeln, bei denen beide Teile mit Instrumenten ausgestattet sind. Dies ermöglicht ein Wechselspiel zweier Organisten ganz nach Art der beiderseits des Altars postierten Kantoren (Chöre).

Warum wurden Orgeln lange Zeit aus Kirchen verbannt?

Die Orgel ist das erste Tasteninstrument. Erfunden wurde sie um 300 v. Chr. von dem Griechen Ktesibios aus Alexandria. Seine Frau spielte den aulos, ein der Oboe ähnliches antikes Rohblattinstrument. Ktesibios beobachtete sie und kam auf die Idee, mehrere auloi zu verbinden – die Geburtsstunde der Hydraulis (Orgel). Lange Zeit über war die antike Orgel aus den Kirchen verbannt, da Kaiser Nero, der Christen erbittert verfolgen ließ, das Instrument liebte und nicht nur seine Triumphe, sondern auch Kämpfe und Hinrichtungen von Christen in den römischen Arenen unter dem Klang der Orgel zelebrierte.

Die Prospekte und das Instrument stehen seit 1908 bzw. 1974 unter Denkmalschutz.

Eine ähnliche Orgelattrappe findet sich in der Kirche Saint-Véran in Cavaillon und der Kathedral Saint-Sauveur in Aix-en-Provence.

SKULPTUR EINES STEINERNEN OHRS

27

Eine poetische und aquatische Hommage

An der Sorgue auf Höhe der Passerelle Gaston Imbert
L'Isle-sur-la-Sorgue

Durch das Städtchen L'Isle-sur-la-Sorgue fließen zahlreiche Arme und Kanäle der Sorgue. Stege, Schaufelräder und Waschhäuser säumen das Ufer dieses von berühmten Poeten von Petrarca bis René Char besungenen Flusses. Nicht selten kann man in der Nähe der Passerelle Gaston Imbert, einem Steg über die Sorgue, den Ausruf „Schau mal! Da ist ein Ohr im Wasser!" vernehmen. Und tatsächlich: Beugt man sich ein wenig über die Brüstung, entdeckt man im klaren Wasser am Grund des Flusses ein rund 1,5 Meter langes Ohr, das wirkt, als wäre es von einem steinernen Kopf ins Wasser gestürzt.

Hinweise, eine Legende – Fehlanzeige. Vermutlich genau deshalb entspringen der Vorstellungskraft der Passanten seit rund 20 Jahren die verrücktesten Hypothesen. Von Vandalismus bis hin zu einem Spaß, den sich jemand erlaubt hat, ist alles dabei. Ohne genau zu wissen warum, findet sich das mysteriöse Ohr heute auf der langen Liste der Wunschbrunnen wieder. So drehen sich die Besucher auf dem Steg wie urplötzlich von dem alten heidnischen Glauben ergriffen, von dem bereits Homer berichtet, einmal um sich selbst, werfen eine Münze ins Wasser und wünschen sich etwas. Bei Homer findet sich die Erzählung, dass die Griechen Geldstücke in den Fluss Acheron warfen, der für sie die Grenze zwischen Leben und Tod markierte, um die göttliche Gunst zu erlangen. Um den mythischen Fährmann Charon den Seelen wohlgesonnen zu stimmen, war es Brauch, Verstorbenen eine Münze in den Mund zu legen.

Im Fall von L'Isle-sur-la-Sorgue ist es die Münze in einem Ohr, die Glück verheißen soll. Besonders findige Bewohner des Viertels, die nicht daran glauben, dass der alte Fährmann ihre Seelen auf eine lange Irrfahrt schicken wird, fischen abends, wenn am Ufer langsam Ruhe einkehrt, ihr Taschengeld aus dem Ohr.

Fest steht, jenseits aller Legenden: Die Skulptur aus dem Jahr 1996 trägt den Namen „L'Oreille" („Das Ohr") und ist ein Geschenk des Künstlers Walter Mangold an die Stadt und eine Hommage an den 1906 in L'Isle-sur-la-Sorgue geborenen Dichter René Char. Dieser sang immer wieder Loblieder auf die von ihm so geliebte Sorgue: „Das Wasser sprach zum Ohr des Himmels ..."

In einen Stein am Beginn des Stegs hat der Bildhauer ein japanisches Haiku eingraviert: „Ich bette meinen Kopf auf einen Stein und spüle mein Ohr im Fluss".

DIE WEIßE KRIPPE VON SAINT-SATURNIN-LÈS-AVIGNON

(28)

Eine Krippe, die nicht die Geburt Christi feiert

Kirche Saint-Saturnin, Place de l'Eglise, 84450 Saint-Saturnin-lès-Avignon
Von 10. Dezember bis 31. Januar und von 2. bis 4. Februar für die Weiße Krippe: Samstags 9–12 sowie samstags und sonntags im Dezember und Januar 14:30–17:30 Uhr
Von 23. Dezember bis 7. Januar täglich

Jedes Jahr steht ab dem 2. Februar im Dorf Saint-Saturnin-lès-Avignon in der Kirche Saint-Saturnin aus dem 11. Jh. eine „weiße Krippe", deren Besuch sich wirklich lohnt. Sie soll die Darstellung des Jesuskindes im Tempel, 40 Tage nach seiner Geburt, feiern (siehe Kasten unten)

Obwohl diese Tradition in einigen Gemeinden von Vaucluse gepflegt wird, ist allgemein bekannt, dass in Saint-Saturnin-lès-Avignon die spektakulärste Darstellung zu sehen ist. Tatsächlich nimmt die Advent-Szene eine Fläche von 52 Quadratmetern ein und der Aufbau dauert 200 Stunden.

Dieser bis ins kleinste Detail gehende Nachbau eines provenzalischen

Dorfes nimmt jedes Jahr eine zentrale Stelle ein. Jedes Mal werden die Charaktere neu dekoriert. 200 verschiedene Charaktere werden für die Szene eingesetzt, 90 Menschen und über 100 Tiere. Fast 40 der *Santons* (traditionelle provenzalische Krippenfiguren) bewegen sich sogar.

Warum „weiß?"

Die „weiße Krippe" ist eine typisch provenzalische Tradition und verdankt ihren Namen wahrscheinlich dem weißen Laken, mit dem die Weihnachtskrippe verdeckt war. Sie besteht aus einer Reihe von Krippenfiguren, die die Charaktere aus der Darstellung im Tempel verkörpern. Während einige auch in der Weihnachtskrippe vorkommen (wie Maria, Joseph und das Jesuskind), stammen andere Figuren (der Hohepriester, Anna, die Tochter des Phanuel und der Prophet Simeon) aus dem Lukasevangelium, das dieses Ereignis schildert. Ursprünglich wurde der Aufbau der weißen Krippe mit einer besonderen Zeremonie verknüpft: Vor der Messe am 2. Februar nahmen singende Kinder das Jesuskind aus der Weihnachtskrippe und trugen es in einer Prozession zum Altar, wo sie es ablegten.

Die Darstellung Jesu im Tempel

Die Darstellung Jesu im Tempel ist eine Begebenheit aus dem Leben Jesu, das im Lukasevangelium geschildert wird (2,22). Unter Einhaltung eines jüdischen Gesetzes, das besagt, dass „jede männliche Erstgeburt, die den Mutterschoß durchbricht vor den Herrn gebracht werden muss" (Exodus 13,2; 11–13), brachten die Eltern von Jesus das Kind in den Tempel von Jerusalem. Dort wurde er vom alten Simeon empfangen, der Maria mitteilte, dass sie Leiden zu erwarten hätte. Anna, die Tochter des Phanuel war ebenfalls anwesend. Sie prophezeite die Erlösung Jerusalems. Die christliche Feier, die mit diesem Ereignis in Zusammenhang steht, findet 40 Tage nach Weihnachten statt, d. h. laut gregorianischem Kalender am 2. Februar. Mariä Lichtmess (die Kerzen symbolisieren die Tatsache, dass Jesus als Licht der Welt gilt), eine andere Bezeichnung für die Darstellung Jesu im Tempel, war ursprünglich ein heidnisches Lichterfest.

Andere weiße Krippen in der Provence

Neben dieser Krippe gibt es noch andere weiße Krippen in der Region: in der St. Peterskirche (siehe Foto auf der gegenüberliegenden Seite) und in der Karmeliterkirche von Avignon; in der Kirche Notre-Dames-de-Nazareth in Pernes-les-Fontaines, in der Kathedrale Saint-Siffrein in Carpentras und in Aix-en-Provence, sowohl in der Kathedrale als auch in der Kirche des Heiligen Geistes.

EIN SCHÜTZENGRABEN AUS DEM ERSTEN WELTKRIEG

(29)

Ein originalgetreuer Schützengraben in einem Privatgarten

Mémoires de Poilus – 544, chemin de la vitrière, 84210 Althen-des-Paluds
06 82 51 10 50 oder 04 90 46 06 73
memoiredepoilus.org
facebook.com/association.memoiredepoilus – memoiredepoilus@sfr.fr
Besichtigung nach Vereinbarung – Veranstaltungskalender und Uhrzeiten im Internet

Im Jahr 2012 starten Fanny und Stéphane Orlando, Geschichtsfreunde und große Kenner des Ersten Weltkriegs, das irrwitzige Projekt, im Garten ihres Hauses in Althen-des-Paluds in der Nähe von Avignon einen 37 Meter langen und 1,20 Meter breiten Schützengraben

nachzubilden (die Breite ermöglicht auch Rollstuhlfahrer:innen eine Besichtigung).

Bei Fanny machte es im Alter von acht Jahren Klick, als sie einen Karton voller Erinnerungsstücke und Fotos eines an der Front gefallenen Onkels fand. Später sammelte sie Helme und Wadengamaschen, die sie bei Wohnungsauflösungen und auf Trödelmärkten kaufte und tauschte.

So finden sich in der Sammlung ein Gefechtsstand mit Stockbett, Tisch, Ofen und Feldtelefon, ein Maschinengewehrposten (der gefahrlos mittels eines Gassystems betrieben wird), eine Leiter, um sich aus dem Schützengraben heraus ins Gefecht zu stürzen, sowie mehrere Sauschwänze, mit denen in der Nähe der feindlichen Linien Stacheldrahtfelder angelegt wurden.

Ab und zu setzt Stéphane für seine Besucher (Voranmeldung erforderlich!) seinen eindrucksvollen Panzer Saint-Chamond M1 in Bewegung, der von der Mission du Centenaire aufwändig restauriert und ausgezeichnet wurde.

DAS ALTE SCHULMUSEUM

Das einzige, was fehlt, sind ein paar Lümmel aus der letzten Reihe ...

Mairie des Valayans
Les Valayans, 84210 Pernes-les-Fontaines
04 90 61 31 04 – porteduventoux.com
Informationen zu den Öffnungszeiten auf der Website

In Valayans, einem Ortsteil der Gemeinde Pernes-les-Fontaines, organisierte ein Verein 1995 zum 100. Jahrestag des staatlichen Schulsystems eine Ausstellung zum Thema „Schule wie früher". Um den Klassenraum so authentisch wie möglich nachbilden zu können, arbeiteten sich drei Freiwillige durch Archive, Dachböden und Keller von Ortsansässigen und Verwaltungsbehörden. Aufgrund der unglaublichen Schätze, die sie fanden und des unerwarteten Erfolgs ihres Vorhabens, wurde beschlossen, daraus eine ständige Initiative zu machen. So war das Musée de la Vieille École geboren, dessen „erstes Semester" im Sommer 2001 seinen Ausgang nahm.

Das im Anbau des Rathauses untergebrachte Klassenzimmer sorgt bei den jüngsten Besuchern vielleicht für Staunen, bei den ältesten aber wohl für eine Schrecksekunde: Es ist nicht nur eine Nachahmung, sondern eine Rekonstruktion mit den echten Möbeln und der Ausstattung einer öffentlichen Schule von vor hundert Jahren.

So finden sich hier Eichenbänke, Tintenfässer aus Keramik mit violetter Tinte, Schreibfedern mit Stahlspitzen, Bücher und Anleitungen, Schiefertafeln, Griffelkasten und Papier aus vergangenen Tagen. An den Wänden hängen Landkarten mit längst hinfälligen Grenzen, die Menschenrechtserklärung und Schaubilder über die Geschichte der Anatomie. Das Einzige, was fehlt, sind ein paar Lümmel aus der letzten Reihe.

Natürlich gibt es auch den Lehrertisch auf einem Podest und die Tafel, auf der wie zufällig das Problem eines tropfenden Wasserhahns mit Kreide dargestellt ist. In einer Ecke zeigen Schaufensterpuppen die Kittel, die von den Kindern in Pernes getragen wurden, die Teil des „Gelehrtenbataillons" waren, das 1882 für „Turnen und Militärdienst" ins Leben gerufen worden war.

Der angrenzende Raum ist eine Nachbildung der Wohnung des Lehrers, mit 28 Aufgabenheften, die bis zum nächsten Tag korrigiert werden müssen. Gegenüber sieht man die Ecke des Küchentisches, die das Schulkind zum Erledigen der Hausaufgaben und zum Lernen nutzte. Daneben wartet auf einem Stuhl die für den nächsten Tag bereitgelegte Kleidung: der schwarze Kittel, auf dem man die Tintenflecken nicht sieht und die von Maman gestrickten Socken. Gleich daneben steht der mit Büchern fertig gepackte Schulranzen, der von den Eltern mit Stoff überzogen wurde, damit er einige Jahre hält.

Am Eingang wird man von den freiwilligen Gründern des Museums und einigen Erinnerungsstücken aus der Vergangenheit begrüßt. Dazu gehören ein beeindruckendes Holzlineal mit einer kupfernen Skala, die zum Messen der Größe ehemaliger Schüler diente.

DIE EINSIEDELEI SAINT GENS

31

Der Heilige ließ zwei Quellen entspringen, eine mit Wasser und die andere mit Weißwein

84210 Le Beaucet
Zufahrt über die Autobahn A7, bei Cavaillon abfahren: weiter Richtung Carpentras fahren und dann den Schildern nach Pernes-les-Fontaines und Saint-Didier, Le Beaucet und der Einsiedelei de Saint-Gens folgen

In einem tiefen Tal treffen Besucher überraschend auf eine Kirche: die Einsiedelei von Saint-Gens zu Ehren eines schillernden Heiligen, dessen Leben und Werk Grund für eine eindrucksvolle Wallfahrt sind, die bis heute großen Zulauf erfährt.

Im 12. Jh. geboren, widersetzte sich der junge Mann der arrangierten Ehe, in die ihn seine Eltern zwingen wollten. Mit 15 fühlte er sich nicht bereit zu heiraten, doch vor allem war ihm der fast heidnische Verehrungskult der Leute ein Dorn im Auge. Obwohl er die Anbetung von St. Raphael, dem Regenmacher, ablehnte, wurde ihm seine Erklärung, dass er diese Art der Verehrung für Unsinn hielt und er sie deshalb mit einer Dürre bestrafen würde, zum Verhängnis. Genau so geschah es nämlich. Die Lage wurde dermaßen ernst, dass nach zwei Jahren ohne einen einzigen Regentropfen, Gens an dem Tag zum Heiligen erklärt wurde, an dem er mit seinem Stock auf die Erde seines Geburtsortes Monteux schlug und so den Regen brachte.

Er lebte als Eremit mit einer Kuh, zähmte einen angreifenden Wolf mit einer einzigen Bewegung und ließ ihn einen Wagen ziehen. Deshalb wird der Heilige oft mit einer Kuh und einem angeleinten Wolf dargestellt, den er zum Trinken an die Quelle führt, die später als Wolfsquelle bekannt wurde.

Einige Zeit später, als die Dürre wieder Not und Elend brachte, baten die verzweifelten Dorfbewohner St. Gens ihnen zu helfen. Er ließ zwei Quellen entspringen, eine mit Wasser und die andere mit Weißwein. Es verwundert wohl kaum, dass die erste, die versiegte, jene mit Alkohol war ...

Ein verheerender Sturm trug den Eremiten schließlich mit sich fort. Sein Leichnam wurde später in einiger Entfernung gefunden. Heute findet die Wallfahrt immer am 16. Mai, dem Todestag des Heiligen, statt.

Junge Menschen (man muss jung sein) brechen in der Nacht von Monteux (dem Geburtsort) auf und legen rund um Mitternacht die 15 Kilometer zwischen den beiden Orten zurück. Sie halten ihre Mahnwache ab und kehren auf demselben Weg wieder zurück. Die Revolution, die die meisten religiösen Bräuche verspottete, schaffte es nicht, den Mythus von St. Gens zu untergraben: Man versteckte die Statue unter einem Sack, damit die Wallfahrt stattfinden konnte. Heute kann man in der Kirche Wimpel, Votivbilder und Wachsfiguren des Heiligen, Statuen, Wölfe und Kühe sehen. Vor der Kirche steht über der Wolfsquelle, der wiederbelebten Wunderquelle, ein kleiner Tempel, in dem eine Hand thront. Daneben haben die (heilige) Kuh und der Wolf ihre Augen auf die Hand gerichtet, die sie erzieht und ernährt. Gleich darunter fließt das Wasser der Quelle, das Wasser des Lebens, mit zwei Gesichtern, die den Lauf der Zeit betrachten.

DER ROSENKRANZWEG MIT KLEINEN KAPELLEN ENTLANG DER STRECKE

32

Eine außergewöhnliche Ansammlung an Straßenkapellen

Route du Beaucet, Chemin des Oratoires,
Chemin de Saint-Geniez, 84210 Saint-Didier
Der Rundweg auf schmalen Asphaltstraßen dauert etwa 45 Minuten. Schilder entlang des Weges liefern historische und religiöse Infomationen. Weitere Angaben und eine Streckenkarte finden Sie unter: mairie-saint-didier.com

Der als Rundweg angelegte Rosenkranzweg führt an einer Reihe kleiner Straßenkapellen (oratoires*) vorbei und ist eine der größten derartigen Sammlungen in Vaucluse. Es sind insgesamt 15 Kapellen, die sechzehnte befindet sich heute im Privatbesitz. Die Gestaltung basiert auf der Thematik des Rosenkranzes. Vater Martin (1657–1703), dem Dorfpfarrer, der das Projekt ins Leben rief, gelang es über die Jahre, Gemeindemitglieder dazu zu überreden, vor allem an Straßenkreuzungen, kleine Teile der Straßenböschung abzutreten. So konnte er einen durchgehenden Weg gestalten. Die Gläubigen, die entlang des Weges Gebete sprachen, wurden bei jeder Kapelle an das damit verbundene Geheimnis des Rosenkranzes erinnert.

Bis zum 19. Jh. hatte sich der Zustand der Oratoires dermaßen verschlechtert, dass sie nicht mehr restauriert werden konnten. Deshalb wurden neue identische Kopien der Originale gebaut. Man hielt sogar an der ursprünglichen Maltechnik fest: es wurde auf die Leinwand gemalt, die in der Nische des Oratoire befestigt war. In einigen Fällen war die Farbe nicht mehr zu retten und wurde durch ein weißes Steinrelief ersetzt.

Bilder wie jene, die die Geißelung oder die Auferstehung zeigen und von 1840 stammen, haben ihre Frische behalten und sind von bemerkenswerter künstlerischer Qualität.

Was ist der Rosenkranz?

Der Rosenkranz ist ein der Jungfrau Maria gewidmetes Gebet, das die Verwendung von Rosenkranzperlen erforderlich macht. Diese formen eine „Kette“, die aus fünf Gruppen von zehn kleinen Perlen (Ave Marias) besteht. Vor jeder dieser Zehnergruppen sitzt eine große Perle (Pater), die ein Vaterunser kennzeichnet. Doch der Rosenkranz wird nicht nur zum Beten von Ave Marias und Vaterunser verwendet. Jeweils zehn Gebete stehen für eines der Geheimnisse im Leben von Jesus und Maria. Ursprünglich gab es drei Kategorien von Geheimnissen: Die freudenreichen, die schmerzhaften und die glorreichen. In jeder Kategorie gab es fünf Geheimnisse, die den fünf Gruppen aus jeweils zehn Perlen entsprachen. Später wurde von Papst Johannes Paul II. eine weitere Kategorie eingeführt: die lichtreichen Geheimnisse. Der Rosenkranzweg von Saint-Didier widmet die ersten fünf Kapellen den freudenreichen Geheimnissen. Dazu zählen die Verkündigung, der Besuch, die Geburt Jesu, die Darstellung Jesu im Tempel und das Wiederauffinden Jesu im Tempel.

* *Ein* Oratoire *ist ein kleines steinernes Denkmal, das einem Heiligen gewidmet ist.*

DIE RATTENKUGEL

Die Kugel sollte vielleicht daran erinnern, dass der Kirchenbesuch der beste Schutz gegen die Pest war

Cathédrale Saint-Siffrein
Place du Général de Gaulle, 84200 Carpentras
carpentras-ventoux.com

Über der Port Juive, in der Kathedrale von Saint-Siffrein in Carpentras, sitzt eine seltsame Kugel aus Stein, die mit einem Dutzend Ratten übersät ist.

Errichtet auf dem Gelände zweier älterer Bauten (7. und 12. Jh.) wurde die Kathedrale 1405 unter dem Papst von Avignon Benedikt XIII. (Pedro de Luna) begonnen, 1519 fertiggestellt und 1531 eingeweiht. Die im Stil der katalanischen Gotik erbaute Kathedrale besitzt ein extravagantes Seitentor, das als „Jüdisches Tor" bekannt ist. Durch dieses Tor, in der Nähe des Ghettos, mussten Juden, die zum römisch-katholischen Glauben übertreten wollten, die Kirche betreten. Die im 13. Jh. aus Frankreich vertriebenen Juden konnten nur deshalb in Carpentras Zuflucht suchen und eine der ältesten und wahrscheinlich schönsten Synagogen Frankreichs bauen, weil die Stadt zum päpstlichen Territorium gehörte. Die Synagoge wurde 1367 erbaut. Zu diesem Zeitpunkt lebten 45 jüdische Familien in Carpentras. 1779 erhielten sie die Erlaubnis, die Synagoge zu erweitern, doch der Bischof tadelte sie, weil sie höher als seine Kathedrale werden sollte. Die unter Denkmalschutz stehende heutige Synagoge stammt aus dem Jahr 1784, als etwa 750 jüdische Familien in Carpentras lebten.

Über der Porte Juive angebracht, hat es die Boule aux rats zu einer Reihe von Interpretationen gebracht, darunter sehr fantasievolle aber auch sehr wahrscheinliche. So wird manchmal die Etymologie bzw. Topographie von Carpentras dafür herangezogen: lateinisch *carpere* (durchstöbern, anknabbern), *ras* (Ratte); vielleicht hat sie auch etwas mit der Pest zu tun, die im Comtat (Venaissin), trotz der Pestmauer (siehe Seite 318) so viele Opfer forderte: Typhus- und Pestepidedmien (die Pest wurde aufgrund der Farbe, die die Opfer annahmen, der schwarze Tod genannt) töteten im 14. Jh. 150 000 Menschen in der Region. Die Boulo digari (provenzalisch für „Rattenkugel") sollte vielleicht daran erinnern, dass regelmäßige Kirchenbesuche das beste Mittel gegen die Krankheit darstellten.

Es gibt noch drei weitere *Boules aux rats* in Frankreich: in der Kirche Saint-Germain-l'Auxerrois in Paris, der Le Mans Kathedrale und der Kirche Saint-Jacques de Meulan im Département Yvelines, Île-de-France.

St. Siffrein, der Schutzheilige von Carpentras, dem auch die Kathedrale geweiht ist, war im 7. Jh. Bischof der Stadt. Er wurde in Larins ausgebildet, und sein Leben ist mit zahlreichen Wundern gespickt. Sein Kult wird mit großer Ernsthaftigkeit betrieben. Die Reliquien von St. Siffrein kamen nach den Kreuzzügen um 1220 nach Carpentras. Er wird in einem herrlichen Reliquienschrein des Goldschmieds aus Lyon, Armand Caillat (1872), „aufbewahrt".

DIE HEILIGE TRENSE

Eine der wichtigsten Reliquien des Christentums

Kathedrale Saint-Siffrein
Place du Général de Gaulle, 84200 Carpentras
Kathedrale: 7:30–Mittag und 14–18:30 Uhr
Schatz: Sonntag Nachmittag während der Ferien, Gruppenbesuche nach Anmeldung

Von Gittern geschützt wurde in der Kapelle des Heiligen Nagels, der letzten auf der linken Seite des Kirchenschiffs in der Kathedrale von Saint Siffrein (Siffredus), seit dem 13. Jh. die Saint-Mors (die heilige Trense) verehrt. Die Einwohner von Carpentras und die vielen Pilger versprachen sich durch diese „göttliche Attraktion", die besonders gut gegen Taubheit, Blindheit, Lähmungen und Satansbesessenheit helfen sollte, hier Wunderheilungen. Tatsächlich ist die heilige Trense eine römische Pferdetrense (*froenum*). Doch das Besondere an ihr ist, dass sie aus einem der Nägel, mit denen Jesus ans Kreuz genagelt wurde, geschmiedet ist.

Der Legende nach fand die Hl. Helena das Kreuz Christi und die wichtigsten Werkzeuge seines Leidens, wozu im 4. Jh. auch die drei Nägel gehörten. Es heißt, sie habe einen Nagel in die Adria geworfen, um einen Sturm zu besänftigen*, den zweiten in die kaiserliche Krone eingearbeitet und den dritten zu einer Trense für das Pferd ihres Sohnes schmieden lassen. Ihr Sohn war Kaiser Konstantin, der zum Christentum konvertierte.

Die Heilige Trense, die von den Veteranen des vierten Kreuzzuges nach Hause gebracht worden war, befand sich bereits 1226 in Carpentras. Seit damals ist sie Teil des Stadtwappens (eine goldene Trense vor einem roten Hintergrund). Die Reliquie wiegt 350 Gramm und zeigt keine Rostspuren, obwohl sie nie einer speziellen Behandlung unterzogen wurde. Der Reliquienschrein stammt aus dem Jahr 1860 und ersetzt ein Exemplar, das während der Revolution gestohlen wurde. Er wurde auf Bitte von Bischof Monseigneur Terris, der noch immer Priester in Carpentras war, als er den Schrein für die Heilige Trense in Auftrag gab, von Armand Caillat angefertigt. Dieser Goldschmied aus Lyon sollte später den Schrein für die Saint-Baume (siehe Seite 108) herstellen. Caillat schrieb ein detailliertes Nachschlagewerk über die Heilige Trense (das in der Inguimbert-Bibliothek von Carpentras eingesehen werden kann).

Manchmal wird die Heilige Trense „Saint-Frein" genannt (*frein* = *mors* =Trense). Einige Leute vermuten einen Zusammenhang zwischen der Trense und dem Namen des Schutzheiligen der Stadt, Saint Siffrein (7. Jh.), da die beiden Wörter sich so schön reimen! Purer Zufall oder eine Erfindung um der Geschichte zusätzlichen Pep zu verleihen? Wer weiß?

Detaillierte Informationen zur Geschichte der Reliquien erhalten Sie auf Seite 338. Mehr über die Entdeckung des Kreuzes durch die heilige Helena erfahren Sie auf der nächsten Seite.

** Es heißt, der Nagel sei nicht gesunken, sondern auf dem Wasser getrieben, sodass man ihn herausholen und er seine Reise in der Stadt Trèves beenden konnte.*

*** Deren Nachfolger die Eiserne Krone der Lombardei sein könnte, die in der Kathedrale von Monza aufbewahrt wird.*

Waren Adam, Salomon und die Königin von Saba an der Entstehung des Christuskreuzes beteiligt?

Laut der *Goldenen Legende* von Jacobus de Voragine (1228–1298) trug der schon hochbetagte Adam seinem Sohn Seth auf, den Erzengel Michael um Öl zu bitten, damit er vor seinem Tod damit gesalbt werden könne. Der Erzengel gab ihm stattdessen einen kleinen Zweig vom Baum der Erkenntnis von Gut und Böse und trug ihm auf, diesen Adam in den Mund zu legen, bevor er begraben würde. Dieser kleine Zweig wuchs zu einem großen Baum, der Adam von seinen Sünden befreite und seine Erlösung gewährleistete. Als König Salomon viele Jahre später seinen Tempel in Jerusalem baute, wurde der Baum gefällt. Doch das Holz war für den vorgesehenen Zweck immer entweder zu kurz oder zu lang. So verwendeten die Arbeiter es für eine Fußgängerbrücke über den Fluss Siloah. Während eines Besuchs der Königin von Saba bei Salomon betrat sie die Brücke und hatte plötzlich die Vision, dass dieses Stück Holz eines Tages für die Kreuzigung Christi benutzt werden würde und die Herrschaft der Juden ein Ende finden würde. Um diese tragische Schicksalswendung zu verhindern, ließ König Salomon das Holz entfernen und vergraben. Doch zur Zeit des Prozesses gegen Jesus suchte sich das Holz auf wundersame Weise durch die Erde einen Weg nach oben und wurde tatsächlich für die Anfertigung des Kreuzes, an dem Jesus starb, verwendet. Um zu verhindern, dass die drei Kreuze zu Verehrungsobjekten avancierten, wurden sie vergraben, bis Kaiser Konstantin, der gegen Maxentius kämpfte, eine Vision von einem leuchtenden Kreuz hatte, auf dem geschrieben stand: *In hoc signo vinces* (*In diesem Zeichen wirst du siegen*). Unter dem Banner des Kreuzes gewann Konstantins Armee die entscheidende Schlacht bei der Milvischen Brücke, was ihn dazu bewog, nach dem Kreuz Jesu Christi zu suchen. Konstantin schickte seine Mutter Helena nach Jerusalem. Indem sie einen Juden, der wusste, wo die Kreuze begraben waren, sieben Tage lang folterte, erfuhr Helena, wo sich alle drei befanden. Ein wundersames Ereignis half ihnen, jenes zu identifizieren, an dem Jesus gekreuzigt worden war.

Ein junger Mann, der gerade gestorben war, erwachte sofort wieder zum Leben, als sein lebloser Körper das Holz des Heiligen Kreuzes berührte.

VOTIVBILDER IN DER KAPELLE NOTRE-DAME DE SANTÉ (35)

Eine Glocke, die ganz von alleine läutete

Avenue Notre-Dame-de-Santé, 84200 Carpentras
Täglich 7–19 Uhr
Novene 5.–11. Juli und Votivmesse am 10. Juli um 3 Uhr
Auskunft über die Beginnzeiten der täglichen Gottesdienste unter: 04 90 63 08 33

Ein Besuch der Kapelle Notre-Dame-de-Santé enthüllt eine unerwartete Sammlung an Votivbildern, die vom Boden bis zur Decke reichen. Sie zeugen von einer besonders treuen Ergebenheit, die durch ein Wunder, das hier im 17. Jh. geschah, angeregt wurde.

Die Geschichte der Kapelle begann im 15. Jh., als an einer Furt eine Brücke über den Auzon gebaut wurde. Die Brücke besaß auch eine Wachstube, um den Zugang zur Stadt zu kontrollieren. Für die Soldaten gab es ebenfalls eine Wegkapelle namens Notre-Dame-du-Pont-de-Serre. 1533 wurde diese Kapelle zu einer vollwertigen Kirche mit dem Namen Notre-Dame-du-Salut (Unserer lieben Frau der Erlösung) vergrößert.

Fast ein Jahrhundert später wurde die Region von einer besonders tödlichen Pestepidemie heimgesucht. Obwohl ihre ersten Opfer schon am 25. Juli 1628 in Lyon gezählt wurden, wütete die Krankheit bis zum Ende des Folgejahres. Sie erreichte Carpentras erst Ende Juni 1629. Die Behörden schlossen alle Eingänge zur Stadt, aber innerhalb der folgenden zwei Wochen starben 3 000 Bürger rasch an der Krankheit.

Doch am 10. Juli passierte etwas Seltsames: Um 3 Uhr Früh begann die Glocke der Notre-Dame-du-Salut zu läuten und weckte jene, die in der Nähe wohnten. Als sie zur Kirche eilten, bemerkten sie, dass die Glocke von ganz alleine und ohne fremdes Zutun läutete. Von dieser Nacht an begann die Epidemie abzuflauen. Und einen Monat später war Carpentras von der Pest befreit.

Um dieses Wunder zu würdigen, benannten die Konsuln am 16. Januar 1630 die Kapelle in Notre-Dame-de-Miséricorde-et-de-Santé (Unserer lieben Frau von der Barmherzigkeit und Gesundheit) um und baten die Geistlichen, täglich eine stille Messe zu feiern.

Während der folgenden Jahrhunderte genoss die Kirche weiterhin größte Beliebtheit, und zwischen 1732 und 1748 wurde sie im Rahmen eines ehrgeizigen Sanierungsprojekts vom Architekten Antoine d'Allemand vergrößert und verbessert. Heute ist sie noch immer die beliebteste Votivkirche in Carpentras.

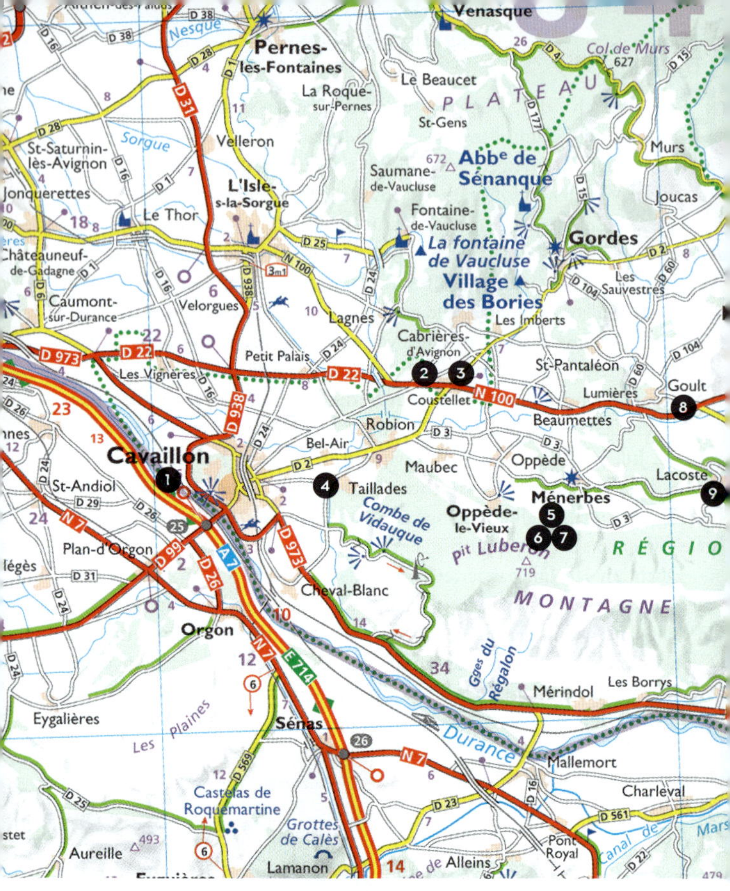

Venasque
Pernes-les-Fontaines
Nesque
Col de Murs
627
Le Beaucet
La Roque-sur-Pernes
PLATEAU
St-Gens
Velleron
Sorgue
St-Saturnin-lès-Avignon
Murs
Abbe de Sénanque
Saumane-de-Vaucluse
672
L'Isle-s-la-Sorgue
Jonquerettes
Le Thor
Joucas
Fontaine-de-Vaucluse
La fontaine de Vaucluse
Gordes
Châteauneuf-de-Gadagne
Village des Bories
Les Sauvestres
Caumont-sur-Durance
Velorgues
Lagnes
Les Imberts
Cabrières-d'Avignon
Petit Palais
Les Vignères
St-Pantaléon
Goult
Coustellet
Lumières
Robion
Beaumettes
Bel-Air
Oppède
Maubec
Lacoste
Cavaillon
Taillades
Ménerbes
St-Andiol
Combe de Vidauque
Oppède-le-Vieux
Plan-d'Orgon
Pit Luberon
719
RÉGIO
Cheval-Blanc
MONTAGNE
Orgon
Gges du Régalon
Mérindol
Les Borrys
Eygalières
Les Plaines
Sénas
Durance
Mallemort
Castelas de Roquemartine
Charleval
Grottes de Calès
Aureille
493
Pont Royal
Lamanon
Alleins
Canal de

Der Luberon

Simiane-la-Rotonde
Lagarde-d'Apt
1054
PARC
Carniol
D 18
D 5
23
D 14
Forêt de la Plate
D 34
D 201
St-Saturnin-lès-Apt
D 943
D 2
Aubenas-les-Alpes
Vachères
Rustrel
D 30
Oppedette
Les Cordiers
Villars
D 22
Gignac
Colorado
Ste-Croix-à-Lauze
St-
l'Obse
Gargas
9
D 33
D 155
NATUREL
11
Apt
D 22
Caseneuve
Viens
Reillanne
D 14
2
Le Chêne
N 100
St-Martin-de-Castillon
D 33
42
Julien
D 943
Saignon
Céreste
D 31
26
La Bègude
Montjustin
D 3
12
D 232
Buoux
Auribeau
Castellet
D 33
D 232
Sivergues
1125
Mourre Nègre
Vitrolles-en-Luberon
Grd Luberon
DU
D 956
LU
LUBERON
Peypin-d'Aigues
23
D 42
D 27
Cabrières-d'Aigues
27
D 33
La Bastide-des-Jourdans
D 42
Vaugines
St-Martin-de-la-Brasque
D 120
D 9
D 27
11
Cucuron
Grambois
Lourmarin
D 56
D 27
La Motte-d'Aigues
D 27
D 56
Sannes
602
D 943
D 27
Soulière
D 135
D 37
D 33
D 120
Beaum
de-P
D 135
Cadenet
Ansouis
D 135
La Tour-d'Aigues
D 135
15
Mira
D 37
Villelaure
3
D 56
D 9
D 956
12
D 561
D 973
La Bastidonne
Pont de Mirabeau
13
Pertuis

GEMÄLDE VON CARAVAGGIO IM HÔTEL D'AGAR

①

Umstrittene Meisterwerke in einem sagenhaften Kuriositätenkabinett

Hôtel d'Agar
65, place Philippe de Cabassole, 84300 Cavaillon
06 24 17 20 13
Besichtigung nur im Rahmen von Führungen: hotel-dagar.com

In einem Artikel vom 24. April 2019 waren in der Zeitschrift *Vanity Fair* folgende Worte zu lesen: „Ich ging davon aus, ein Ärztepaar zu besuchen, das im Besitz zweier Gemälde war, um die sich schwärmerische Gerüchte rankten. Und wo fand ich mich wieder? In einem außergewöhnlichen Kuriositätenkabinett im Stile des 17. Jahrhunderts ..."

Genau dieses Gefühl umfängt einen, wenn die Familie Morand einem die Tür ihres wahrhaft ungewöhnlichen Hôtel d'Agar in Cavaillon öffnet.

Das Hôtel d'Agar ist ein privates Stadthaus, das auf den Ruinen der griechisch-römischen Altstadt erbaut wurde. Es beherbergt, ganz in der Tradition der beliebten Kuriositätenkabinette der Renaissance, eine unglaubliche Sammlung, die von ihren Eigentümern in über 27 Jahren emsiger Suche zusammengetragen wurde und zahlreiche Objekte vor dem Vergessen oder der Zerstörung bewahrt hat. Hier findet man archäologische und ethnologische Exponate sowie eine Vielzahl von Arbeiten zeitgenössischer Künstler.

Die ausgestellten Werke bilden eine kuriose, epochenübergreifende Ansammlung mit einigen Objekten von besonderem Wert: modernes Sèvres-Porzellan, einen der ältesten Apothekerschränke Frankreichs, Textilien von der Jungsteinzeit bis heute oder die größte provenzalische Krippe aus dem 18. und 19. Jahrhundert.

Herzstück des Rundgangs sind, trotz einiger Zweifel bezüglich ihrer Echtheit, die beiden Gemälde, die aus dem Pinsel des großen Caravaggio stammen sollen: *Martyrium des Heiligen Sebastian* (1610), mutmaßlich bestimmt für die Basilika San Sebastiano vor den Mauern in Rom, und *Das Gemälde der Vergebung – Hl. Hieronymus* (um 1610), bei dem es sich um ein Selbstportrait handeln soll. Besucher erfahren im Rahmen der Führung von der Familie Morand, wie diese beiden Gemälde in ihren Besitz gelangten.

DAS „PARADIES“ DES LÉOPOLD TRUC

②

Ein naives Werk im Luberon

Chemin des Fileuses, La Plantade, 84220 Cabrières d'Avignon
Besuche sind trotz des „Chantier interdit“-(Zutritt verboten)-Schildes erlaubt – der Garten wird nicht mehr betreut
Das Dorf Richtung Norden durchqueren, bis man das Schild „Quartier la Plantade“ erreicht. Der Chemin des Fileuses befindet sich auf der linken Seite, und der Eingang zum Garten liegt 100 Meter weiter vorne auf der rechten Seite
Um zu den Zedernwäldern zu gelangen, das Dorf durchqueren und Richtung Norden halten. Oder Sie fragen nach dem Weg, da das Beauregard-Viertel nicht ausgeschildert ist

Als die Provence 1945 von den Nazis befreit wurde und der Zweite Weltkrieg endete, lag eine unglaubliche Aufbruchsstimmung in der Luft und in Cabrières-d'Avignon beschlossen einige Gemeindemitglieder, die sogenannten „Zedernwälder", eine kommunale Liegenschaft im Beauregard-Viertel, zu erschließen, um dort Veranstaltungen abhalten zu können. Ein einfacher Tanzboden aus Stein mit einem überdachten Teil für die Band wurde angelegt sowie Grillvorrichtungen, die den Hochöfen von Rustrel ähnelten (einem nahegelegenen Dorf, in dem Metall verarbeitet wurde) und eine Reihe von Tischen, Stühlen und Bänken rund um das Gelände aufgestellt. Der Platz ist immer noch zugänglich und wird für verschiedene Festlichkeiten genutzt. Leute kommen hierher, um zu picknicken, und Touristen, die auf dem Seidenspinnerweg unterwegs sind (siehe die Pestmauer auf der nächsten Seite) ruhen sich hier gerne ein Weilchen aus.

Léopold Truc, ein Landwirt aus Cabrières, geboren 1912, war an der Gestaltung des Geländes beteiligt. Er fand seine Berufung darin, unerwartete Elemente in die Umgebung zu integrieren und stürzte sich in die Aufgabe, auf einem Teil seines Landes ein „Paradies" zu erschaffen.

Obwohl er den Garten wie einen Rundweg anlegte, mit einem Ein- und einem Ausgang, so als ob er später hier Besucher empfangen wollte, zeigte er ihn nur seinen Freunden und neugierigen Passanten, die davon gehört hatten.

Die Motive oder Skulpturen im Garten sind aus Beton gefertigt und mit Ton- bzw. Keramikscherben dekoriert, in Anlehnung an den unnachahmlichen Stil der „Inspiration am Straßenrand" (nach dem Buchtitel des französischen Schriftstellers Jacques Lacarriere, *Les Inspirés du bord des routes*). Dazu fallen einem zwangsläufig der naive Künstler und Postbote Ferdinand Cheval, der als „Der Postbote Cheval" bekannt wurde und das Haus „der Frau, die malt" (siehe Pont-de-l'Étoile, Seite 24) ein. Mehrere „Gebäude" können besichtigt werden. Zuerst einmal das zentrale Gebäude, das er als sein Haus bezeichnete (tatsächlich lebte er anderswo), eine alte Borie (Hütte aus Trockensteinmauern), die er hochgezogen hatte, ein Turm, dessen Spitze über eine schmale Treppe erreicht werden konnte und schließlich ein Hochsitz für Jäger. Im Garten findet man auf dem Boden verschiedene Motive, die mit Jakobsmuscheln dargestellt sind.

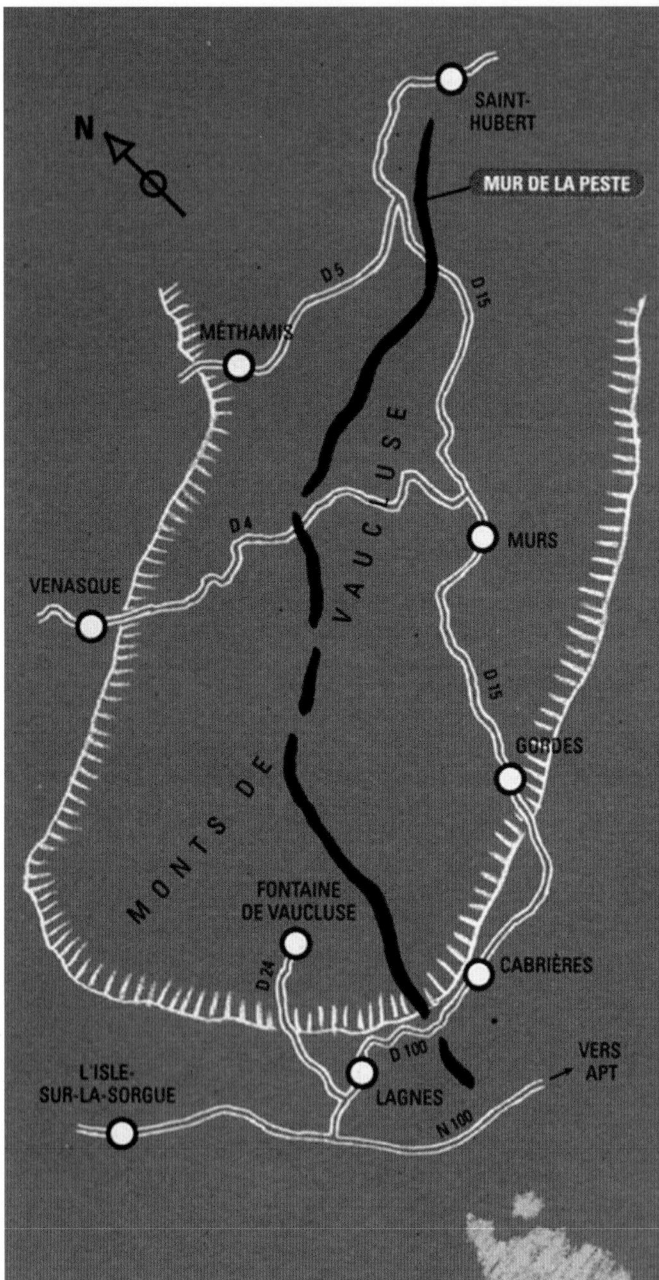
N
SAINT-
HUBERT
MUR DE LA PESTE
D5
D15
MÉTHAMIS
VAUCLUSE
D4
MURS
VENASQUE
D15
GORDES
MONTS DE
FONTAINE
DE VAUCLUSE
CABRIÈRES
D24
D 100
VERS
APT
L'ISLE-
SUR-LA-SORGUE
LAGNES
N 100

DIE PESTMAUER

③

Eine 25 Kilometer lange Mauer, die in weniger als fünf Monaten gebaut wurde

Point Info Tourisme, Mairie de Cabrières-d'Avignon
Cours Jean-Giono
84220 Cabrières-d'Avignon
04 90 76 79 43
Der Weg entlang der „Pestmauer" beginnt beim Fremdenverkehrsbüro von Cabrières d'Avignon, wo man sich eine Broschüre mit der Routenbeschreibung und Informationen über die Pest abholen kann. Der Rundweg selbst ist 4,4 km lang. Dazu kommen die 1,3 km, die zwischen dem Fremdenverkehrsbüro und dem Beginn des Weges liegen. Rechnen Sie für die gesamte Strecke etwa zwei Stunden ein.
Ein Leitfaden von Denis Lacaille und Daniele Larcena, La ligne dans le paysage, promenades géographigues dans les monts de Vaucluse autour du Mur de la Peste, beschreibt drei der schönsten Spaziergänge entlang der Mauer

Am 14. Mai 1720 brachte die Grand Saint-Antoine, ein Schiff, das aus Tripolis, Syrien und Zypern kam, die Pest nach Marseille. Eine Zeitlang passierte nichts, doch dann schlug die Krankheit zu: 15 Tote am 26. Juli, 100 Tote pro Tag Anfang August, 1000 pro Tag am Ende des Monats ...

In der Provence herrschte Panik und man tat alles, um jene, die aus Marseille fliehen wollten, daran zu hindern, die Dörfer zu erreichen, die bis dahin von der Seuche verschont geblieben waren. Unter diesen Gegebenheiten bat Frankreich die beiden päpstlichen Enklaven Avignon und das Comtat-Venaissin (siehe Kasten Seite 320), die Pestmauer (oder muralle de ligne, wie sie ursprünglich hieß) zu errichten, um einen Cordon Sanitaire zu schaffen, der die Epidemie daran hindern sollte, sich von der Provence aus weiter auszubreiten.

Antoine d'Allemand, ein Architekt aus Carpentras, machte sich daran, eine Trockensteinmauer von sechs Fuß zu entwerfen (1,95 Meter hoch und 0,65 Meter breit). Die Arbeiten begannen 1721, und jedes Dorf sollte ein Kontingent an Arbeitern entsenden, die ihr eigenes Werkzeug mitbringen mussten (Hammer, Senklot, Spaten, Hacke). Doch die Arbeiten gingen nur schleppend voran, da die Gemeinden wenig Begeisterung zeigten, „Maurer" zur Verfügung zu stellen. Also beschlossen die Behörden eine Umstrukturierung der Baustelle und jedem Dorf wurde ein bestimmter Mauerabschnitt zugeteilt, den es zu bauen galt. Außerdem wurden die Arbeiter nach Akkord bezahlt – also nach der Länge der Mauer anstatt nach Tagen. Ende Juli war die Mauer fertiggestellt und 1000 Soldaten kontrollierten diese neue Außengrenze.

Der Wanderweg, der in Cabrières d'Avignon beginnt, führt fast zwei Kilometer entlang der Mauer. An einigen Stellen ist der Bau eingebrochen und der Weg ist selten breiter als 1,20 Meter. Die Mauer sollte nicht alle Vorstöße verhindern, sondern jenen als Hindernis dienen, die sie überwinden wollten, was den Soldaten Zeit gab, sie abzufangen. Es gibt einige Wachhäuschen an der Mauer: hufeisenförmig und nicht überdacht stehen sie 2,5 Meter von der Mauer entfernt und öffnen sich in ihre Richtung. An einigen Stellen gibt es auch kleine Hütten, in denen die Soldaten schliefen. Am Ende des Wanderweges entlang der Mauer, markieren eine Zisterne und ein Wanderwegweiser den Weg zurück ins Dorf. Der Rest der Wanderung führt gemütlich bergab auf einem Weg, der als chemin des fileuses bekannt ist, aus der Zeit als in der Provence Seidenraupen gezüchtet wurden.

Nachdem die Mühlen von Gordes abgebrannt waren, mussten die Spinnerinnen anderswo Arbeit suchen. Sie gingen hauptsächlich nach Fontaine-de-Vaucluse, das zehn Kilometer entfernt lag, und dieser Weg bedeutete für sie eine beträchtliche Abkürzung.

„Man hat längst vergessen, was er umgrenzt.
Und dass es das große Herrschaftsgebiet der Epidemie war“
Aragon, « Prose du bonheur d'Elsa »

Comtat-Venaissin

Das Comtat-Venaissin, das den Grafen von Toulouse gehörte, kam 1271 unter die Herrschaft des französischen Königs und wurde 1274 an den Papst abgetreten. Sie regierten von 1309 bis 1377 in Avignon, bevor sie nach Rom zurückkehrten. Doch das Comtat war bis 1791 dem Papst unterstellt. Das ehemalige Comtat-Venaissin ist Teil des Départements Vaucluse, zwischen der Rhône, dem Mont Ventoux und dem Fluss Durance. Es umfasst die Städte Cavailion and Carpentras. Das Wort Venaissin leitet sich von Vénasque, der ersten Hauptstadt, ab.

DIE SKULPTUR DES „MOURVELOUS“

4

Rotznäsig, aber großartig

Roc du donjon, 84300 Les Taillades

Das Dorf Les Taillades besteht aus ein paar Häusern, die rund um einen Steinbruch verstreut liegen. Die Kirche ganz oben fügt sich harmonisch in die Berglandschaft und den Bergfried darunter ein und sieht wie die Erweiterung einer Insel aus, die von den Steinhauern verschont wurde. Der Ort selbst ist, in all seiner akustischen Herrlichkeit, außergewöhnlich genug, um die Darbietungen des Avignon-Festivals auszurichten.

Der Wehrturm (*donjon*) beherbergt das „Mourvelous“. Diese Figur, die am Fuße des Bergfrieds aus dem Stein gehauen ist und auf den ersten Blick wie ein Gesicht aussieht, lässt viele Interpretationen zu – eine Bischofsmütze, eine Opfergabe, ein an die Brust gehaltenes Kreuz, eine Person, die in der Nase bohrt ...

Der Ursprung dieser Skulptur ist unbekannt, doch stellt sie tatsächlich den Bischof von Cavaillon, Saint Véran, dar, der seinen Lieblingsdrachen über Les Taillades in die Alpen vertreibt (um die höchstgelegene Gemeinde Europas zu gründen: Saint-Véran). Das deutet darauf hin, dass die Natter, die Riesenschlange, die die Region verwüstete, auch dieses Dorf heimgesucht hatte. Der Name „Mourvelous“, abgeleitet vom provenzalischen *mourveou* (rotznäsig), beruht auf der Tatsache, dass Verbrecher an dieser Stelle öffentlich angeprangert und dabei oft angespuckt wurden.

DAS MAGISCHE QUADRAT VON OPPÈDE

⑤

Ein derart perfektes Palindrom

Am Eingang des Dorfes, auf dem Hauptplatz, vor dem Hof des Restaurants „Echauguette" links abbiegen und geradeaus bis zur Seitenstraße, die eine scharfe Linkskurve macht, weitergehen

In Oppède, einem auf den Ausläufern des Luberon thronenden Dorfes, enthält ein rätselhaftes magisches Quadrat ein perfektes Palindrom. Die kleine und namenlose Straße, in der sich das magische Quadrat befindet, ist sehr schmal und bietet kaum genug Platz, um ein Foto davon aufzunehmen. Doch das macht nichts – hier zählt die physische Erfahrung. Da sich das Quadrat auf der Mauer eines Privathauses befindet, sollte man hier diskret vorgehen und vor allem zur Zeit der Siesta vor dem Tor keinen Lärm machen.

Nähere Informationen zu Sator-Quadraten auf der gegenüberliegenden Seite.

Das Sator-Quadrat

An Kirchenfassaden oder Mauern findet sich bisweilen die mysteriöse Inschrift „ROTAS OPERA TENET AREPO SATOR", ein lateinisches Palindrom, das im Allgemeinen in eine Art magisches Quadrat eingeschrieben ist. Jedes der fünf Wörter findet sich so vier Mal in dem Quadrat wieder. Das älteste bekannte Sator-Quadrat wurde in Pompeji gefunden (und kann damit spätestens auf das Jahr 79 datiert werden) und ist seitdem beliebtes Forschungsobjekt und Gegenstand unzähliger Hypothesen. Eine der berühmtesten Hypothesen, aufgestellt 1926 von Felix Grosser, interpretiert das Quadrat als geheimes Erkennungszeichen der ersten Christen, die vor Unterdrückung flohen. Ihm zufolge stellen die Buchstaben ein Anagramm dar, das, kreuzförmig angeordnet, zweimal die Worte Pater Noster (*Vater unser*) ergibt, ebenfalls zweimal ergänzt um die Buchstaben „A" und „O", die für Alpha und Omega stehen könnten. Diese Theorie war in der Folge stark umstritten. Das in der französischen Nationalbibliothek in Paris aufbewahrte griechische Manuskript 2511 gibt für das Sator-Quadrat folgende Übersetzung an: „Der Sämann ist am Pflug. Seine Arbeit versetzt die Räder in Bewegung." Über die naheliegende landwirtschaftliche Bedeutung hinaus könnte der tiefere Sinn im hermetischen Aspekt der Worte liegen, in der Alchemie selbst. Demnach wäre der Sämann der Adept, der, nach Durchlaufen der zwölf Phasen des Opus magnum (großen Werks), seine Ernte, seinen Weg zur spirituellen Erleuchtung als oberstes Ziel, fortsetzt. Spuren des Sator-Quadrates sind auch in der Kapelle Sant'Eustacchio in Breschia (Italien) zu finden, wo zu lesen steht, dass die Hirten, die kamen, um den neugeborenen Erlöser anzubeten, Sator, Arepo und Teneton hießen. Doch auch von den Templern soll das Sator-Quadrat genutzt worden sein: es findet sich auf Zellenwänden in den Loire-Schlössern Chinon und Jarnac, in denen einige von ihnen bis zu ihrer Verurteilung in Paris (1307) inhaftiert waren. Wenngleich das Sator-Quadrat im Ursprung nicht auf die Templer zurückgehen dürfte, so passt es vom Sinn her doch hervorragend zu ihrer Mission, ihrer esoterischen Lehre und ihrer spirituellen Entwicklung. Und so nahmen sie es vermutlich als Symbol für sich in Besitz und interpretierten einigen esoterischen Quellen zufolge die Bedeutung des Wortes TENET neu: in ihrer Lesart steht das T an den Enden des Kreuzes als Initiale für „Tempel" oder „Templer" und das N in der Mitte für *Nostra* und *Nudator* („nackt", „beraubt"). TENET verstanden als „Bewegung, Aktion, gerecht, ausgeglichen" könnte so für die Templer die Bedeutung „Rein und gerecht ist unser Tempel" gehabt haben.

DER SEITENEINGANG DES GEGENPAPSTES

⑥

Durch das Papst Luna (Avignons Papst Benedikt XIII.) die Flucht ergriff

Die Ruinen des mittelalterlichen Schlosses, 84580 Oppède

In dem Schloss von Oppède-le-Vieux achten Sie auf die schwindelerregenden steil abfallenden Hänge und die losen Steine, die sich aus den Mauern lösen können. Am fast höchsten Punkt wölbt sich ein einsamer Bogen über eine leere Öffnung. Das ist der Seiteneingang des Schlosses, durch welches der Legende nach der Gegenpapst Benedikt XIII. (1329–1423), angeblich mithilfe des Teufels, floh.

Papst Luna (oder Pedro de Luna wie er in Aragonien ursprünglich hieß) wurde während des Abendländischen Schismas, das die katholische Kirche in zwei Obedienzen spaltete (Rom und Avignon) und von 1378 bis 1417 dauerte, 1394 nach seiner Wahl in Avignon zu Benedikt XIII. Die Spaltung erfolgte nach der Wahl Clemens V. 1305 und der schrittweisen Französisierung des Papsttums. Zu dieser Zeit verließ der Papst Rom, um die schweren politischen Probleme der Stadt hinter sich zu lassen und sich in Avignon anzusiedeln. Nach dem Tod von Papst Gregor XI. 1378 hoffte man in Rom, dass die Konklave einen römischen oder zumindest italienischen Papst einsetzen würde.

Unter großem Druck wählten die Kardinäle Urban VI. zum neuen Papst. Doch aufgrund seines plumpen Vorgehens machte sich Urban VI. jede Menge Feinde. Mit dem Argument, dass im Kirchenrecht eine Handlung als ungültig erklärt werden könne, wenn sie unter dem Einfluss großer Angst stattgefunden habe, verließen zwölf der 16 Kardinäle Rom und wählten am 20. September 1378 Clemens VII. zum neuen Papst. Die Spaltung, die 40 Jahre dauern sollte, hatte begonnen.

Diese Situation durfte nicht fortbestehen. Daher beschlossen einige der römischen Kardinäle, sofort die Einberufung eines Konzils zu fordern. Sie verlangten, dass die beiden offiziellen Päpste auf ihr Amt verzichteten. 1409 wurde in Pisa ein Konzil abgehalten, doch schließlich trug es durch die Wahl eines dritten Papstes zu noch größerer Verwirrung bei. Nach dem Konzil weigerte sich Benedikt XIII. kategorisch, zurückzutreten und wurde sieben Monate lang im Papstpalast von Avignon belagert. 1403 gelang ihm die Flucht (über einen fast zehn Kilometer langen unterirdischen Gang, der angeblich unter der Rhône durchführte und in Châteaurenard endete). Dort wurde er von Ludwig II. von Neapel, dem Grafen der Provence, willkommen geheißen und erhielt Schutz. Später wurde Benedikt XIII. in Oppède ein weiteres Mal belagert und floh diesmal durch das Seitentor. Den Rest seines Lebens verbrachte er in Peñiscola in Aragonien, der letzte Staat, der ihn als Papst anerkannte.

Die Geschichte von Papst Benedikt XIII. wird meisterhaft von Jean Raspail in seinem faszinierenden Buch *L'anneau du pêcheur* aufbereitet. Es erzählt die Geschichte, wie Benedikt XIII., der in den Augen vieler zu dieser Zeit der einzig legitime Papst war, mithilfe der Kardinäle seinen Nachfolger ernannte und so eine weitere Papstlinie schuf.

DAS GEMÄLDE IN DER SAINT-ANTONIN-KAPELLE

⑦

Ein Gemälde, das zeigt, wie Jesus einen Stein ansägt

Chemin de Saint-Antonin, 84580 Oppède
Nur an Journées du patrimoine (Tagen der offenen Tür)

Die romanische Kapelle Saint-Antonin ist offensichtlich seit ihrer Errichtung immer im Privatbesitz gewesen. 1636 stellte der Priester, dem sie gehörte, Pierre Cathelan, dort ein Triptychon auf, dessen Bedeutung lange ein Rätsel blieb.

Heute sind die beiden Seitentafeln, auf der Pilger mit Stäben und Rosenkränzen zu sehen waren, gänzlich verschwunden. Doch die mittlere Tafel zeigt eine überraschende Szene vor einem Hintergrund mit Hügeln und Häusern. Es fällt nicht schwer zu erraten, dass die Figur links mit den Schlüsseln der Hl. Petrus sein muss. In der Mitte hält die Jungfrau Maria, wie in so vielen anderen klassischen Darstellungen, das Jesuskind fest. Doch hier sägt das Kind mit einer Säge einen Stein an! Mutter und Kind sind nach rechts gewandt und blicken jemanden an, dessen Hals von einem Dolch durchbohrt wurde. Diese Person hält ein Buch und das Palmblatt des Märtyrertodes in Händen.

Dank eines Kupferstichs aus dem 16. Jh. konnte die Bedeutung dieser interessanten Szene entschlüsselt werden. Es zeigte ebenfalls die Hl. Maria, wie sie das Kind hält, das einen Stein ansägt, vor einem Berghintergrund. Die Inschrift lautete: „Himmlisches Heim unserer lieben Frau von Montserrat". Daraus ließ sich ableiten, dass der Hintergrund eine katalanische Landschaft war und die Säge des Jesuskindes auf einen Ort namens Montserrat anspielte, der auf katalanisch wörtlich übersetzt „Sägezahnberg" heißt.

Die Anwesenheit des Hl. Petrus kann damit erklärt werden, dass der Sponsor des Gemäldes Pierre (Peter) Cathelan war, und der Name Cathelan ist eine Referenz auf die katalanische Abstammung. Die Familie des Priesters blieb in der Region, nachdem einer seiner Ahnen, ein Soldat, mit seiner Garnison 1411 nach Oppède versetzt worden war.

Ausgehend von den oben beschriebenen Fakten, muss die Person auf der rechten Seite der Hl. Antonius sein, ein Einsiedler von Montserrat. Seine Anwesenheit steht sehr wahrscheinlich mit dem Wallfahrtsort Montserrat in Verbindung, zu dem Pierre Cathelan eine Pilgerreise machte, und spielt auch auf den Bischof an, dem diese Kapelle gewidmet ist, Saint Antonin von Carpentras.

DIE SCHWARZE MADONNA DER COMMUNAUTÉ NOTRE-DAME DE LUMIÈRE

⑧

Die Heilkraft der schwarzen Madonna wurde nie widerlegt

Lumières, 84220 Goult
04 90 72 25 05
Parallel zur RN100 zwischen Avignon und Forcalquier, in der Nähe des Dorfes Goult

Das Konvent Pères Oblats de Marie Immaculée in Notre-Dame-de-Lumière ist eine der bemerkenswertesten Sehenswürdigkeiten im Luberon.

Betritt man die Kirche, befindet sich gleich links eine Glastür mit einer Gegensprechanlage, die in eine andere, von außen nicht vorstellbare, Welt führt. Wenn Notre-Dame-de-Lumière nach dem Fluss Limergue, der gleich in der Nähe vorbeifließt, benannt ist, sorgten leuchtende Marienerscheinungen im 17. Jh. für Verwirrung rund um den ursprünglichen Namen und die Ereignisse, die offiziell als eine Reihe von Wundern eingestuft wurden. Zu diesen übernatürlichen Ereignissen gibt es mehrere Versionen. Es heißt, dass manchmal eine Lichterprozession zu sehen ist. Man erzählt auch, dass Antoine von Nantes (als Jalleton bekannt), ein teilweise gelähmter Mann aus Goult in seinen Sechzigern, in der Nähe der Ruinen der alten Kapelle herumlungerte, als er ein Kind sah, das ihn anlächelte. Er war sofort geheilt, und das Kind verschwand. Er ließ genau an dieser Stelle die heutige Kapelle bauen, finanziert mit dem Geld, das ihm von überall in der Hoffnung zufloss, dass dieser heilige Ort vor Krankheit schützen würde.

Etwa zur selben Zeit sah ein Hirte die Statue der schwarzen Madonna in einem brennenden Busch liegen. Diese wurde an einem geeigneten Platz in der Kirche aufgestellt und erklärt die außergewöhnliche Fülle an Votivgaben an den Wänden (ein Fernglas wäre hier von Vorteil, da sie, vor Diebstahl geschützt, hoch oben angebracht sind). Die Schwarze Madonna ist nur 46 cm groß und ist nicht wirklich schwarz, sondern dunkelbraun – die Farbe der Birnenbaumwurzel, aus der sie geschnitzt wurde. Auf der Rückseite des Sockels sieht man einen kleinen runden Reliquienschrein, der vier Reliquien enthält: ein Stück von Schleier und Kleid der Jungfrau Maria sowie Fragmente aus ihrem Haus in Nazareth und aus ihrer Grabstätte.

Obwohl dieser Ort weniger für Wunder bekannt ist als andere Wallfahrtsorte, besteht der Glaube, dass die Schwarze Madonna unerklärliche Heilungen geschehen lassen kann, weiter. Man muss sich die Gläubigen nur ansehen, die freimütig ihre Hände in die Taschen stecken und die Spendenboxen in der Krypta füllen, um zu erkennen, dass das Übersinnliche in Lumière/Limergue noch immer eine große Macht besitzt.

Ein Shop außerhalb der Kirche bietet Souvenirs und religiöse Pamphlete an und weiter oben schaut die hübsche Kapelle St. Michel, die aussieht, als wäre sie in den Schnabel eines Steinadlers gebaut, auf den Luberon herab.

DIE SKULPTUREN VON MALACHIER

9

Das Vermächtnis des bildhauenden Müllers aus Lacoste

Chemin du Château, 84480 Lacoste

Auf der Straße zum Château fährt man an einem der letzten Werke von Louis Malachier vorbei, die sich noch auf dem Gelände befinden. Er war Ende des 19. Jh. Müller und Bildhauer in Lacoste und verbrachte sein Leben quasi in den Steinbrüchen. Dieser unbefangene Amateur-Bildhauer reiste eines Tages nach Paris – ein Besuch, der für ihn wie eine Offenbarung war. Er errichtete vor seinem Haus nicht nur einen Eiffelturm aus Stein, sondern fertigte auch eine Vielzahl an Skulpturen von Persönlichkeiten, Heiligen, einfachen Menschen und Tieren an. Die Arbeiten, die in seinem Garten standen, begeisterten Händler, die vorbeikamen und den Kofferraum ihrer Autos damit füllten.

Etwas weiter vorne führt eine Privatstraße zu den Steinbrüchen. Der Besuch dieser, heute stillgelegten, weißen Steinkathedralen ist aus nachvollziehbaren Sicherheitsgründen verboten. Man kann jedoch im Sommer einen Blick darauf werfen, da in einem der Steinbrüche die Aufführungen des Lacoste-Festivals stattfinden.

Am Ende des Weges liegt das Château des Marquis de Sade. Dieses riesige Anwesen wird seit einigen Jahren restauriert. Die Liegenschaft ist im Besitz von Pierre (was „Stein" bedeutet – ein Zufall, so nahe bei den Steinbrüchen?) Cardin. Der berühmte Marquis lebte im Château und versteckte sich dort auch vor der Polizei, nach der skandalösen Orgie mit Prostituierten, die er in Marseille veranstaltet hatte. Das Château diente als Vorlage für sein Werk Les 120 jours de Sodome (Die 120 Tage von Sodom).

KIRCHE LOUISE BOURGEOIS

⑩

Zeitgenössische Kunst in einer Kirche aus dem 17. Jahrhundert

Rue Aristide Briand, 84480 Bonnieux
04 90 75 80 54 – egliselouisebourgeois.com
Im Juli täglich, vom 1. bis zum 10. September und im Rahmen der Journées du patrimoine von 10–13 Uhr und von 15–18 Uhr
Ganzjährig für Gruppen (min. 20 Personen)

Von dem Kloster der Brüder von Bonnieux, errichtet im 17. Jahrhundert, steht heute nur noch eine (1664 geweihte) Kirche, die während der Revolution als nationales Kulturgut verkauft (und säkularisiert) und zeitweilig als Stall genutzt wurde. Der heutige Eigentümer restaurierte sie mithilfe des Denkmalschutzes und betraute 1998 die berühmte Künstlerin Louise Bourgeois mit der Gestaltung der Kirche. Seltsamerweise ist die Kirche samt ihrem Kunstschatz trotz der Berühmtheit der Künstlerin und der Stadt Bonnieux relativ unbekannt.

Zu sehen sind unter anderem ein Weihwasserbecken aus Carrara-Marmor mit zum Stillen bereiten Brüsten, ein Beichtstuhl mit Tapisserien (der Vater der Künstlerin verkaufte in seiner Galerie kostbare Tapisserien, die die junge Louise und ihre Mutter restaurierten), ein großes, blau gefärbtes und dem Himmel zugewandtes Okulus, ein auf den Boden gerichteter Spiegel, eine Bronze-Spinne (die ihre Mutter symbolisiert), ein Kreuz, dessen Querbalken zwei menschliche Arme mit einer geöffneten und einer geschlossenen Hand bilden, sowie eine Madonna mit Kind aus Strickstoff.

IN DER UMGEBUNG

Die Tour Philippe

⑪

Forêt de Cèdres, 84480 Bonnieux

Im Jahr 1885 ergriff den aus Bonnieux stammenden Künstler Philippe Audibert, Träger des Grand Prix de Rome im Bereich Skulptur, der Wunsch, das Meer zu sehen. Er beschloss, einen Turm zu errichten, der hoch genug war, um sein Ziel zu erreichen. Als er im Alter von 64 Jahren einen Schlaganfall erlitt, konnte er nicht mehr weit genug hinaufgelangen, um sich seinen Wunsch zu erfüllen. Doch immerhin, ein Teil des Étang de Berre war zu sehen. Sein Schwager erbte den Turm als Alleinerbe und hielt ihn instand. Der Turm befindet sich in Privateigentum und kann nicht besichtigt werden.

© David Peron

DIE GEHEIMNISSE DER KATHEDRALE SAINTE-ANNE D'APT

⑫

Zwei Krypten, ein Schatz und ein Schleier aus dem 11. Jahrhundert.

Führung durch die Kathedrale Sainte-Anne d'Apt
Reservierung unter 06 88 47 23 42
Dauer: 1,5 Stunden

Die Kathedrale Sainte-Anne d'Apt, eine bedeutende, wenngleich relativ unbekannte Stätte des Christentums, birgt ungeahnte Geheimnisse. Diese können im Rahmen einer mitreißenden Führung (im Voraus reservieren!) entdeckt werden, die gleichzeitig Einblick in die überaus interessante Geschichte der Heiligen und der Kathedrale bietet sowie die Möglichkeit, die Krypta samt Schatz zu besichtigen, die aufgrund von Vandalismus in der Vergangenheit für gewöhnlich nicht zugänglich ist.

Die Krypta der Kathedrale umfasst zwei Räume: die untere Krypta (das erste christliche Heiligtum der Merowingerzeit – 5. bis 8. Jahrhundert –, gelegen fünf Meter unter dem Boden des Querschiffs der aktuellen Kathedrale) und die obere Krypta aus dem 11. Jahrhundert, die zur Bewältigung der immer größeren Pilgerströme erbaut wurde.

Im Gewölbe der unteren Krypta konnten die Gläubigen dem Gottesdienst über ein noch heute sichtbares Hagioskop (Mauerdurchbruch) auch von der oberen Krypta aus beiwohnen. Der Legende nach sollen in einer Nische dieser Krypta die Reliquien von Auspice (erster Bischof von Apt) und der Heiligen Anna entdeckt worden sein. Die Decke ist mit Kacheln des karolingischen Kirchenbaus verziert.

Der Zugang zur oberen Krypta erfolgt über eine Mitteltreppe, die 1861 erbaut wurde und normalerweise durch ein Gitterportal verschlossen ist. Im Zentrum der Krypta steht der Altar aus dem 8. Jahrhundert, ein vorromanischer Tisch auf einer römischen Stele. An den Seiten befinden sich in Nischen Sarkophage aus dem 13. Jahrhundert, in denen die Gebeine der Gläubigen eine letzte Ruhestatt fanden, die unter dem Kathedralenboden beigesetzt worden waren.

Der Schatz in der Sakristei der St.-Anna-Kapelle besteht aus dem Schleier der Heiligen Anna, einem Schrein, der Reliquien der Heiligen Anna enthalten soll, der Wiege der Heiligen Anna (aus dem 14. Jahrhundert), einer Schatulle aus Elfenbein, zwei Hochzeitsschreinen, einer tragbaren Vitrine zur Präsentation des Schleiers und liturgischen Manuskripten.

Der Schleier der Heiligen Anna (auch bezeichnet als „arabische Flagge“) wurde vermutlich nicht von der Mutter der Jungfrau getragen. Vielmehr soll es sich um ein „Ehrengewand“ handeln, das um 1096 in einem ägyptischen Atelier für einen schiitischen Kalifen namens Al-Musta'li gewebt wurde, der gegen Ende der Fatimidendynastie (969–1171) herrschte. In dieser Eigenschaft wurde es 1998 im Pariser Institut du monde arabe ausgestellt. 1907 wurde es in die Reihe der historischen Denkmäler aufgenommen. Das Hochfest der Heiligen Anna, Schutzpatronin der Stadt, wird am 26. Juli gefeiert. Am Abend des auf dieses Datum folgenden Samstags wird die Reliquienbüste der Heiligen in einer Prozession durch die Stadt getragen.

Pilgerfahrt der Anna von Österreich nach Apt: ein Fingerglied für das Wunder der Geburt von König Ludwig XIV.

Für Anna von Österreich, Gemahlin von Ludwig XIII., steigt nach 22 Jahren kinderloser Ehe die Dringlichkeit, endlich einen Thronfolger zu gebären. Sie sendet ein Schreiben mit königlichem Siegel an die Konsuln der Stadt Apt, die im Besitz von Reliquien der Heiligen Anna, der Großmutter Jesu, ist. In diesem Schreiben mit Datum vom 10. November 1623 erbittet sie ein Teilstück der Reliquien in dem Glauben, dieses könne ihr bei der Empfängnis behilflich sein. Der Bischof von Apt beschließt, ein Glied des kleinen Fingers der Heiligen zu entnehmen und der Königin zu übersenden. Ihr Wunsch erfüllt sich: 1638 bringt sie den späteren König Ludwig XIV. zur Welt. Anlässlich der Reise des Königs zur Vermählung seines Sohnes mit der Infantin von Spanien in St.-Jean-de-Luz im Jahr 1660 macht die Königin einen Abstecher nach Apt. Die Stadt bereitet der Königin, die durch einen Triumphbogen an der Porte de la Bouquerie Einzug hält, am 27. März 1660 einen begeisterten Empfang. Am nächsten Tag empfängt sie Bischof Modeste de Villeneuve in der Kathedrale, wo die Monarchin nach der Andacht verspricht, bis an ihr Lebensende jedes Jahr sechs Messen feiern zu lassen und den Bau der Chapelle Sainte-Anne mit 8 000 Livres zu bezuschussen. Aus unbekannten Gründen kamen die Gelder nie in Apt an, und die Kosten für den Bau der Kapelle wurden durch Spenden frommer Einwohner abgedeckt. Die Königin verließ die Stadt mit reicher Wegzehrung versorgt: „6 Pfund Trockenkonfitüre, 4 Pfund Dragées und 3,5 Pfund gezuckerter Anis“.

Ein weiteres Eingreifen der Jungfrau zur wundersamen Geburt von Ludwig XIV.

In Cotignac kam es zu einem weiteren Eingreifen der Jungfrau zur wundersamen Geburt von Ludwig XIV. (s. S. 144). Anna von Österreich begab sich mith ihn am 21. Februar 1660, fünf Wochen vor ihrem Besuch in Apt, persönlich auf Pilgerfahrt nach Cotignac.

Wie gelangten die Reliquien der Heiligen Anna, der Großmutter Marias, nach Apt?

Der Legende nach brachten die ersten Christen, die im 1. Jahrhundert aus Palästina flohen, den Leichnam der Heiligen Anna nach Marseille (oder Arles). Dort soll er dem Heiligen Auspice, dem ersten Bischof von Apt, übergeben worden sein. Anderen Quellen zufolge hielt sich der Heilige Cassianus zu Beginn des 5. Jahrhunderts in Konstantinopel auf, von wo er die Reliquien der Heiligen Anna mitgebracht und später seinem Freund Castor, Bischof von Apt, übergeben haben soll.

Während der Invasionen der Sarazenen im 8. Jahrhundert wurde der Leichnam der Heiligen Anna demzufolge versteckt und erst 792 unter überaus wundersamen Umständen wiedergefunden: Der blinde und taubstumme Jean de Caseneuve stieß mit dem Fuß gegen eine bestimmte Stelle der primitiven Kirche (die im 4. Jahrhundert am Standort der heutigen unteren Krypta, fünf Meter unter dem Boden der aktuellen Kathedrale erbaut worden war) und fand dort die Reliquien. Er fand Gehör, Augenlicht und Sprache wieder und rief aus: „Hier ruht der Leichnam der Heiligen Anna, Mutter der Jungfrau Maria!" Im 18. Jahrhundert wurde diese so stark verehrt, dass die Stadt ihren Namen änderte. Briefe wurden nicht mehr nach Apt aufgegeben, sondern nach „Sainte-Anne d'Apt".

Um den starken Zulauf von Gläubigen und Pilgern zu lenken, die in die Stadt kamen, um die Reliquien anzubeten, wurde im 11. Jahrhundert über der unteren Krypta ein Sanktuarium errichtet. Heute ruhen die Reliquien in der im 17. Jahrhundert erbauten St.-Anna-Kapelle auf der linken Seite des Hauptschiffs. Hier befindet sich eine Schatulle, die ihre Reliquien enthält, sowie ein Schrein mit ihrem Bildnis. Daneben befinden sich Reliquienbüsten des Heiligen Auspice, des Heiligen Castor, des Heiligen Elzear von Sabran und der tugendhaften Delphine de Sabran (s. S. 362), der Heiligen Margareta und des Heiligen Franz von Sales.

Die Großmutter Jesu wird in der Bibel nicht erwähnt

Die Heilige Anna, Mutter von Maria und damit Großmutter des Erlösers, tritt in der Bibel nicht auf, jedoch im apokryphen Pseudo-Matthäus-Evangelium und im Protoevangelium des Jakobus. Dort findet sich auch der Name ihres Mannes Joachim, Jesus' Großvater.

Der Reliquienkult des Christentums

Obwohl sie heutzutage eher vernachlässigt werden und die Anzahl ihrer treuen Anhänger deutlich zurückgegangen ist, waren Heiligenreliquien ab dem Mittelalter außerordentlich erfolgreich. Heute zeugt ihre Präsenz in zahlreichen Kirchen in ganz Europa von diesen außergewöhnlichen Zeiten.

Der Kult um christliche Reliquien reicht bis zu den Anfängen des Christentums zurück, zu den ersten Märtyrern und der Ernennung der ersten Heiligen. Diese Reliquien hatten dreierlei Funktion: Sie bezeugten das Beispiel eines rechtschaffenen und tugendhaften Lebens, dem es nachzueifern galt; sie besaßen eine spirituelle Energie und Kraft, die sogar Wunder wirken konnte (man glaubte, dass die Wunderkräfte der Heiligen in ihren Reliquien erhalten blieben); und mit dem Aufschwung der umstrittenen Praxis der Ablasserteilung konnte man sich mit dem Besitz einer Reliquie Ablässe erkaufen (siehe gegenüberliegende Seite).

Da die Nachfrage das Angebot bestimmte, dauerte es nicht lange, bis skrupellose Dritte um die Erfindung eigener Reliquien wetteiferten. Dabei wurden sie von der Kirche unterstützt, die, aus politischen Gründen, viele unverdiente Heiligsprechungen erteilte (siehe gegenüberliegende Seite). Die Überproduktion führte zu absurden Auswüchsen: Wenn man all ihre Reliquien für echt befunden hätte, hätte Maria Magdalena sechs Körper und der Hl. Blasius 100 Arme gehabt.

Diese Exzesse erregten natürlich Misstrauen, und die Popularität der Reliquien nahm sukzessive ab, obwohl noch immer viele Leute glauben, dass die wahre Reliquie eines Heiligen spirituelle Kraft besitzt. Wie sonst lassen sich die unzähligen Wallfahrten auf den Spuren von Pater Pio in ganz Italien erklären?

In ganz Europa sind ungefähr 50 000 Reliquien von etwa 5 000 Heiligen verstreut.

In den meisten anderen Religionen werden oder wurden Reliquien ebenfalls verehrt.

21 441 Reliquien für 39 924 120 Jahre Ablass!

Der größte Reliquiensammler war Friedrich III. von Sachsen (1463–1525), der insgesamt 21 441 von ihnen erstand. 42 davon waren die vollständig erhaltenen Körper von Heiligen. Basierend auf dieser einzigartigen Sammlung, berechnete er, dass er 39 924 120 Jahre und 220 Tage Ablass angehäuft hatte. Doch unter Luthers Einfluss, der den Ablass ablehnte, gab er den Reliquienkult 1523 wieder auf.

Heilige, die gar nicht so heilig sind

Ab dem Mittelalter nahm die Jagd auf Reliquien und auch ihre Fälschung immer weiter zu. Doch nicht nur Reliquien und Heiligen wurden angefertigt. So löschte die Kirche den Hl. Georg (1975 wieder aufgenommen), den Hl. Christoph und die Hl. Philomena aus ihrem Kalender. Es kam auch zu völlig missbräuchlichen Heiligsprechungen realer Persönlichkeiten, damit die Objekte, die mit ihnen in Verbindung gebracht wurden, den Markt mit Heiligenreliquien versorgen konnten. Aus diplomatischen Gründen waren Heiligsprechungen oft eher politisch als religiös oder moralisch motiviert. Damals wurden viele Herrscher in dem Bemühen heilig gesprochen, die Verbundenheit ihrer Untertanen gegenüber der katholischen Kirche zum Ausdruck zu bringen, die zu dieser Zeit durch die protestantische Bewegung stark unter Druck geriet: Der Hl. Stanislaus von Polen, der Hl. Kasimir von Litauen, die Hl. Brigitte von Schweden, der Hl. Stephan von Ungarn, die Hl. Margarete von Schottland, die Hl. Elisabeth von Portugal, der Hl. Wenzel von Böhmen – die Liste ist wirklich sehr lang.

Gruselige Relikte

Die Reliquienhändler, die bei ihren Bemühungen, Geld auf Kosten der naivsten Gläubigen zu machen, nichts unversucht ließen, zeigten bei ihrer Suche nach heiligen Paraphernalien unglaubliche Fantasie und erfanden einige faszinierende Objekte wie die Hörner des Moses oder die Federn des Erzengels Michael, die 1784 nachweislich in Mont-Saint-Michel zum Verkauf angeboten wurden.

Zum Leidwesen der Reliquienjäger war der Körper Jesu Christi, der in den Himmel aufgefahren war, naturgemäß nicht mehr auf der Erde. Auch hier half die Fantasie aus, in Form der recht außergewöhnlichen Reliquie des Atems Christi, der in einer Glasphiole in der Kathedrale von Wittenberg, Deutschland, aufbewahrt wurde.

Die Überreste von der Vorhaut Jesu, die nach seiner Beschneidung sieben Tage nach der Geburt gerettet wurde und Reste seiner Nabelschnur wurden in der Lateranbasilika in Rom aufbewahrt, während Brot vom Letzten Abendmahl in Gaming in Österreich zu finden war. In mittelalterlichen Texten wurde sogar von der Reliquie des Sternenlichts, das die drei Weisen Männer leitete, erzählt.

DIE ANALEMMATISCHEN SONNENUHREN DES INGENIEUR PASCAL

13

Freimaurerische Sonnenuhren

52, Rue Eugène Brunel und Place Jean Jaurès, 84400 Apt

Zu Beginn des 19. Jh. fertigte P. E. Pascal, ein in Saint-Saturnin d'Apt geborener Ingenieur, zahlreiche Sonnenuhren in Apt und den umliegenden Dörfern an. Es lohnt sich, zwei davon aufgrund ihrer anspruchsvollen Technik, die es gewissermaßen nur in der Provence gibt, näher zu betrachten. Während die eine am Place Jean-Jaurès tagsüber oft zum Teil durch den Fensterladen eines Bewohners verdeckt wird, kann man jene in der Rue Brunel deutlich sehen. Es ist eine schöne analemmatische Sonnenuhr, mit der Abbildung einer länglichen Acht versehen, die die Zeitgleichung* oder das *Analemma* darstellt. Das ist die Figur, die der Sonnenstand im Laufe eines Kalenderjahres erzeugt, wenn er immer zur selben Zeit am selben Ort festgehalten wird. Die Punkte werden sehr exakt in Abständen von nur vier Tagen aufgetragen.

Die Sonnenuhren sind seltsamerweise auch mit Freimaurersymbolen verziert, wie dem Quadrat und Kompass sowie dem fünfzackigen Stern. Drei Punkte, die ein Dreieck bilden, ein typisches Freimaurersymbol, sind auf der Sonnenuhr am Place Jean Jaurè zu sehen.

Monate, deren Name im Französischen auf -bre endet werden durch eine Zahl gefolgt von diesen drei Buchstaben abgekürzt. So wird z. B. der septembre (September) mit 7bre abgekürzt, gemäß dem römischen Kalender, der das Jahr mit dem 1. März beginnt, wonach der September der siebente Monat im Jahr ist. Vielleicht wollte sich Pascal, als Freimaurer, auf diese Weise vom gregorianischem Kalender mit seinen katholischen Assoziationen distanzieren, während er vor dem Einsatz des Revolutionskalenders zurückschreckte.

** Die Zeitgleichung ist die Differenz zwischen der mittleren Sonnenzeit und der wahren Sonnenzeit, die sich im Laufe des Jahres verändert. In der Realität entspricht sie der Differenz zwischen der zu einem bestimmten Zeitpunkt auf einer Sonnenuhr angezeigten Zeit und der auf einer Uhr angezeigten. Diese Abweichung ist auf die elliptische Umlaufbahn der Erde und ihre axiale Neigung zurückzuführen.*

IN DER UMGEBUNG

Der Mascaron in der Rue de la Juiverie (14)

10, rue de la Juiverie, 84400 Apt

Obwohl er sich innerhalb des Ghettos befindet, hat der Mascaron in der Rue de la Juiverie nichts mit hebräischen Symbolen oder Motiven zu tun. Das Relief aus dem 16. Jh. wurde lange, nachdem die jüdische Gemeinde verschwunden war, angefertigt. Die Gemeinde überlebte die Aufstände des Jahres 1348 nicht, als sie für das Einschleppen der Pest bestraft wurde.

DIE SANTONNE-KAPELLE

Ein sowohl ästhetisches wie spirituelles Erdbeben

Chemin de la Santonne, 84400 Apt
Von Apt auf der D113 Richtung Buoux fahren. Wenn Sie etwa auf Höhe des Plateau des Claparèdes sind, rechts in den Chemin de la Santonne einbiegen. Die Kapelle befindet sich fast am Ende der Straße, doch auf der rechten Seite in einer Nebenstraße ohne Namen. Halten Sie danach Ausschau und orientieren Sie sich an der Spitze des Glockenturms.
Bei der Glastür immer beachten: fest drücken und beim Verlassen gut schließen

Diese Kapelle ist eines der bemerkenswertesten religiösen Gebäude in diesem Reiseführer. Nicht nur aufgrund ihrer Architektur, die, was Harmonie und Erfindergeist betrifft, einzigartig ist, sondern auch, weil sie sich vollständig in die Natur einfügt und von ihr eine intensive Energie ausgeht. Das Gebäude ist keiner bestimmten Fachrichtung oder keinem gewissen Stil nachempfunden. Ihr Erbauer wollte einfach für zukünftige Generationen einen bescheidenen Beitrag zur Kunst leisten: „Ein Gesamtkunstwerk". Sie wurde von Roger Petit geplant und errichtet, einem Englischlehrer und Liebhaber moderner Kunst, der sich während des Algerienkrieges das Versprechen gab, eine Kapelle zu bauen, sollte er den Krieg überleben. Nach seiner Rückkehr hielt er sich an sein Versprechen und machte sich daran, das Gebäude mit seinen eigenen Händen auf einem Stück Land, das ihm gehörte, zu erbauen.

Am besten kann man ihr umfangreiches Design auf sich wirken lassen, wenn man vor der Kapelle steht. Sie sitzt friedlich zwischen den sanften Kurven der Landschaft und fügt sich aufgrund des verwendeten Materials, der Steine, die sogar im Glockenturm meisterhaft aneinandergefügt wurden, wunderbar in sie ein.

Ihr Inneres ist so spektakulär wie ihr Äußeres. In der Mitte eines muschelförmigen Schiffs steht ein Christus am Kreuz, der beinahe abstrakt aus dem Stamm eines Olivenbaumes geschnitzt ist. Es wird von einem Kreuzrippengewölbe überdacht, in dessen Mitte sich ein Glasauge mit einer Fischdarstellung befindet, das Licht ins Innere lässt. Ausdrucksstarke Mosaike in der Apsis bringen verschiedene Farben in die Kapelle und geben einen Hinweis darauf, welche Steinarten in der Gegend zu finden sind. Der Text auf dem Altar eröffnet faszinierende Einblicke in die Kunst jenes Menschen, der dieses kleine Meisterwerk erschaffen hat.

STEINBRÜCHE VON BRUOUX

Ein gelber Fels wie eine Kathedrale

1434, route de Croagnes, 84400 Gargas
Mitte Februar bis Mitte November: täglich von 9–18 Uhr
Juli und August: täglich von 10–19 Uhr
Besichtigung im Rahmen von Führungen, Reservierung erforderlich
04 90 06 22 59 – minesdebruoux.fr

Sie sind 15 Meter hoch und drei Meter breit. Wie riesige Schlünde gähnen die sieben Eingänge der Mines de Bruoux in der Flanke des Berges, der eines der größten Ockervorkommen der Welt beherbergt. Während der 100 Betriebsjahre der Mine entstand mit Hacke und Beil ein rund 40 Kilometer umfassendes Gängelabyrinth. Im 19. Jh. war Ocker das Gold dieses kleinen Winkels der Provence.

Anders als andere, häufig oberirdische Steinbrüche, wurde in den Mines de Bruoux direkt im Herzen des Ockervorkommens mit seiner Farbpalette von Dunkelrot bis Zartgelb geschürft. Das gigantische Massiv erstreckt sich auf 25 Kilometern von Goult über Roussillon und Gargas bis nach Gignac.

Ein Besuch dieses kühlen Labyrinths (die Temperatur im Inneren liegt ganzjährig bei 10 °C) ist ein nahezu mystisches Erlebnis. Das Echo der Stimmen, die Beschaffenheit der gelben Wände im Zusammenspiel mit den Schatten der Gänge, die sich in der Ferne kreuzen, die Feuchtigkeit, die über den Boden rinnt und hier und da das Grundwasser zum Vorschein bringt – ein atemberaubendes, entrücktes Gefühl, das in krassem Gegensatz zu der drückenden Hitze des provenzalischen Sommers steht.

Die von den Minenführern vorgetragene lange Liste der Sicherheitsregeln holt den Besucher indes schnell in die Realität zurück. Jeder, der die Mine betritt, bekommt einen Helm und schnell wird klar, dass die Gefahr, sich in dem unterirdischen Labyrinth zu verlaufen, reell ist. Die vielen Anekdoten machen die Besichtigung zu einem kurzweiligen Erlebnis. So erfährt man, dass für die Bearbeitung der Wände mit der Hacke ebenso viele Links- wie Rechtshänder benötigt wurden: die einen arbeiteten links, die anderen rechts. In Anbetracht des Umstands, dass es deutlich weniger Linkshänder gab, waren diese deutlich besser bezahlt als die Rechtshänder.

Rund 150 Kumpel konnten in den Mines de Bruoux, die ab 1848 rund ein Jahrhundert lang genutzt wurden, innerhalb eines Jahres bis zu 40 000 Tonnen Ocker abbauen. Einzig während der beiden Weltkriege kam es zu Unterbrechungen im Betrieb. Nach Ende des Ersten Weltkriegs entstand der romantische Brauch, jung vermählte Paare unter dem Klang plätschernden Wassers mit dem Boot durch die überschwemmten Galerien der aufgegebenen Mine zu fahren.

IN DER UMGEBUNG

Ockerwerk Mathieu – Ôkhra (17)

84220 Roussillon – 04 90 05 66 69 - okhra.com
Informationen zu den Öffnungszeiten auf der Website

In dem nahe gelegenen Werk wurde der Ocker aus dem abgebauten Sand ausgewaschen. Anschließend wurde der extrahierte Ocker – reiner Ton, gefärbt mit einem Mineralpigment (Hydroxid oder Eisenoxid) – getrocknet, gemahlen, um unterschiedliche Farbtöne zu erhalten gebrannt und verpackt. Die schön sanierte alte Ockerfabrik Mathieu ganz in der Nähe der Mines de Bruoux erläutert in einer Museumsausstellung detailliert alle Schritte der Ockerherstellung. Sehenswert!

DIE STATUE DES RABASSIER*

Joseph Talon, der Erfinder der „trufficulture“

Place Gambetta
84490 Saint-Saturnin-les-Apt

Schon viele Besucher von Saint-Saturnin-les-Apt dachten, dass es sich bei der Statue vor dem kleinen Garten rechts vom Place Gambetta um einen Boules-Spieler handelt. Doch sieht man genauer hin, ist es keine Petanque-Kugel, sondern eine Trüffel, die Joseph Talon in seiner rechten Hand wiegt. Und das wortwörtlich, da die Trüffel aus echtem Schwarzgold ist. Wenn ihr Wert nach der Hitzewelle von 2003 auf dem Markt in Carpentras auf 450 € pro Kilo stieg, so nähert er sich heute der 700-€-Marke.

Joseph Talon, ein des Schreibens und Lesens nicht kundiger, zwischen 1755 und 1760 geborener Bauer, gilt als der Erfinder des Trüffelanbaus. Er hatte die Idee, Eicheln von Eichenbäumen, zwischen deren Wurzeln Trüffeln wuchsen, einzupflanzen. Während der Revolution, als andere damit beschäftigt waren, Köpfe abzuschlagen, pflanzte Joseph erfolgreich Eicheln an, wenn man sich an der geernteten Trüffelmenge zwischen 1792 und 1793 orientiert.

Heute ist das anders, da sich die Agrarlandschaft stark verändert hat. Natürliche Trüffelfelder wurden (zugunsten des Weinbaus) aufgegeben und die Wälder massiv gerodet. Ende des 19. Jh. wurden im Vaucluse jährlich etwa 400 Tonnen Trüffeln produziert. Vor dem Ersten Weltkrieg waren es 1500 Tonnen und heute sind es – 18 Tonnen.

Joseph Talon wurde posthum durch seinen Enkel geehrt, der 1899 mit dem „Mérite Agricole" ausgezeichnet wurde. Die Statue, die am Place Gambetta zu sehen ist, wurde am 9. November 1986 enthüllt und erinnert an den Erfindergeist des Mannes, der so viel zur Entwicklung dieser regionalen Schätze beigetragen hat.

Geben Sie beim Spazierengehen in der Umgebung darauf acht, es sich nicht mit den Einwohnern zu verscherzen. Stochern Sie nie mit der Fußspitze unter einer Eiche herum und lassen Sie nie einen Hund dort herumschnüffeln.

Abgesehen von der Statue, lohnt ein Rundgang durch das Dorf, um eine historische Kuriosität zu bestaunen: Es war bis ins 18. Jh. zweigeteilt. Der Osten war französisch, der Westen gehörte zum Papsttum. Ohne dass eine wirkliche Logik hinter dieser merkwürdigen Beobachtung steht, befinden sich alle historischen Gebäude des Dorfes mit ihren schönen Toren auf der rechten Seite der Hauptstraße. Mit einer einzigen Ausnahme: Das schönste Portal mit einem Balkon, der von zwei *Atlanten* (Säulen in Form einer männlichen Figur) getragen wird, befindet sich auf der linken Seite.

* *Rabassier: provenzalisch für „Trüffelsammler"* (rabasso = *Trüffel).*

DIE HOCHÖFEN VON RUSTREL

Eine Industrie-Saga

Le Colorado, Quartier Saint-Peyre
84400 Rustrel

Rustrel, das besonders für seine Ockerfelsen bekannt ist und „Colorado der Provence“ genannt wird, erfuhr im 19. Jh. durch die Entwicklung der Eisen- und Stahlindustrie einen fulminanten Aufschwung. Auch heute noch kann man davon spektakuläre Überreste bestaunen. Nehmen Sie die Straße von Rustrel nach Apt und folgen Sie den Schildern zum

„Camping du Colorado“. Der Zugang zum Gelände ist etwas heikel, da sich die Miteigentümer-Parzellen überlappen. Verhalten Sie sich unauffällig und den Bewohnern gegenüber freundlich, von denen einige Sie ohne Probleme durchlassen werden.

Folgen Sie dann dem Maîtres de Forge-Weg, der zur Kapelle Notre-Dame-des-Anges über dem Dorf und dem Aussichtspunkt führt.

1832 nahm ein Vorarbeiter des Eisenwerks an der Wallfahrt zur Kapelle Notre-Dame-des-Anges teil. Er bemerkte, dass eisenhaltige Minerale neben dem Weg aus dem Boden ragten. Kurz danach begann in Rustrel das Eisen- und Stahlabenteuer, dessen Drehbuch und Charaktere einer sommerlichen Telenovela alle Ehre gemacht hätten. Zuerst einmal gab es die Rivalität zwischen einem Unternehmer und einem Anwalt, die miteinander darin wetteiferten, Land aufzukaufen. Der Geschäftsmann musste daraufhin Konkurs anmelden, bevor die Produktionsstätte überhaupt gebaut werden konnte. Als nächstes tauchte Pauline Jaricot auf, eine reiche Erbin, die ihn aus dem Gefängnis holte und die noch immer nicht fertiggestellte Fabrik um eine beträchtliche Summe abkaufte. Als leidenschaftliche Anhängerin des „christlichen Sozialismus“ kam sie mit der erklärten Absicht nach Rustrel, „einen Betrieb zu errichten, in dem tugendhafte Arbeiter und ihre Familien die Vorteile sorgfältig organisierter und fair bezahlter Arbeit genießen können“. Zwei Jahre später starb sie komplett verarmt. Das Vorhaben war in Wirklichkeit zum Scheitern verurteilt, da es auf veralteten Technologien und minderwertigen Mineralien basierte. Zu guter Letzt wurde die Bahnlinie nach Avignon, die einen günstigen Transport des Stahls gesichert hätte, erst zehn Jahre nach der endgültigen Schließung des Werks 1887 eröffnet.

Im Dorf erinnert gleich hinter dem Lebensmittelladen ein dezentes Metallkreuz daran, dass die Metallindustrie ein gefährliches Unterfangen ist: am 6. Mai 1849 explodierte eine Wanne mit geschmolzenem Metall und tötete zwei Arbeiter.

Warum ist die Kirche des Hl. Jean de Caseneuve so beeindruckend?

Die äußerst beeindruckenden Dimensionen dieser Kirche in der Nähe von Caseneuve (auf der RD35) kann man durch die Tatsache erklären, dass sie tatsächlich nur aus den Überresten des Torbogens und der Apsis der Kirche der Abtei Notre-Dame-des-Aumades besteht, die sich einst ganz in der Nähe befand. Sie wurde 1830 abgetragen und dann Stein für Stein an den heutigen Standort gebracht. Die Abtei wurde 1386 aufgegeben, nachdem das Generalkapitel des Cluniazenserordens entschieden hatte, dass „das Haus von Les Aumades sich im Zustand des Verfalls befand, sowohl in spiritueller als auch in weltlicher Hinsicht“.

DAS SIRENE-OBSERVATORIUM

Eine Sternwarte in einem ehemaligen Atomraketensilo

ZL12,D 34,84400 Lagarde d'Apt
04 90 75 04 17 (nach 14 Uhr)
obs-sirene.com – sirene@obs-sirene.com
Abendliche Erkundungen, Kurse für Neulinge und Erfahrene, nur nach Voranmeldung. Termine von Veranstaltungen und Festivals können Sie der Website entnehmen oder telefonisch erfragen.
Breite : 44°00' 00" N – Länge : 05° 29' 13" O – Höhe: 1100 Meter

1965 beschloss General de Gaulle einen Teil des französischen Atomarsenals auf dem Plateau d'Albion zu stationieren. Auf 785 Hektar wurden 27 Silos zur Aufbewahrung von Raketen gebaut (obwohl nur 18 davon in Betrieb gingen). Nach etwa 30 Jahren gab man den Standort auf. Die meisten Silos wurden abgedeckt und gerieten langsam in Vergessenheit, natürlich nachdem sie von ihren Waffen befreit worden waren. Einige wurden für Projekte wie ein örtliches Café oder das unterirdische Labor Bas Bruit (ein geräuscharmes unterirdisches Laboratorium) genutzt. Das originellste der Projekte ist das SIRENE (SIlo REhabilité pour Nuits Etoilées), eine private Sternwarte.

Es war die Idee von Frédéric Bardin, einem engagieren Astronomen aus dem Optiklabor der Sternwarte in Marseille, einen der Silos als astronomische Beobachtungsplattform zu nutzen, um Einführungskurse und fortführende Schulungen anzubieten. Im Jahr 2000 wurde mit der Arbeit begonnen. Neben der guten Erreichbarkeit über die Straße, profitiert das Gelände, das auf einer Höhe von 1100 Metern und somit über der Luftverschmutzungszone liegt, von einem der klarsten Himmel Frankreichs. Dazu kommt noch der Schutzstatus, der von der Armee für weitere 30 Jahre erwirkt wurde und der eine Erschließung des Grundstücks und somit eine weitere Lichtverschmutzung ausschließt.

Der Militärcharakter ist noch immer sehr deutlich: Das technische Gebäude wird als Informationsstelle und zur Begrüßung der Besucher genutzt, doch der spektakulärste Anblick ist das Tor des Silos, das früher die Rakete einschloss und noch immer vor Ort ist. Das mit Beton ausgefüllte Stahltor wiegt 140 Tonnen. In Friedenszeiten wurde es zweimal pro Jahr geöffnet. Einmal zur Wartung und einmal, um die Rakete zu austauschen. Um dies zu bewerkstelligen, brauchte es zwei Schlüssel, die jeweils von einem Vertreter zwei verschiedener Ministerien – Innen- und Verteidigungsministerium – aufbewahrt wurden. Im Falle eines Nuklearangriffs hätte es nur 23 Sekunden von der Anweisung des Präsidenten bis zum Abschuss der Rakete gedauert und diese hätte auf ihrem Weg aus einer Tiefe von 30 Metern alles pulverisiert, so auch die überirdischen Gebäude, die aus diesem Grund nur zum einmaligen Gebrauch bestimmt waren.

Natürlich ist SIRENE nur nachts in seinem Element. Während der Beobachtungen werden zwei Kuppeldächer eingefahren und Teleskope nehmen die Sterne, Planeten und den Mond ins Visier. Ziehen Sie sich vor allem warm an, denn die Nächte sind auch im Sommer kalt. Tagsüber kann man die Sonne beobachten oder sich mit Bildern des Nachthimmels vertraut machen.

DIE WINTERSONNWENDE IN DER ABTEI VON VALSAINTES

21

Zusehen, wie die Sonnenstrahlen durch die Kapelle wandern

Abtei von Valsaintes, Boulinette, 04150 Simiane-la-Rotonde
04 92 75 94 19 – valsaintes.org – info@valsaintes.org
April, täglich, 14–18 Uhr ; Mai–30. September täglich 10:30–19 Uhr ; 1. Oktober–1. November täglich 14–18 Uhr

Die Abtei Notre-Dame de Valsaintes, auch als Abtei Simiane (oder Abtei Boulinette) bekannt, ist ein Zisterzienserkloster, das im 12. Jh. von Mönchen der Abtei Silvacane, die dort bis zur Revolution lebten, gegründet wurde. Sie befindet sich in der Gemeinde Simiane-la-Rotonde im Département Alpes-de-Haute-Provence.

1996 wurde die Abtei vom Verein A.T.H.R.E (steht für: Kunst; Tradition; Geschichte; Forschung; Umwelt) übernommen, der an ihrer

Wiederherstellung arbeitet. Seit 1999 sind Teile des Gebäudes und der Garten, in dem jetzt vor allem Rosen wachsen, für die Öffentlichkeit zugänglich. Der Rosengarten hat vom Kulturministerium die Auszeichnung *Jardin Remarquable* (herausragender Garten) erhalten.

Das Highlight des Jahres findet zur Wintersonnwende statt: Während eines sehr berührenden Gottesdienstes wandert ein weißer Lichtstrahl durch die Kapelle und gibt den Besuchern die Gelegenheit zu beobachten, dass die Mönche nichts dem Zufall überließen, wenn es um die Ausrichtung ihrer Kirchen ging.

Jedes Jahr werden auf der Website des Vereins Datum und Uhrzeit bekanntgegeben, an dem das Ereignis stattfindet. Musiker sind wichtiger Bestandteil dieses Schauspiels und begleiten die Bewegung der Sonnenstrahlen, die durch den Okulus hereinfallen und die Kirche Richtung Altar durchqueren. Interessant ist, dass man dieses Phänomen eigentlich zufällig bei der Sanierung des Gebäudes entdeckte. Seitdem dürfen Besucher diesen faszinierenden Moment miterleben und mit eigenen Augen beobachten, wie sich der Lichtstrahl still bewegt – ein Ereignis, auf das 80 Menschen ihr Augenmerk richten.

DAS FLUGZEUGTAL

René Char, ein widerstandsfähiger Dichter

Chavon, 04150 Simiane-la-Rotonde
Der Zugang erfolgt über eine ab Chavon ausgeschilderte Straße. Eine Tafel markiert die Absturzzone, Codename „Abatteur" (der Schlächter). Die Straße ist für Autos nicht befahrbar, man muss zu Fuß hinunter ins Tal gehen. Der Rundwanderweg dauert etwa 35 Minuten

Im Morgengrauen des 10. Mai 1944 trafen sieben Widerstandskämpfer der SAP (Abteilung für Landungen und Fallschirmabwürfe), die unter dem Kommando des Dichters René Char standen, letzte Vorbereitungen für die Landung einer Fallschirmeinheit der Alliierten.

Plötzlich flog der für die Aktion eingesetzte Wellington-Bomber, offensichtlich in Bedrängnis, auf geringer Höhe über die Zone. Er stürzte nicht weit entfernt in einem Tal ab, das später zum Gedenken an das Ereignis als La Combe de l'Avion (das Flugzeugtal) bekannt werden sollte.

Keines der fünf Crew-Mitglieder überlebte. Alle Spuren des Absturzes mussten in großer Eile beseitigt werden, damit die feindlichen deutschen Soldaten das englische Flugzeug nicht finden und so den Landeplatz entdecken würden. Nach Tagen intensiven Arbeitens war das Flugzeug (20 Meter lang, mit einer Flügelspanne von 26 Metern) an der Stelle, an der es gelandet war, vollständig vergraben worden. Und dort liegt es bis heute.

Dieses tragische Opfer bewog die Männer der SAP dazu, nach dem Ende des Krieges im Mai 1945, einen Stein zum Gedenken an die Crew zu errichten. Seitdem kommen jedes Jahr am 10. Mai die Leute aus Simiane-la-Rotonde und der Umgebung zusammen, um der Tragödie im La Combe de l'Avion zu gedenken.

DAS ALTARBILD IN DER KIRCHE NOTRE-DAME DE L'ASSOMPTION

Ein Zeuge mittelalterlicher Wallfahrten

Place de la Libération, 04110 Reillanne

In der Pfarrkirche von Notre-Dame-de-l'Assomption in Reillanne gibt es ein schönes Altarbild aus dem 12. Jh. Als denkmalgeschütztes Objekt gelistet, da es von nationaler historischer Bedeutung ist, zeigt die weiche Kalksteinplatte, die fast 200 Kilogramm wiegt, ein Flachrelief, das bestätigt, dass Pilger auf ihrem Weg nach Compostela hier Halt machten.

Im Zentrum des Reliefs sieht man eine rechte Hand. Drei Finger, der Daumen, der Zeige- und der Mittelfinger sind ausgestreckt als Symbol für die Dreifaltigkeit, während die anderen beiden flach gegen die Handfläche gedrückt sind, als Symbol für die Doppelnatur Jesu, die menschliche und die göttliche. Lange Zeit war das die Fingerposition, die orthodoxe und Katholiken einnahmen, wenn sie das Kreuzzeichen machten. Rund um die Hand sind vier Löcher eingearbeitet, damit die Gläubigen die Reliquien berühren konnten, die hinter der Platte aufbewahrt wurden.

Links neben der Hand ist der Hl. Jakobus abgebildet und rechts daneben der Hl. Martin. Letzterer, dessen Nase sich im Laufe der Jahrhunderte durch die Berührungen der Pilger abgewetzt hat, trägt einen Bart in Form einer Jakobsmuschel – sein Symbol, um die Pilger an Reillannes Bedeutung als Zwischenstopp auf ihrem Weg nach Compostela zu erinnern. Auf dem Buch, das er in den Händen hält, kann man die Abkürzungen SCS|IACO|BAPLS erkennen, die für Sanctus Jacobus Apostolis (Apostel Jakob) stehen. Der Hl. Martin hält eine Rolle, auf der vier Zeilen zu lesen sind SCS|MAR|TI|NUS Sanctus Martinus (Hl. Martin). Als konvertierter römischer Soldat verbreitete der Hl. Martin das Christentum in Gallien. Er wird mit einem Pilgerstab dargestellt. Die Namen einiger nahegelegener Dörfer auf dem Weg nach Apt weisen darauf hin, dass der Bischof von Tour durch dieses Gebiet reiste. Seine Reliquien wurden in die Kirche Saint-Martin-de-Tours gebracht, die wie Compostela ein beliebtes Ziel für Pilger war.

DIE ANTROPOMORPHEN FELSGRÄBER

24

Ein Ort der Stille, Besinnung und Ruhe

Prieuré de Carluc
Den Schildern von der RN100 folgen, 2,5 km östlich von Céreste

In der Nähe von Céreste ist die Abtei Carluc eine Oase der Ruhe und des Friedens. Sie besteht aus einer Kirche, der Abteiruine und einer in den Felsen gehauenen Nekropole aus den frühesten Tagen der Christenheit. Das Originelle daran ist, dass bestimmte Gräber eine antropomorphe Form (in Menschengestalt) haben. Etwas Einmaliges in Frankreich.

Der Name „Carluc", offensichtlich indo-germanischen Ursprungs, bezieht sich auf den Felsen und das Wasser, da eine nie versiegende Quelle die menschliche und religiöse Präsenz an diesem Ort erklärt. Es ist eine dieser Stätten, die Stille, Besinnung und Ruhe gebieten und an denen die Pflanzen rund um die Kirche einen an die Werke des französischen Landschaftsmalers Hubert Robert erinnern.

Die Mönche der Abtei Saint-Victor in Marseille richteten wahrscheinlich 4. Jh. n. Chr. eine christliche Kultstätte in Carluc ein. Es heißt, dass es sich um eine ehemalige Druidenstätte handelt und, wie eine Broschüre des Fremdenverkehrsbüros erklärt, „versteht man warum, sobald man sie einmal gesehen hat." Das Vorhandensein einer so zuverlässigen Quelle lässt andererseits keinen Zweifel daran, dass dieser Ort schon sehr lange besiedelt war. Zudem befindet er sich nur eine römische Meile (1481 Meter) von der Via Domitia entfernt, die durch Céreste führte und Rom mit der Provence verband.

Die in den Felsen gehauenen Kapellen und Wohnräume sind der außergewöhnlichste Teil der Anlage. Über unterirdische Tunnel erreicht man die Gänge, die von in Steinnischen platzierten Sarkophagen gesäumt sind. Einige davon sind antropomorph und beherbergen wahrscheinlich bedeutende Persönlichkeiten, was die Theorie unterstützt, dass Carluc eine Pilgerstätte war.

DER FRIEDHOF VON SAINT-PANCRACE

Der idyllischste, surrealste, unerwartetste, verblüffendste und unglaublichste Friedhof der Provence

Von Grambois die RD33 in Richtung Vitrolles nehmen (im Vaucluse, nicht Vitrolles im Bouches-du-Rhône)
Nachdem Sie am Château de Pradines und einer Farm auf der Rechten vorbeigegangen sind, finden Sie rechts einen gesperrten Pfad, an dem mehrere Schilder warnen, dass es sich um Privatgrund handelt und der Zutritt streng verboten ist. Er führt Sie innerhalb von Minuten zum gewünschten Ort

Auf einem privaten Grundstück in der Gemeinde Grambois, angrenzend an die Saint-Pancrace-Kapelle, befindet sich der idyllischste, surrealste, unerwartetste, verblüffendste und unglaublichste Friedhof der Provence.

Wenn die Saint-Pancrace-Kapelle, die aus dem 14. Jh. stammt, geschlossen ist, kann man trotzdem durch das Gitter drei Fresken im Innenhof erkennen. Sie wurden 1912, am Höhepunkt des französischen Fauvismus, von drei verschiedenen Künstlern für den damaligen Eigentümer des Anwesens, Douglas Fitch, gemalt. Eines dieser Fresken, Die Anbetung der Könige, ist von Pierre Girieud, einem Vorreiter der modernen Kunst, der in Paris (erstaunlicherweise in der Rue de Marseille) in eine provenzalische Familie geboren wurde. Sieht man sich den Hintergrund des Werks genauer an, erkennt man, wie z. B. nackte Lastenträger, Badende, die eines der Pferde erschrecken und ganz hinten eine Darstellung der Kapelle. Die zwei anderen Fresken sind von Alfred Lombard (Die Predigt des Christus) und Georges Dufrenoy (Die Kreuzabnahme). Diese drei Künstler bedienten sich der Techniken der großen italienischen Freskenmaler, was den bemerkenswert guten Zustand der Werke erklärt, obwohl sie den Elementen ausgesetzt sind.

Doch das Highlight des Geländes ist natürlich der Friedhof. Es ist ein außergewöhnlich friedlicher Ort, unter einem Eibenwald, in dem eine gewaltige Pyramide (sechs Meter hoch) die Szene beherrscht – das Grab von Joséphine Honorine Bec, die 1819 im Alter von 28 Jahren starb. Ihr untröstlicher Ehemann ließ sie auf einem Thron sitzend, mit dem schönsten Schmuck und in ihre besten Gewänder gekleidet, begraben. Es heißt, dass er sogar einen Tunnel zwischen der Kapelle und dem Grab bauen ließ, um sie besuchen zu können. Drei Seiten der Pyramide sind mit Inschriften und Gedichten versehen.

WAS VON DER FÄHRE ÜBER DEN DURANCE BLIEB

(26)

Die drei Geißeln der vorrevolutionären Provence: der Mistral, der Durance und das Parlament in Aix

Sainte-Madeleine-Kapelle, RN96
Rue du Barry, 84120 Mirabeau

Der Fluss Durance stellte bei Reisen durch die Provence schon immer ein größeres Hindernis dar. Unberechenbar und anfällig für verheerende Überflutungen, wehrte er sich kräftig gegen die Versuche der Einwohner, ihn mit einer Brücke zu bezwingen. Ihn zu überqueren, ohne nass zu werden, sollte den Menschen erst im 19. Jh. gelingen. Die aktuelle Brücke wurde 1990 gebaut.

Bevor es die Brücken gab, nutzten die Menschen eine Fähre, eine Art Floß, das mit Hilfe eines Seils über den Fluss gezogen wurde. Heute erinnert dort nichts mehr an die Fähre, nur die Treppe, die von der Anlegestelle zur Kapelle führt, gibt es noch immer. Der letzte Poller, an dem man das Seil für die Fähre vertäute, ist erhalten geblieben und kann am Eingang des Dorfes Mirabeau besichtigt werden.

Die Fähre setzte dort über, wo der Durance am schmalsten war – an der Stelle, an der später auch die Brücken gebaut wurden. Die kleine Kapelle, die sich dort auf einer Anhöhe befindet, wurde ursprünglich im 11. Jh. erbaut. Mitte des 13. Jh. erhielt sie den Namen Sainte-Madeleine-du-Pont (Die Hl. Maria Magdalena von der Brücke).

1365 wollten Papst Urban V. und sein Gefolge den Fluss überqueren, doch Überflutungen machten alle Überfahrten unmöglich. So waren der Heilige Vater und sein Tross gezwungen, gemeinsam mit etwa hundert Studenten in Saint-Paul-les-Durance unterzukommen, obwohl das Dorf nur Platz für etwa zehn Gäste bot.

DAS AUSSERGEWÖHNLICHE MUSEUM DES G. MAZOYER (27)

Der begeisterte Tiefseetaucher Georges Mazoyer hat all seine Funde in diesem Museum ausgestellt

Rue du Vieux-Moulin, 84240 Ansouis – 04 90 09 82 64
Informationen zu den Öffnungszeiten auf der Website

Lassen Sie sich das „außergewöhnliche Museum“ von Georges Mazoyer im schönen Dorf Ansouis nicht entgehen. Aus einiger Entfernung sieht man die am Boden verstreuten elf riesigen Skulpturen von Meeresbewohnern und prähistorischen Tieren, die diesen Ort vor mehreren Millionen Jahren bevölkerten, als das Luberon-Gebiet 800 Meter hoch von Wasser bedeckt war. Das Museum selbst befindet sich in einem Gebäude aus dem 15. Jh., das Georges Mazoyer 20 Jahre lang restaurierte. Mazoyer wurde 1925 in Marseille geboren und war ein leidenschaftlicher Tiefseetaucher. Er durchkämmte die Weltmeere und trug seine Fundstücke in diesem Museum zusammen, gemeinsam mit den Bildern, die er im Laufe der Jahre gemalt hatte. All das zusammen ist vielleicht nicht unbedingt „außergewöhnlich“. Doch vor allem Kinder sind von der „Korallengrotte“ beeindruckt, einer Unterwasserhöhle, die durch ein buntes Glasfenster erleuchtet wird und an der sie sich gar nicht satt sehen können. Es gibt auch eine Fossiliensammlung, Muscheln und Korallen, Amphoren und kurzweilige Anekdoten aus dem Familienleben von Georges Mazoyer: die Muschel in Form einer Eistüte, die man niemals unten anfassen darf, da ihr vier Zentimeter langer Stachel Herzversagen hervorrufen kann; oder der Fugu, ein Fisch, der von Fachleuten gekocht werden muss, aus Angst, den ahnungslosen Esser zu vergiften.

DAS SCHLAFZIMMER DER HEILIGEN

(28)

Eine vorbildliche Ehe: er wurde zum Heiligen, während sie ein Schweigegelübde ablegte

Château d'Ansouis, 84240 Ansouis
04 90 77 23 36 – 06 84 62 64 34 – ansouis84@gmail.com
Informationen zu den Öffnungszeiten auf der Website
Für Gruppen das ganze Jahr über ohne Reservierung zugänglich

Zu Beginn des 14. Jh. arrangierte Karl II., König von Neapel, eine Ehe, um seine politischen Ambitionen voranzutreiben. Das war die Verbindung zwischen Elzéar de Sabran, Graf von Ariano, Baron von Ansouis und Cucuron und Delphine von Signes, die damals in einem Kloster lebte und ein Keuschheitsgelübde abgelegt hatte. Sie akzeptierte das Ehearrangement, unter der Bedingung, dass ihr zukünftiger Ehemann ein ähnliches Gelübde ablegen sollte. Das Schlafzimmer im Château d'Ansouis wurde daraufhin als das „Schlafzimmer der Heiligen" bekannt. Ein Bett war für ein Paar, das offiziell verheiratet war, dessen Ehe aber nie vollzogen wurde, nicht notwendig (das Bett, das sich jetzt dort befindet wurde zu einem späteren Zeitpunkt aufgestellt). Elzéar starb kurz darauf in Paris. Als ihn ein Priester während seiner letzten Erkrankung besuchte, bat er darum, die Wahrheit über seine Ehe öffentlich zu machen, damit sie dem einfachen Volk als Beispiel dienen könne. Danach entschied sich Delphine dafür, in größter Einfachheit zu leben und legte ein weiteres Gelübde ab – das des Schweigens. Sie erreichte ein hohes Alter und war bekannt für wundersame Taten sowie für ihre Visionen. Sie bat Papst Clemens VI., ihren Ehemann heilig zu sprechen, was dieser auch tat. Auch Delphine wurde selig gesprochen. Das Château d'Ansouis blieb von der französischen Revolution verschont und ist noch immer im Besitz der Familie Sabran, den Nachkommen von Elzéar, die auch dort leben.

Elzéar de Sabran, ein ketzerischer Heiliger

1285 wurde das Schloss Roubians nahe Carbrières-d'Algues Zeuge der Geburt von Elzéar de Sabran in eine der berühmtesten Adelsfamilien der Provence. Es ist überliefert, dass Elzéar schon früh Anzeichen seiner Heiligkeit zeigte, als er, offensichtlich um Verzicht zu üben, sich weigerte an Freitagen an der Brust seiner Amme zu trinken. Er studierte im Kloster Saint-Victor in Marseille, wo ein Verwandter Abt war. Dort kam er zum ersten Mal mit den Grundsätzen der Franziskaner in Berührung, die forderten, dass die Kirche, die unglaublich reich und weltlich geworden war, zu den Idealen von Armut und Reinheit aus den Anfängen des Christentums zurückkehren solle. Diese Ideale hatten viel mit den Überzeugungen der Tempelritter gemein, vor allem mit jenen der Katharer, mit welchen die Familie Sabran enge Kontakte pflegte (die Katharer wurden 1208 vernichtet und ihre Lehre vom Laterankonzil 1215 zur Ketzerei erklärt). Elzéar schloss sich dem Franziskanerorden an und ging von Ansouis nach Puimichel, wo er, beeinflusst vom franziskanischen Beichtvater Franz von Mayrone 1316 sein Keuschheitsgelübde ablegte. Letzterer war ein Anhänger der tausendjährigen Doktrinen, die Keuschheit in der Ehe predigten (da der Körper zu einer Zeit, da das Ende der Welt nahte, rein bleiben sollte). Hinter diesen Lehren stand eine offizielle Anklage der Kirche aufgrund weltlicher Dekadenz und der dringende Bedarf nach einer spirituellen Wende. Die Franziskaner waren der Orden, der die Kirche am vehementesten zu Reformen drängte, weshalb sie mehrere Male von verschiedenen Päpsten als Ketzer gebrandmarkt wurden, z. B. 1296 von Papst Bonifatius VIII. Das machte die Heiligsprechung von Elzéar und Delphine de Sabran sehr schwierig. Zweimal wurde das Ansuchen zur Heiligsprechung von den Päpsten in Avignon abgelehnt: das erste von Johannes XXII. und das zweite 1351 von Clemens VI. Doch am 15. April 1359 sprach Papst Urban V. Elzéar heilig, stellte jedoch das Heiligsprechungsdekret nicht aus. Dies übernahm dann schließlich sein Nachfolger, Gregor XI., am 5. Januar 1321. Im Gegenzug traf der États de Provence (ein Gremium aus Kirchenleuten, Adel und Bürgerlichen) am 18. April 1382 in Apt zusammen und schlug Papst Clemens VII. vor, Delphine de Sabran heilig zu sprechen. Obwohl sie zu den franziskanischen Märtyrerinnen zählte, wurde der Vorschlag abgelehnt. Doch die Menschen in der Provence nannten sie trotzdem die Hl. Delphine. Deshalb erkannte Papst Innozenz VII. 1694 ihre Anhängerschaft an, sprach sie heilig und legte ihren Namenstag auf den 27. November. Das Zeichen beider Heiligen ist die Lilie, ein Symbol für Jungfräulichkeit.

DIE TRADITIONELLE PAPPEL VON CUCURON

29

Eine Pappel, die größer als der Glockenturm ist, die seit 1720 jedes Jahr gepflanzt wird

84160 Cucuron

In Cucuron, einem Dorf in der Nähe von Lourmarin, halten die Einheimischen an einer bemerkenswerten Tradition fest: Jedes Jahr, zwischen Mai und August, wird eine Pappel vor die Kirche gestellt, um ein 1720 zum Ende der Pestepidemie gegebenes Gelübde zu erfüllen.

Die Pest, die sich von Marseille Richtung Norden ausbreitete, erreichte das Dorf im Oktober 1720. Ihr fielen innerhalb eines Monats fast 1000 Menschen zum Opfer.

Die Epidemie flaute nach einer feierlichen Prozession, bei der die Menschen ein ewiges Gelübde für den Hl. Tulle, den Schutzpatron des Dorfes, ablegten, ab. Sie gelobten, jedes Jahr dieselbe Prozession abzuhalten und vor der Kirche einen Baum, höher als der Glockenturm, aufzustellen.

Seit damals schwärmen die Männer des Dorfes am ersten Samstag nach dem 21. Mai aus und fällen einen Baum, den sie (mit Hilfe einiger Holzbalken) bis zur Kirche tragen. Ein Kind in traditioneller Tracht, „Enseigne" (Fähnrich) genannt, wird als Zeichen der Toleranz auf den Baumstamm gesetzt. Die Menge applaudiert und mit einigen Handgriffen wird der Baum vor der Kirche hochgezogen, wo er bis zum 15. August stehen bleibt.

Cucuron ist ein seltsamer Name für einen Ort. Einige glauben, er leitet sich von den Worten Caesars ab, der, als er sah, dass die Bevölkerung vor ihm floh, fragte: *Cur currunt*? (Warum laufen sie davon?) Tatsächlich leitet sich Cucuron von *Cuques* ab, was Höhe bedeutet, eine gebräuchliche Bezeichnung in der Provence.

IN DER UMGEBUNG

Das Marc-Deydier-Museum

Rue de l'Église, 84160 Cucuron
04 90 77 25 02
Täglich außer Dienstag morgens, 10:30–12 Uhr und 14–17:30 Uhr

Anwalt, Archäologe und Fotograf Marc Deydier war ein wahrer Mann der Dritten Republik (1815–1940). Seine Erinnerungsstücke und Sammlungen wurden in diesem hübschen Museum zusammengetragen, das darüber hinaus die Funde archäologischer Ausgrabungen in der gallorömischen Villa von Viely ausstellt. Achten Sie vor allem auf das Graffito auf bemaltem Gips, das erstaunlich detailgetreu ein römisches Handelsschiff darstellt.

DIE STATUE DES KLEINEN TROMMLERS

31

Ein kleiner Trommler, der ganz alleine unter die Brücke von Arcole schwamm

Place du Tambour d'Arcole , 84160 Cadenet

Eine kleine, aber heldenhafte Episode in der französischen Geschichte entstand rund um den in Cadenet geborenen André Estienne, einem Trommler in der napoleonischen Armee. Die Bronzestatue des kleinen Trommlers, für die das Dorf bekannt ist, steht auf dem Hauptplatz. Vom Bildhauer Amy signiert, wurde sie 1894 errichtet. Entgegen der öffentlichen Meinung bezieht sich das französische Wort tambour nicht auf das Instrument selbst, sondern auf den musizierenden Soldaten. Die Vorstellung, dass Trommler Kinder waren, ist ebenfalls ein Mythos, obwohl es hier Ausnahmen gab. Kinder konnten erst mit 16 Jahren einem Regiment beitreten, und der Trommler von Cadenet war zur Zeit der hier beschriebenen Ereignisse 19 Jahre alt.

Sie ereigneten sich während der Schlacht von Arcole am 15. November 1796. Es war unmöglich, unter dem Beschuss der Österreicher über die Brücke zu gelangen. Bonaparte überquerte sie deshalb allein und zu Fuß und trug dabei seine Flagge. Es heißt, dass der Trommler von Arcole ebenfalls den Fluss überquerte, indem er ganz allein hindurch schwamm. Und als er das andere Ufer erreichte, schlug er seine Trommel und ließ so den Feind glauben, dass sie in in einen Hinterhalt geraten waren.

Vor kurzem wurde ein weiteres Denkmal in Cadenet errichtet: ein Sockel ohne Statue. Auf dieser Marmorsäule am südlichen Dorfeingang, die von einem Korbgeflecht umgeben ist, steht auf provenzalisch die Geschichte des jungen Trommlers geschrieben. Ihr Verdienst ist es, die Entwicklung der Ausdrucksformen durch den figurativen, ausdrucksstarken, überzeugenden und ständig wechselnden Stil der Bronzestatue auf modernere Weise zu vergleichen, weniger „lesbar“, obwohl schriftlich festgehalten. Ein Beweis für den Innovationswillen im Dorf.

IN DER UMGEBUNG

Das Taufbecken in der Kirche Saint-Étienne (32)

Cours Voltaire, 84160 Cadenet

Das Taufbecken befindet sich in der Kirche Saint-Étienne (Hl. Stephan) in der ersten Kapelle auf der linken Seite. Es wurde eigentlich aus einem Teil eines römischen Sarkophags aus dem 3. Jh. gefertigt, mit einem Flachrelief, dass das Erwachen der Ariadne von Naxos, Griechenland, darstellt.

GRAFFITI IM CHÂTEAU DE LOURMARIN

(33)

Der Fluch der „Zigeuner"

84160 Lourmarin
04 90 68 15 23
chateau-de-lourmarin.com
contact@chateau-de-lourmarin.com
Die Graffiti in den Privaträumen können nur nach Voranmeldung besichtigt werden. Die Figuren auf dem Fries der Haupttreppe sind während einer klassischen Schlossführung zugänglich (Informationen zu den Öffnungszeiten auf der Website)

Regelmäßig entgehen den gehetzten Besuchern des Château de Lourmarin eine Reihe außergewöhnlicher Details. Das Zigeuner-Graffiti ist vielleicht die bemerkenswerteste dieser wenig bekannten Kuriositäten.

Das Château von Lourmarin besteht aus zwei Hauptabschnitten: dem alten Château, das aus dem 15. Jh. stammt und dem 1537 erbauten Renaissance-Flügel. 1801 erwarb Pierre de Grirar, der Erfinder der Spinnmaschine, das Anwesen und ging schließlich bankrott. Bis ins frühe 20. Jh. ging das Château von Hand zu Hand und wurde auch besetzt. Es scheint sogar, als wären die zerstörten Abschnitte von Roma

auf ihrer Pilgerreise nach Les Saintes-Maries-de-la-Mer genutzt worden.

Genau diesen „Reisenden" wurde das berühmte Graffiti des Schlosses einst zugeschrieben. Es stellt ein Boot dar, von dem angenommen wird, dass es jenes der heiligen Marien sein soll, ein Kreuz, Kreise, die der Sonne ähneln, fünfzackige Sterne und das geheimnisvolle Wort „ARMENY". Sogar der Fluch, der auf den verschiedenen Schlossbesitzern lastete, wird dem Graffiti zugeschrieben: Der letzte Besitzer, Robert Laurent-Vibert, Präsident von Pétrole Hahn, der das Anwesen 1920 gekauft hatte, wurde 1925 bei einem Autounfall getötet, als er Lourmarin verließ. Nach anderen Angaben ist das Graffiti eigentlich eine Zeichnung, signiert von einem Mitglied der Familie Armeny, Armenier, die in Marseille lebten. Zufälligerweise gibt es in Marseille eine Straße desselben Namens.

Ein weiterer ungewöhnlicher Aspekt des Châteaus ist die Haupttreppe, ein Meisterwerk akademischer Architektur. Während man sich beim Hinaufgehen auf das obere Fries konzentriert, bemerkt man gleichzeitig eine Bewegung bei den Skulpturen, so als ob man durch einen Comic-Strip blättern würde: eine Jakobsmuschel gefolgt von einem Pilgerbeutel, einem Freimaurerkompass, einem Wappen, einem Mann, der sich nach vorne beugt und, von hinten gesehen, den Blick auf geflügelte Hoden freigibt. Zu guter Letzt steht auf dem Sturz der Kellertür eine mysteriöse Warnung geschrieben. In gotischen Buchstaben heißt es dort: „Trink und verlass dann das Haus – 1513."

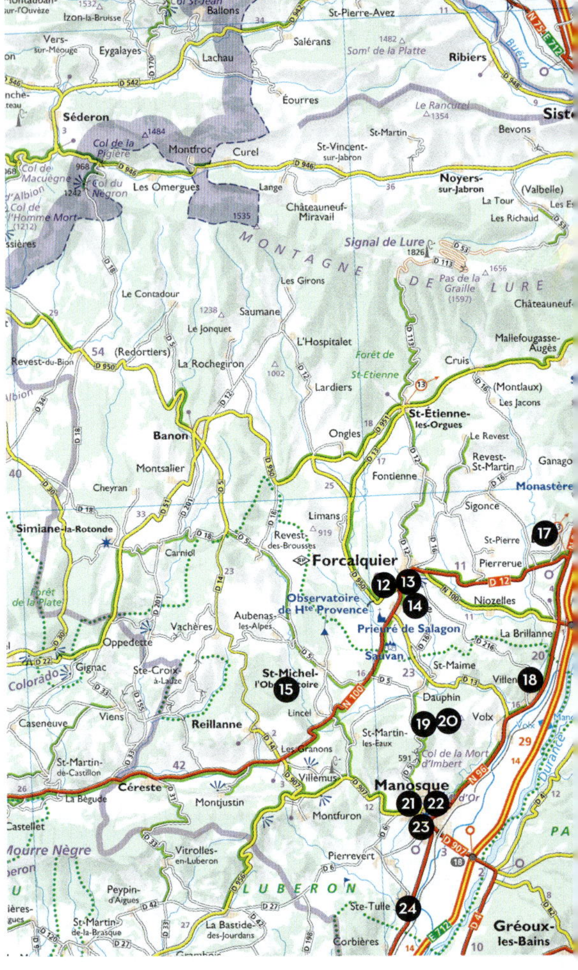

Die Haute-Provence

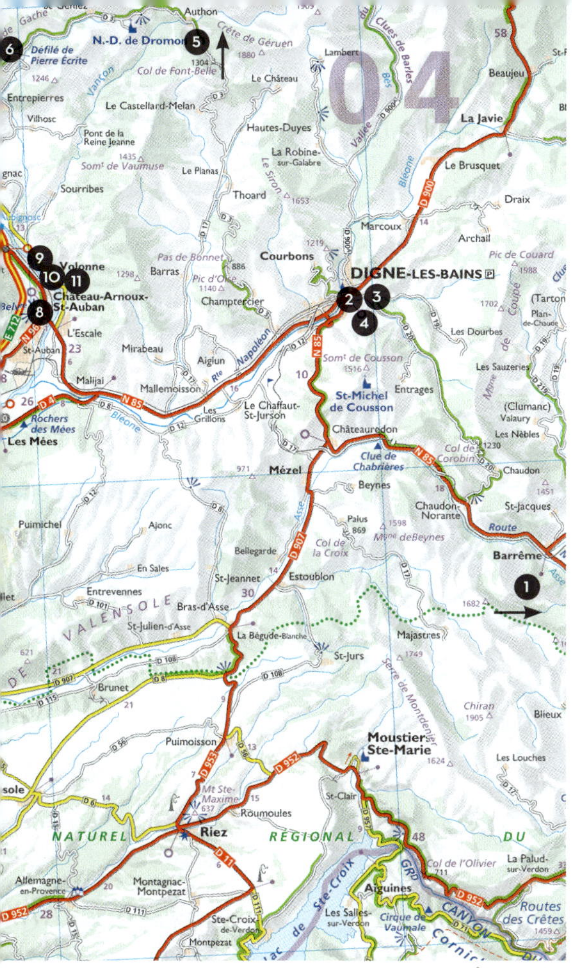

DIE KATHEDRALE NOTRE-DAME-DE-L'ASSOMPTION

1

Eine Kathedrale in einem Dorf mit nur 162 Einwohnern

Place de l'Église, 04330 Senez
Anmeldungen unter 06 30 87 42 21. Auf Anfrage erhalten Sie auch einen Audio-Guide, der Sie in einer 30-minütigen Tour durch die Kirche führt

Nach einer Kurve auf der Route Napoleon trifft man auf den Wegweiser nach Senez auf dem folgender, vielleicht überraschender, Hinweis steht: „Kathedrale aus dem 12. Jh." Wie kommt es, dass ein Dorf mit 162 Einwohnern eine eigene Kathedrale besitzt?

Die Antwort auf diese Frage findet man in den ersten Jahrhunderten nach den Anfängen des Christentums in diesem Gebiet. Damals begannen sich die alten römischen Strukturen aufzulösen, und örtliche Bischöfe übernahmen nach und nach die Leitung der Gemeinden. Sie verwalteten Gebiete, die zu Diözesan-Gemeinden zusammengefasst wurden. Das führte dazu, dass Kathedralen manchmal an den unwahrscheinlichsten Orten aus dem Boden wuchsen. Vor diesem Hintergrund entstand im Senez des 5. Jh. (damals „Sanitia" genannt) eine neue Diözese, nachdem lokale religiöse Instanzen beschlossen hatten, es mit zwei bestehenden Bistümern, Salinae (Castellane) und Eturamina (Hiorame), zusammenzulegen.

Überraschenderweise hat die Diözese Senez die Jahrhunderte überdauert, obwohl die Umstände zeitweise sehr ungünstig waren. Trotz der Plünderungen und Verwüstungen im Laufe der Jahre und den Versuchen, es entweder mit der Diözese von Vence zu vereinen oder in jene von Castellane einfließen zu lassen, haben in diesem Dorf nicht weniger als 57 Bischöfe ihre geistliche Macht ausgeübt.

Mit dem Bau der Kathedrale von Senez wurde Ende des 12. Jh. begonnen. Ihre Fassade ist, ganz im Stil der Frühromanik, mit schmalen Strebepfeilern eingefasst. Auch im Inneren wird dieser Stil im 30 Meter hohen Schiff mit vier Jochen, die durch leicht zugespitzte Bögen unterteilt sind, fortgesetzt. Achten Sie neben dem schönen Kircheninventar besonders auf ein auf Holz gemaltes Gemälde aus dem Jahr 1623, das „die Amtsübergabe zwischen zwei Bischöfen" zeigt sowie einige herrliche Wandteppiche (darunter sieben aus Aubusson), die Ende des 18. Jh. auf Wunsch von Monsignor Ruffo de Bonneval, dem letzten Bischof von Senez, angefertigt wurden. Die Diözese wurde 1790 aufgelöst. Einige der Retabel und Altäre der Kathedrale wurden in die Pfarrkirche Notre-Dame-de-l'Assomption in Mons (Var) übersiedelt, wo sie bis heute zu finden sind.

> Das Massif des Trois-Évêchés – der Bereich, der sich zwischen der Laverq (Ubaye-Tal) und der Aiguille, einem Zufluss der Verdon, erhebt – trägt diesen Namen, weil es die Grenzen der Diözesen von Digne, Embrun und Senez markiert.

EIN FOSSILER ICHTHYOSAURUS ②

Ein faszinierendes prähistorisches Relikt

UNESCO Géoparc de Haute-Provence, Parc Saint-Benoit, 04005 Digne-les-Bains
04 92 36 70 70 – resgeol04.org – contact@resgeol04.org
8 km von Digne-les-Bains auf der RD900a in Richtung Barles. Links von der Straße befindet sich 2 km vor der Abzweigung nach Robine-le-Forest ein Parkplatz

In der Nähe von Digne-les-Bains kann man zu der Stelle spazieren, an der ein fossiler Ichthyosaurus, ein prähistorisches Reptil, das

einem großen Schwertfisch ähnelt, genau dort, wo er entdeckt wurde, ausgestellt ist. Dieser symbolträchtige und faszinierende Weg macht den geologischen Reichtum des Départments sichtbar und beweist, dass sich die Erschließung dieses Kulturerbes gelohnt hat.

Rechnen Sie für den Spaziergang etwa eine Stunde ein. Die außergewöhnliche Fundstelle des Ichthyosaurus erreichen Sie über einen 200 Meter langen Hang. Der Weg ist (gelb) markiert und ähnelt eher einer gut ausgebauten Straße als einem Pfad. Gehen Sie die Bélier-Schlucht auf der linken Seite des Flusses entlang und überqueren Sie beim Wasserfall (die Wassermenge wechselt je nach Jahreszeit) die Brücke, die zum rechten Ufer führt. Nach vier Wegbiegungen erreichen Sie den Col du Jas, von wo aus Sie zum paläontologischen Fundort hinabsteigen. Zurück kommen Sie über denselben Weg.

Das Fossil, das in den späten 1970er-Jahren entdeckt wurde, wird in einem Glaskasten ausgestellt. Vor allem dem Ichthyosaurus von Robine-le-Forest ist es zu verdanken, dass das Réserve Géologique de Haute Provence errichtet wurde, um dieses bemerkenswerte paläontologische Erbe zu bewahren. Seit 1984 wird das 185 Millionen Jahre alte Skelett in situ ausgestellt, ein Novum in Europa.

Der Ichthyosaurus ist ein Meeresreptil, ein großes Raubtier, das sich von Fischen und Weichtieren wie z. B. Ammoniten, Belemniten und Nautilussen ernährte. Sein Name setzt sich aus den griechischen Begriffen ikhthus (Fisch) und sauros (Eidechse) zusammen, da er, obwohl er wie ein Fisch aussieht, zur Familie der Reptile gehört. Seine Körperform ähnelt jener eines Delphins oder Hais und seine zu vier Flossen umgeformten Gliedmaßen sowie seine Rückenflosse und der Schwanz ermöglichten äußerst schnelle Bewegungen. Seine Länge konnte bis zu 15 Meter betragen.

Diese Wanderung wird in der Broschüre Digne-les-Bains et ses environs à pied *beschrieben, die im Fremdenverkehrsbüro von Digne-les-Bain erhältlich ist.*

IN DER UMGEBUNG

Ein Fels voller Ammoniten ③

Verlässt man Digne-les-Bains, kann man an derselben Straße (RD900a) links auf einem Parkplatz parken und die „Ammonitenplatte“ besichtigen, die mit etwa 1500 Fossilien übersät ist. Sogar für Laien ist die Dichte an Ammoniten durchaus beeindruckend. Dieses Phänomen ist wahrscheinlich einer Anhäufung leerer Muscheln zu verdanken, die von den Fluten vor 150 Millionen Jahren angespült wurden. Ammoniten waren schneckenförmige Kopffüßer, die im Meer lebten. Es gab tausende verschiedene Arten, die vor 65 Millionen Jahren plötzlich verschwanden.

DIE STERNE DES HL. VINCENT

Fossile Schmuckstücke als stolze Symbole der Einheimischen

Musée Gassendi, 64, Boulevard Gassendi, 04000 Digne-les-Bains
04 92 31 45 29
musee-gassendi.org
Hier wird Schmuck aus den Etoiles de Saint-Vincent noch auf traditionelle Weise hergestellt (Sterne des Hl. Vincent): Bijouterie Commeiras, 39, bd Gassendi, 04000 Digne-les-Bains. 04 92 31 34 27

Im Jahr 340 wurde das Christentum von Vincent, einem Goldschmied und Steinmetz, der auf seinen Reichtum verzichtete, um Teil dieser großartigen neuen Religion zu sein, in die Haute-Provence gebracht. Nach einem Meteoritenregen fielen ihm seltsame Steine auf, die vom Himmel gefallen zu sein schienen. Vincent hatte in Wahrheit fossile wirbellose Meerestiere, sogenannte Crinoiden (aus dem Griechischen krinoeides, lilien-ähnlich) entdeckt, die Vorfahren der Seesterne und Seeigel, die im Paläozoikum vor etwa 600 Millionen Jahren lebten. Ihre Tentakel, die in den Tiefen des Ozeans schwebten, bestanden aus fünf Armen, die ausgebreitet wirklich an Sterne erinnern.

Kurz nach dieser Entdeckung, wurde Vincent – jetzt Bischof – von einer jungen Frau aus Digne, deren Kavalier vom Gutsherrn ins Gefängnis gesteckt worden war, um einen Gefallen gebeten. Er sollte Selbigen freilösen, indem er der Frau des Gutsherrn ein Schmuckstück aus Sternen schenkte. Diese kleinen grauen Sterne, deren Durchmesser weniger als einen Zentimeter betrug (von 2–12 mm), bilden einen so schönen Kontrast zu Gold oder Silber, dass sie wie dafür geschaffen scheinen, diese Edelmetalle ins beste Licht zu rücken.

1500 Jahre später wurde 1826 Antoine Colomb in Digne geboren. Sein Vater war Juwelier und brachte ihm sein Handwerk bei. Als begeisterter Wanderer und großer Naturliebhaber wollte Antoine den kleinen, auf dem Hügel oberhalb von Digne (der passenderweise Hügel des Hl. Vincent hieß) gefundenen Fossilien, zu größerem Ansehen verhelfen.

Dieser Sternenstein, von der Aura so vieler Millionen Jahre durchdrungen, entwickelte sich zum Diamanten von Digne, passend zu einer Region, die das zur Schau stellen fiktiven oder pompösen Reichtums ablehnte.

Als die Bewohner von Barcelonette im 19. Jh. auszogen, um ihr Glück in Mexiko zu suchen, machten sich auch die Leute von Digne auf den Weg in die ganze Welt und erkannten sich gegenseitig an den Schmuckstücken, die ihre Frauen um den Hals, die Arme oder am Finger trugen. Es gab auch einige Schmuckstücke für Männer wie Krawattennadeln oder Manschettenknöpfe.

Heute kann man diesen äußerst ungewöhnlichen Schmuck im Musée Gassendi und in der Bijouterie Commeiras am Boulevard Gassendi bestaunen.

DIE KOPIE VON GUIDO RENIS GEMÄLDE DES HL. SEBASTIAN

5

Das Bild, das Napoleon zuerst für das Château Compiegne wollte

Kirche Saint-Martin, Route du Col, 04140 Saint-Martin-lès-Seyne

Die Gemeinde Saint-Martin-lès-Seyne hat 19 Einwohner. Doch zu Beginn der 1970er-Jahre waren es fast doppelt so viele. Damals ließ das Gebot für ein Bild, das in der Dorfkirche hing, das gesamte Dorf zusammenhalten. Das Gemälde, das die Qualen des Hl. Sebastian zeigt, war die Kopie eines Werkes des italienischen Malers Guido Reni (1575–1642), angefertigt von einem unbekannten Künstler. Doch warum stand das Bild plötzlich im Zentrum der allgemeinen Aufmerksamkeit?

Gegen Ende des Jahres 1970 setzte sich der für die Sanierung des Château de Compiegne verantwortliche Chefkurator (im Département Oise) in den Kopf, die Residenz genau so wieder einzurichten, wie Napoleon I. es ursprünglich vorgesehen hatte. Er wollte das Speisezimmer wieder nach den Vorstellungen des Kaisers gestalten. Um das zu erreichen, fehlte ein wichtiger Gegenstand: Guido Renis Gemälde. Napoleon hatte es nach Compiegne mitgebracht, um es, während er am Tisch saß, zu betrachten, doch es war in der Folge an den Louvre zurückgegeben worden.

Der Kurator in Compiegne, der wusste, dass in Saint-Martin-lès-Seyne eine Kopie existierte, bat den Kurator des Museums in Digne, Mr Collier, einen Bericht darüber zu verfassen. Nachdem er den Bericht gelesen hatte, beschloss der Beauftragte in Compiegne im Sommer 1971, den Bürgermeister von Saint-Martin-lès-Seyne zu treffen, um über den Kauf des Bildes zu verhandeln. Zwischenzeitlich schickte Collier eine freundlich formulierte Warnung an seinen Kollegen im Oise: „Die Leute der Gemeinde Saint-Martin können, wie viele andere Gemeinden im Départment Alpes-de-Haute-Provence, sehr an ihren Überzeugungen festhalten. Doch seine Anspielungen konnten den Kurator aus Compiegne nicht abhalten.

Es stellte sich heraus, dass Collier richtig lag. Der Beamte aus Compiegne erhöhte sein Angebot bis Dezember immer wieder und bot sogar an, die Kopie gegen ein Original des Hl. Martin auszutauschen, dem Schutzheiligen der Gemeinde, „der noch besser dorthin passen würde, als der Hl. Sebastian“ – doch vergeblich.

Am 2. Dezember 1971 (dem Jahrestag des Sieges bei Austerlitz und der Krönung Napoleons) stimmte der Stadtrat von Saint-Martin einstimmig dafür, das Bild zu behalten. Folglich schrieb der Bürgermeister dem Kurator in Compiegne einen Brief, indem er ihn über die endgültige Absage informierte.

EINE RÖMISCHE INSCHRIFT AUF EINEM BERGPASS

6

Eine Gottesstadt in der Provence?

RD3, 04200 Saint-Geniez
Die RD3 von Sisteron zum Col de la Sacristie nehmen, von wo aus das Riou-Tal und das Dorf Mézien sichtbar sind, dann bis zum Défilé de la Pierre Écrite („Die Schlucht des beschriebenen Steins") weiterfahren

An der als Pierre Écrite bekannten Stelle ist eine Inschrift aus dem 5. Jh. (die dem Ort seinen Namen gibt) zu Ehren von Claudius Postumus Dardanus, einem prätorianischen Präfekten der Gallier, in den Stein graviert.

Sie lautet folgendermaßen: „Claudius Postumus Dardanus, ein berühmter Mann, ausgestattet mit Patrizierwürde, ehem. Konsul der Provinz Vienne, ehem. Referent über einlaufende Gesuche, ehem. Quästor, ehem. Prätor der Gallier und seine Frau Nevia Galla, eine vornehme und berühmte Dame, bauten, nachdem sie den Berg auf beiden Seiten abtragen ließen, Straßen, über die man nach Theopolis gelangte, ein Ort, den sie mit Mauern und Toren befestigten."

Seit dem 16. Jh. hat allein der Name *Theopolis*, was „Gottesstadt" bedeutet, diesen Ort zur Quelle aller möglichen verrückten und abstrusen Theorien gemacht. Einige Leute kommen hierher, um die Erde umzugraben, in der Hoffnung, die Bundeslade zu finden. Andere erwarten hier die Rückkehr der Außerirdischen!

Die Wahrheit ist weitaus prosaischer. Es scheint, dass sich Dardanus hier um das Jahr 420 niederließ und auf einem Hügel ein Gebäude errichtete, das als Them bekannt war – ein Grund dafür, es Theopolis zu nennen. Doch sie trägt den Namen auch zu Ehren des Hl. Augustinus und seines größten Werkes *Vom Gottesstaat* (*De civitate Dei contra paganos*), das aus 22 Büchern besteht, die der betagte Heilige über einen Zeitraum von 15 Jahren geschrieben hatte. Dardanus war aufgrund seiner Korrespondenz mit dem Hl. Augustinus zum Christentum konvertiert. Doch in Wirklichkeit war „die Stadt" des Dardanus nie mehr als eine Festung, die den Einwohnern im Falle eines Angriffs durch barbarische Invasoren Schutz bot.

Der Hl. Augustinus

Augustinus von Hippo (Aurelius Augustinus) oder der Hl. Augustinus wurde am 13. November 354 in Thagaste geboren (jetzt Souk-Ahras, Algerien). Sein Vater war ein römischer Bürger und seine Mutter, die Hl. Monika, eine Berberin. Er war ein Philosoph und Theologe, Bischof von Hippo (jetzt Annaba, Algerien), einer der (ersten) Kirchenväter und einer der 33 Kirchenlehrer. Viele Orden und Kongregationen leben noch nach seiner Regel. Er starb am 28. August 430 in Hippo.

DAS HOCHZEITSTOR AUF DER RUE DROITE NR. 85

7

Ein Geschenk eines Ehemanns an seine junge Frau

85, rue Droite, 04200 Sisteron

Eine dezente Tafel neben dem schönen Holztor an der Rue Droite Nr. 85 erklärt: „Hochzeitstor, 18. Jh., ein Geschenk eines Bräutigams an seine junge Braut." Bezaubernde Blumen- und Herzformen sind in jeden Holzflügel des Doppeltors geschnitzt.

Bis zum Beginn des 20. Jh. war es in der Provence Brauch, das Tor des ehelichen Heims durch eine neue zu ersetzen. Das Überschreiten der Schwelle nach der Hochzeitsfeier und das obligatorische Festmahl waren für ein Paar ebenso wichtige Symbole für den Beginn eines neuen Lebensabschnitts.

Man schaute ganz genau darauf, wer von den frisch Vermählten zuerst seinen Fuß in das neue Heim setzte. Derjenige hätte dann nämlich zu Hause „die Hosen an".

Alte Hochzeitsbräuche in der Provence

Um zu heiraten, musste einst eine Reihe typisch provenzalischer Bräuche eingehalten werden. Zuerst einmal kam es nicht infrage, im Mai zu heiraten – *que se marido en mai, duro gau* – (heiratet man im Mai, hält die Ehe nicht lange) – aber auch der Juli, September oder November waren verpönt. Doch heute wissen wir nicht mehr, welchen Gefahren sich Paare möglicherweise aussetzten, wenn sie in diesen Monaten heirateten. Man durfte nicht am 9., 19. oder 29. eines Monats heiraten *lou noù porto doù* (eine Neun bedeutet Verlust). Die Fastenzeit, der Advent, Montage sowie Freitage waren kein guter Zeitpunkt zum Heiraten, während Hochzeiten an Dienstagen, Donnerstagen und Samstagen Glück brachten. Wenn zwei Brüder oder zwei Schwestern am selben Tag heirateten, brachte das ebenso Unglück, auch wenn man dadurch Geld gespart hätte. Eine angehende Braut lud ihre Freundinnen immer am Sonntag vor der Hochzeit zu sich ein. Sie servierte ihnen Kuchen und Früchte und zeigte ihnen die Aussteuer. Wenn der Bräutigam es während der Zeremonie schaffte, sein Knie auf das Brautkleid zu stellen, wäre er der Herr im Haus. Doch wenn seine Angetraute im Gegenzug beim Versuch ihr den Ehering überzustreifen, ihren Finger krümmte, war das ein Hinweis darauf, dass sie nicht daran dachte, sich von ihrem Bräutigam beherrschen zu lassen! Schließlich, um Unglück abzuwehren, durfte man auf keinen Fall vergessen, Salz in die Taschen des Bräutigams und in die Schuhe der Braut zu streuen.

KAPELLE DES HL. JOHANNES DES TÄUFERS ⑧

Ein Meisterwerk der zeitgenössischen Kunst

Colline Saint-Jean
Christi Himmelfahrt (Messe um 10:30 Uhr)
Gruppenbesichtigung nach vorheriger Terminvereinbarung. Kontakt über die „Freunde der Kapelle Saint-Jean“: Rathaus von Château-Arnoux-Saint-Auban, Place Victorin-Maurel, 04160 Château-Arnoux-Saint-Auban

Die 1668 von vier Brüdern der Familie Ricard an der Flanke eines Hügels über Château-Arnoux und dem Tal der Durance erbaute Chapelle Saint-Jean Baptiste wurde am 29. August 1753 (Tag der Feier der Enthauptung Johannes des Täufers) Schauplatz eines Wunders: ein Kind mit angeborener Behinderung erhob sich vor 200 Gläubigen und ging.

Angesichts des zunehmenden Verfalls der Kapelle gründete sich ein Verein, der den berühmten, in dem Ort geborenen Künstler Bernar Venet für die Ausgestaltung des Innenraums gewinnen konnte. Dieser schuf verschiedene Gegenstände aus brenngeschnittenem (fein poliertem) Stahl. Der Altar, die Bänke, der Ambo, die Brüstung der Empore, das Kreuz und die Kerzenleuchter stammen ebenso aus dem Atelier des Künstlers wie die Motive der Buntglasfenster. Das Ergebnis ist höchst sehenswert und macht diese kleine Kapelle zu einem Meisterwerk der zeitgenössischen Kunst.

DIE KIRCHE ST. MARTIN

Glaubensstätte ohne Dach

Kirche St. Martin, außerhalb von Vollone

Die Kirche St. Martin (bemerkenswert, weil sie kein Dach besitzt) steht inmitten der Landschaft und beeindruckt die Besucher, ähnlich wie einige englische oder italienische Abteien, mit ihrer Offenheit gegenüber den Elementen.

Wahrscheinlich rund um das Jahr 1050 erbaut, scheint es, dass die Kirche St. Martin ursprünglich eine Abtei mit dem Namen Saint-Martin-de-Cornillon war und zur mächtigen Abtei von Saint Victor in Marseille gehörte. Im 15. Jh. wurde sie trotz der beträchtlichen Entfernung, die sie vom Stadtzentrum trennte, zur Pfarrkirche.

Das Dach verlor die Kirche während der Religionskriege, doch es wurde im frühen 17. Jh. ersetzt. 1830 wurde das neue Dach abermals durch einen Brand zerstört, und das Schiff blieb mit Schutt gefüllt, bis 1971 die Aufnahme in die Reihe der Kulturdenkmäler die Kirche rettete.

Ungewöhnlich für diese Region, wurde sie in Form einer Basilika wiederaufgebaut: ein zentrales Schiff mit einer Säulenreihe auf beiden Seiten, die nun ein nicht vorhandenes Dach stützen. Fünf Joche mit zwei Seitenschiffen führen zu einer Apsis und zwei Nebenapsiden. Ihre Größe ist beeindruckend: Sie ist 24,6 Meter lang und 10,6 Meter breit.

IN DER UMGEBUNG

Die Stuckarbeiten von Volonne (10)

Das Schloss, Place du Château, 04290 Volonne

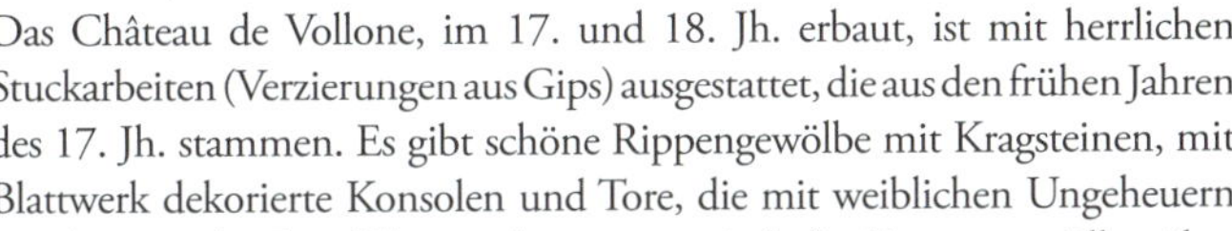

Das Château de Vollone, im 17. und 18. Jh. erbaut, ist mit herrlichen Stuckarbeiten (Verzierungen aus Gips) ausgestattet, die aus den frühen Jahren des 17. Jh. stammen. Es gibt schöne Rippengewölbe mit Kragsteinen, mit Blattwerk dekorierte Konsolen und Tore, die mit weiblichen Ungeheuern versehen sind. Ebenfalls erwähnenswert sind die Tonnengewölbe über dem Treppenaufgang mit ihren Verzierungen aus komplex dargestellten Vasen mit Blumen und einigen anderen Gegenständen. Zu den Gewölben gelangt man durch eine offene Tür an der rechten Seite des Gebäudes.

Im Ratssaal, der während der Öffnungszeiten besichtigt werden kann, gibt es weitere Stuckarbeiten zu bestaunen. Sie sind mit Gold verziert und zeigen eine wundervolle Darstellung der ersten Heißluftballons.

GEDENKTAFEL ANLÄSSLICH NAPOLEONS BESUCH

⑪

„Am 5. März 1815 kam hier Napoleon I. vorbei und pinkelte!"

Sainte-Catherine, Quartier la Clède, 04290 Volonne
Den Weg nach Sisteron nehmen und den empfohlenen Umweg ignorieren. Die Tafel befindet sich seitlich an einem Steinhaus im La Clède auf der linken Seite der Straße, weniger als einen Kilometer vom Zentrum Vollones entfernt

Am 1. März 1815 ging Napoleon Bonaparte in Golfe-Juan (in der Nähe von Cannes) von Bord. Am 7. März traf er bei Laffrey (in der Nähe von Grenoble) auf die Soldaten von Ludwig XVIII., die, entsandt, um ihn festzunehmen, sich an seine Seite stellten. Die heutige Route Napoleon (RN85) entstand basierend auf dieser Rückkehr nach Paris, die zur erneuten Machtübernahme durch den gestürzten Kaiser führte. Dieser Zeitabschnitt sollte als „Herrschaft der hundert Tage" in die Geschichte eingehen und endete mit der Niederlage bei Waterloo am 18. Juni, die die endgültige Abdankung Napoleons I. zur Folge hatte. Am Samstag, dem 4. März, verbrachten der Kaiser und seine Truppen, etwa 1100 Männer, die Nacht in Malijai, wo der Handelsverband Touristen heute mit dieser Nachricht empfängt: „Napoleon legte hier einen Halt ein, warum nicht

auch Sie?“ Der Kaiser verbrachte die Nacht auf seinem Château in einem Lehnsessel, während seine Männer ihre Zelte im Garten aufschlugen. Am Sonntag, dem 5. März, machte der kaiserliche Tross im Dorf von Volonne Halt. Napoleon aß im Gasthaus Poisson d'Or (heute eine Apotheke) und probierte die Ente mit Oliven.

Nach dem Mittagessen, als die Truppen über Sisteron wieder Richtung Norden aufbrachen, veranlasste ein natürliches Bedürfnis den Kaiser, sich bei der Steinmauer eines Hauses auf der linken Straßenseite zu erleichtern. Es gab einen Zeugen dieser wichtigen Handlung – den Eigentümer des gut bewässerten Hauses. Es war der Félibre Elzéard Lieutaud aus Volonne. Natürlich wollte er genau an der Stelle des „Vergehens“ eine Tafel anbringen und seither kann man in humorvollem provenzalisch dort lesen: “*Eishi lou 5 de mars 1815 Napoleon Ier P.P.*” Was auf Deutsch bedeutet: „Am 5. März 1815 kam hier Napoleon I. vorbei und pinkelte.“

Eine weitere lustige Anekdote rund um Napoleons Rückkehr von Elba erinnert an einen Vorfall, der in La Clappe passierte, einem Weiler zwischen Barrême und Digne. Der gestürzte Kaiser saß auf der Terrasse des Gasthofes und aß sein Mittagessen, das aus ein paar Eiern und einer Flasche Chabrières-Wein bestand. Als der Gastwirt ihn bat zu zahlen, kam Napoleon der Preis unangemessen hoch vor.
„Sind Eier hier Mangelware?“, fragte er.
„Nicht an Eiern, sondern an Kaisern mangelt es hier!“, der Gastwirt.

DAS MIT FÄUSTEN ZU BEDIENENDE GLOCKENSPIEL

⑫

Willkommen bei den Sch'tis

Zitadelle von Forcalquier, Rue de ia Citadelle, 04300 Forcalquier

Glockenspiele findet man oft in den Glocken- und Kirchtürmen des Nordens. Doch in der Provence sind sie sehr selten. Das Glockenspiel in Forcalquier ist das einzige, das manuell, durch „Faustschläge", betrieben wird, ähnlich wie jenes in Bergues, das durch den Film *Bienvenue Chez les Ch'tis* (Willkommen bei den Sch'tis) berühmt wurde. Der Spieler oder einer seiner zwei Gehilfen schlägt die Töne mit seiner behandschuhten Hand an. Das Glockenspiel befindet sich ganz oben am Zitadellenhügel. Von dort kann man es gut in der darunterliegenden Stadt hören. Ursprünglich hatte es 16 Glocken, doch 1999 wurden drei hinzugefügt. Man kann das Glockenspiel von Forcalquier jeden Sonntag um 11:30 Uhr hören. Sein schöner Klang und die Lautstärke haben eine außergewöhnliche Wirkung auf die Zuhörer, die dann oft in ihren Tätigkeiten innehalten und diesen magischen Moment genießen.

DER HEISSLUFTBALLON DER STATUE IN NOTRE-DAME DE MONTGOLFIER

Beschützerin der Ballonfahrer und Luftreisenden

Kathedrale Notre-Dame du Bourguet
Place du Bourguet, 04300 Forcalquier

Man übersieht sie leicht, die etwas in den Hintergrund gerückte und aus Gips gearbeitete Jungfrau mit Kind mit dem Heißluftballon zu ihren Füßen, die sich in der Nähe des Eingangs der Kathedrale von Forcalquier befindet. Auf der Tafel unter der Statue ist zu lesen: „Unsere liebe Dame von Montgolfier, die Beschützerin der Aeronauten und Luftfahrer. Ein Geschenk der Ballonfahrer von Baden-Baden an Forcalquier. September 1991." In diesem Jahr wurden die Montgolfiaden (ein Treffen von Flugbegeisterten mit einem hohen Heißluftballon-Aufkommen) dank des Engagements eines Ortsansässigen, Jean-Marc Culas, in Forcalquier ausgetragen. Während der Veranstaltung wurde die Statue vom Club aus Baden-Baden als Dankesbezeugung an die Stadt für ihr herzliches Willkommen überreicht. Die Jungfrau von Forcalquier ist eine Kopie des (leider gestohlenen) Originals aus Holz, das 1928 im Auftrag von Abt Pommiès, Priester in Montgolfier (ein Dorf in der Nähe von Oran in Algerien zwischen Relizane und Tiaret) in Auftrag gegeben wurde.

Mehr zur Erfindung des Heißluftballons erfahren Sie auf Seite 268 (Das Haus mit den Ballons).

DER SAINT-MICHEL-BRUNNEN

⑭

Die Skulptur stellt ein Kind bei einem Spiel dar, das „ins Gesicht furzen“ heißt

Place Saint-Michel, 04300 Forcalquier

Der Saint-Michel-Brunnen in Forcalquier, offensichtlich im klassischen Stil gehalten, verbirgt ein kleines mittelalterliches Juwel städtischen Erotismus und lohnt einen Abstecher.

Forcalquier wurde manchmal mit Saint-Rémy-de-Provence verglichen, wegen der vielen Nordeuropäer, die durch den Ort flanieren bzw. sich hier niedergelassen haben, aber auch aufgrund seines hervorragenden Marktes, der immer montags stattfindet und im Besucher den Wunsch weckt, das ganze Jahr an diesem privilegierten Ort leben zu dürfen. Diese Stadt, deren gewundene Straßen sich an sanfte Hügel schmiegen (mit Ausnahme der Zitadelle), verströmt einen speziellen Charme, und es ist herrlich sich in den Straßen der Altstadt zu verlieren. Man erreicht bald den Place Saint-Michel, der gleich oberhalb der Kathedrale Notre-Dame du Bourguet liegt.

Der Saint-Michel-Brunnen befindet sich auf dem Platz, auf dem er 1521 errichtet wurde. Damals war es keine leichte Aufgabe, Wasser aus der nächstgelegenen und drei Kilometer entfernten Quelle hierher zu bringen. Der Brunnen selbst ist noch derselbe, doch sein achteckiges Becken wurde 1912 durch ein gewöhnliches rundes Becken ersetzt und die dekorative Pyramide, deren Skulpturen im Laufe der Zeit Schaden erlitten, wurden 1976 durch eine Kopie ausgetauscht. Das Original befindet sich in einem Museum. Ganz oben an der Spitze besiegt der Erzengel Michael den Drachen. Sieht man sich den Brunnen genauer an, erkennt man an der Basis der Pyramide zwischen den Wasserspeiern vier Skulpturen – dieses Mal die Originale. Eine davon ist unübersehbar und stellt zwei Figuren, eine kopfüber vor der anderen, in einer Position dar, die man nur selten an öffentlichen Orten findet. Patrick Ollivier-Elliott zufolge (dem Autor von *Pays de Lure, Forcalquier, Manosque, carnet d'un voyageur attentif*, Éditions Edisud), zeigt es ein damals beliebtes Kinderspiel, das unter dem Namen „ins Gesicht furzen“ bekannt war – mehr muss man dazu nicht sagen. Die Skulptur spricht für sich selbst!

IN DER UMGEBUNG

Das Waschhaus in Marceline: der Waschplatz für Leute mit ansteckenden Krankheiten ⑮

Route de l'Observatoire,
Quartier Marceline, 04870 Saint-Michel-l'Observatoire

Früher war das Waschhaus von Marceline dafür bekannt, dass dort nur die Kleider von Menschen mit ansteckenden Krankheiten, wie etwa Cholera, gewaschen wurden. Im Hauptwaschhaus des Dorfes ganz in der Nähe stand einst auf einer Tafel: „Das Waschen von Kleidern kranker Leute ist strafbar.“ Die Inschrift gibt es heute nicht mehr.

DIE STRASSENSCHILDER VON ORAISON

(16)

Straßen, nach Soldaten benannt, die für Frankreich starben

04700 Oraison

Was Besuchern beim Schlendern durch diese *Commune* auffällt, ist, dass fast alle Straßen der Stadt Oraison nach Soldaten benannt sind, die einst für Frankreich starben.

Bürgermeister Victor Gerard (1919 bis 1941 im Amt) veranlasste, die Straßen der Gemeinde nach jedem der 63 Soldaten aus Oraison zu benennen, die im Ersten Weltkrieg (1914–1918) gefallen waren. Damals hatte Oraison nur knapp über 1700 Einwohner.

Die Schilder wurden bei einem Emaille-Produzenten in Villeurbanne bestellt und in den Straßen angebracht, in denen die Opfer gelebt hatten. Oraison sollte die einzige Stadt Frankreichs bleiben, in der die meisten Gassen, Plätze und Straßen nach ihren Kindern benannt sind, die ihr Leben für das Vaterland ließen.

1950 vollendete Marcel Sauvecane, der damalige Bürgermeister, die von seinem Vorgänger begonnene Erinnerungsarbeit. Er fügte die Namen von 13 Soldaten aus Oraison hinzu, die während des Zweiten Weltkriegs (1939–1945) für Frankreich gestorben waren.

IN DER UMGEBUNG

Der Reliquienschrein des Heiligen Kreuzes ⑰

Kirche der Erfindung des Heiligen Kreuzes – Montée du Theatre, 04700 Lurs
Geöffnet während der fête votive (Feier zu Ehren des Schutzheiligen des Dorfes) am letzten Sonntag im Juli und während der Europäischen Kulturtage

Die Kirche der Erfindung des Heiligen Kreuzes in Lurs ist nur selten geöffnet. Lange Zeit beherbergte sie eine Reliquie des wahren Kreuzes von Jesus, die Pierre de Sabran, der Bischof von Sisteron, vom Zweiten Kreuzzug (1147–1149) mitgebracht hatte. Während der Revolution wurde die Reliquie von Lurs in einiger Entfernung des Dorfes vergraben, um sie vor den allgemeinen Plünderungen der Kirchen zu schützen. Dann konnte niemand mehr genau sagen, wo das Versteck lag. Erst viele Jahre später rief ein Schäfer, der über einem Busch einen Lichterschein wahrnahm, nach einem Priester. Der Priester konnte die verlorene Reliquie schließlich bergen. Sie ist nun sicher in einem Banktresor verwahrt und kann nicht besichtigt werden. Doch in der Kirche der Erfindung des Heiligen Kreuzes kann man rechts vom Chor noch immer die Kiste sehen, in der die Reliquie früher aufbewahrt worden war.

DIE FRETTCHENKISTE IM MUSEUM VON VILLENEUVE

18

Das Frettchen: Helfer bei der Kaninchenjagd und Haustier!

Place de la Fontaine-Ronde, 04180 Villeneuve
06 74 72 33 88 - museevilleneuve04@gmail.com
Sonntags 11–12 Uhr

Das Museum in Villeneuve beherbergt sowohl archäologische Funde, als auch Fotos, Dokumente und andere Ausstellungsstücke, die die Geschichte des Dorfes und das Leben seiner Einwohner näher beleuchten. Doch eines der ungewöhnlichsten Exponate in dieser Sammlung muss zweifellos die Frettchenkiste sein.

Die längliche Holzbox ist wunderschön gearbeitet und besitzt einen Scharnierdeckel. Sie hat Löcher, damit das Tier bei Jagdausflügen genug Luft zum Atmen hatte. Seit dem Mittelalter war die Kaninchenjagd mit Frettchen – die manchmal als *levée du lapin* (das Aufscheuchen des Kaninchens) bezeichnet wird – eine recht weit verbreitete und im ländlichen Frankreich angewandte Technik. Der Jäger machte zuerst den Kaninchenbau ausfindig und blockierte dann alle Ausgänge bis auf einen mit Flachswerg. Über dieses eine Loch spannte er ein Netz, das *bourse* genannt wurde (ein altmodisches Wort für Geldtasche). Dann wurde das Frettchen durch das offene Loch in den Kaninchenbau geschickt. Mit seinem langen, agilen Körper konnte es schnell durch die Erdhöhlen huschen. Um dem Frettchen zu entkommen, hatte das Kaninchen keine andere Wahl als durch das mit dem Netz verschlossene Loch zu flüchten, wo der Jäger darauf wartete, es zu packen oder mit seinem Gewehr zu töten. Um die Frettchen noch effektiver einsetzen zu können, versahen sie die Jäger für gewöhnlich mit Glöckchenhalsbändern, um die Beute noch schneller zu erschrecken und verpassten ihnen einen Maulkorb, damit sie die Kaninchen nicht selbst fraßen.

In Frankreich ist das Jagen mit Frettchen heute nur dort erlaubt, wo Wildkaninchen per jährlichem Präfektur-Erlass zur Plage erklärt werden. Nur dann darf man die bourses einsetzen.

Ein weiterer interessanter Aspekt ist, dass das Frettchen mittlerweile zum Haustier geworden ist, das in freier Wildbahn nicht mehr existiert*. Es ist an die Gesellschaft der Menschen gewöhnt, verspielt und hört sogar auf seinen Namen. In Nordamerika, Europa und Japan ist es, nach Hund und Katze, mittlerweile das drittbeliebteste Haustier.

** Das Frettchen wurde im ersten Jahrtausend v. Chr. domestiziert. Frettchen wurden eingesetzt, um verschiedenste flohverseuchte Nager in den menschlichen Behausungen loszuwerden, vor allem Ratten während der Pestepidemien.*

DIE TOTENLEUCHTE

(19)

Den Tod davon abhalten, außerhalb des Friedhofs sein Unwesen zu treiben

Chemin du Prieuré, 04300 Dauphin

1907 verbrachte Henri Rolland (1887–1970), ein 20-jähriger Archäologe, der später Direktor der Les Antiquités Historiques de Provence werden sollte, einige Zeit in Dauphin. Während seines Aufenthalts entdeckte er, integriert in eine der Friedhofsmauern, die Reste einer Totenleuchte (die manchmal von den Leuten aus der Gegend Lumpier oder Fana genannt wird). Totenleuchten wurden auf und rund um Friedhöfe errichtet, um den Seelen der Verstorbenen den Weg in die ewige Ruhe zu weisen und den Tod davon abzuhalten, weiter im Ort herumzustreifen. Unter der Anleitung von Henri Rolland und mit Hilfe seiner Zeichnungen wurde das kleine Denkmal restauriert und teilweise rekonstruiert.

Die Laterne, die aus einer einfachen zwei Meter hohen und 50 Zentimeter breiten Säule besteht, ist deshalb ungewöhnlich, weil sie nur eine einzige Öffnung besitzt. Die meisten Totenleuchten verfügen über mehrere Öffnungen. Die Nische, in der die Lampe platziert wurde, ist von kleinen quadratischen Vertiefungen umgeben, die zweifellos für das Anbringen eines Schutzgitters gedacht waren. Unter der Nische, auf der rechten Seite, befindet sich auch ein kleines Weihwasserbecken.

Als Henri Rolland 1930 in das Dorf zurückkehrte, war er überrascht, dass er „seine“ Leuchte nicht finden konnte. Sie war im Zuge der Vergrößerung des Friedhofs abgerissen worden, um einem neuen Tor Platz zu machen. Dieses Mal bedurfte es mehr als nur einer Restaurierung. Sie musste von Grund auf nachgebaut werden.

Eine weitere Totenleuchte gibt es in der Église Sainte-Anne in Arles.

DIE OSTERRATSCHE

Sie riefen zur Messe, wenn die Glocken nicht geläutet werden konnten

Kirche von Dauphin – Rue de l'Église, 04300 Dauphin

In der Kirche hängt diese herrliche, gut erhaltene und wieder vollkommen funktionstüchtige Kirchenratsche (auch *crotalus*, ähnlich einem Zahnradspiel für Kinder, dass bei schnellem Drehen Klickgeräusche erzeugt). Diese Ratschen wurden in der katholischen Kirche bis zum zweiten vatikanischen Konzil (1962–1965) dazu verwendet, die Gläubigen zum Gottesdienst zu rufen, wenn die Glocken während des Ostertriduums (vom Abend des Gründonnerstags bis zum Ostersonntag) schwiegen (traditionsgemäß glaubten die Kinder, dass sie zur Segnung „nach Rom geflogen waren").

DIE SCHWARZE MADONNA VON MANOSQUE

(21)

Die Madonna von Notre-Dame-de-Romigier heilt angeblich Wundbrand und stillt Blutungen

Kirche Notre-Dame-de-Romigier – Place de l'Hôtel-de-Ville, 04100 Manosque

Eine schwarze Madonna hatte eine sehr ungewöhnliche Vorgeschichte vorzuweisen, bevor sie in der Kirche Notre-Dame-de-Romigier in Manosque ausgestellt wurde. Nachdem die Stadt um 970 von den Mauren geplündert und niedergebrannt worden war, sah ein Bauer, der in der Nähe der Ruinen einer alten Kirche arbeitete, dass seine Ochsen vor einem Brombeerstrauch stehen blieben. Er setzte ihn in Brand und machte sich wieder an die Arbeit. Doch die Ochsen gingen vor der Glut des verbrannten Strauches in die Knie, neigten die Mäuler gen Boden und weigerten sich, ihren Weg fortzusetzen. Neugierig begann der Bauer zu graben und fand schließlich eine bunt bemalte Madonnenfigur aus Holz, die in einem Sarkophag aus Carrara-Marmor verborgen war. Obwohl beschlossen wurde, an dieser Stelle eine Kirche zu errichten und eine neue, identische Statue anfertigen zu lassen, wollte die Original-Madonna nichts davon wissen und erschien ganz von selbst auf dem Altar. Trug man sie bei der Tür hinaus, kam sie durch das Fenster wieder herein. Dies wiederholte sich so oft, dass die Madonna heute, nachdem sie während der Revolution ein weiteres Mal von einem gewissen Bellier gerettet worden war, noch immer dort steht.

Die Madonna von Notre-Dame-de-Romigier konnte angeblich Wundbrand heilen, Blutungen stillen und wirkte als *Vierge à répit* (Atempause), die ungetaufte Kinder wieder zum Leben erweckte, damit sie das heilige Sakrament empfangen konnten, bevor sie diese Welt abermals verließen.

Schwarze Madonnen: Relikte vorchristlicher Religionen?

Die schwarzen Madonnen sind Bildnisse der Jungfrau Maria (Skulpturen, Ikonen, Gemälde), die hauptsächlich zwischen dem 11. und 14. Jahrhundert hergestellt wurden. Ihr Name bezieht sich ganz simpel auf ihre dunkle Farbe. Es existieren etwa 500, hauptsächlich im Mittelmeerraum. Man findet sie vor allem in Kirchen und einige von ihnen sind das Ziel großer Wallfahrten. Nach Angaben der römisch-katholischen Kirche gibt es für die Farbe der Jungfrauen keine theologische Grundlage, obwohl einige Experten auf die Passage im Hohelied (1,5) verweisen: *Nigra sum sed formosa*, was so viel heißt wie „Ich bin schwarz, aber schön". Es wurde versucht, ganz einfache Begründungen für die schwarze Farbe zu finden: die Farbe des verwendeten Materials (Ebenholz, Mahagoni oder ein lokales dunkles Holz) oder Rußablagerungen von Votivkerzen. Doch die große Bedeutung, die die Farbe im Laufe der Zeit erreichte (einige Bildnisse wurden während ihrer Restaurierung wieder schwarz bemalt), führt zu der Annahme, dass hier eine tiefere Kraft wirkt. So ist die Farbe der schwarzen Madonna für einige ein Hinweis darauf, dass die Jungfrau, wie auch die katholische Religion nicht *ex nihilo* entstand, sondern andere uralte Glaubensrichtungen in Westeuropa ersetzte: den Mithraskult (mehr Informationen über diesen faszinierenden Kult im Reiseführer aus derselben Verlagsreihe, Verborgenes Rom), den Kult der Muttergöttin oder der ägyptischen Göttin Isis mit dem Horuskind im Arm. In diesen archaischen Gesellschaften setzte die Landbevölkerung oft auf die Verehrung der Muttergöttin als Symbol für Fruchtbarkeit, Schwangerschaft, Fortpflanzung und die Erneuerung des Lebens im Allgemeinen, um eine reiche Ernte sicherzustellen. Als sich die christliche Religion verbreitete, brachte man die Jungfrau Maria, die Mutter von Jesus, dem Sohn Gottes, mit der Muttergöttin in Verbindung. In symbolischer Hinsicht erinnert die schwarze Farbe der Madonna naturgemäß an unberührte Erde sowie an die mütterliche/erneuernde Seite des Lebens, da die Zeugung in den (dunklen/schwarzen) Tiefen der weiblichen Gebärmutter stattfindet. Ihre dunkle Farbe hat sie vielleicht auch den Bauern ein Stück näher gebracht, deren Haut von der Feldarbeit gebräunt war. Es ist daher kein Zufall, dass auf einigen Isis-Statuen und vielen schwarzen Madonnen ähnliche Inschriften zu finden sind: *Virgini parituras* (Ehre der Jungfrau, die gebären wird). Obwohl viele schwarze Madonnen mit Wundern in Verbindung gebracht werden, ist es interessant, dass diese Ereignisse für gewöhnlich mit dem Beginn eines neuen Zyklus einhergehen und so das Sinnbild der Madonna als Lebensspenderin in den Vordergrund stellen.

GAMMAS ENTTARNEN WIDERSTANDSKÄMPFER

22

Hier wohnt ein Widerstandskämpfer

Boulevard Martin Bret Nummer 7 und 9, 04100 Manosque

Der Boulevard Martin Bret ist nach einem Widerstandskämpfer (1898–1944) benannt, der von den Nazis erschossen wurde. Auf dem Eingangstor der Nummer neun und auf der Mauer rechts von der Nummer sieben sind bis heute die beiden schwarzen griechischen Buchstaben Gamma (γ) zu sehen. Diese wurden auf Befehl der Miliz aufgemalt, um Adressen zu kennzeichnen, an denen Mitglieder des Widerstands wohnten oder die sie regelmäßig frequentierten. Die Farbkodierung ihrer Wappen war folgende: Silber auf blauem Hintergrund in einem roten Kreis stand für die Miliciens (gewöhnliche Truppen); Weiß auf blauem Hintergrund für die Francs-Gardes (bewaffneter Flügel aus Freiwilligen); und Weiß auf rotem Hintergrund für die Avant-Gardes (junge Rekruten).

Die Milice Française

Die französische *Milice* (Miliz) war eine paramilitärische Organisation, die im November 1943 von der Vichy-Regierung gegründet wurde. Ihr vorrangiger Zweck bestand im sogenannten Kampf gegen „Terroristen" – ein Begriff, mit dem sie Mitglieder des Widerstands bedachten. Aufgabe der *Milice* war es auch, die Leute ausfindig zu machen, die dem STO (Pflichtarbeitsdienst, der großteils in Deutschland absolviert werden musste) zu entkommen versuchten, sowie Juden zu verhaften. Die Milice nutzte alle ihr zur Verfügung stehenden barbarischen Mittel, um ihre Ziele zu erreichen. Sie ermutigte die Menschen, sich gegenseitig anzuschwärzen, setzte Folter ein und führte Massenexekutionen durch. Historiker bestätigen heute, dass es nur 15 000 aktive Mitglieder gab, obwohl die *Milice* von 35 000 sprach.

Auf den Spuren des Widerstandes

Das CPM (Kulturerbekomitee von Manosque) hat drei Spazierwege entwickelt, auf denen man den Spuren des Widerstandes folgen kann, der damals im Départment Alpes-de-Haute-Provence und vor allem in der Gegend um Manosque sehr aktiv war.

Comité du Patrimoine Manosquin, Aqui d'Aut,
Boulevard du Contadour,
04100 Manosque
06 74 04 24 26 – C.P.M@wanadoo.fr
04 92 72 16 00 – ville-manosque.fr

Im Fremdenverkehrsbüro von Manosque liegt eine Broschüre mit den Routenbeschreibungen auf.

FRANÇOIS I. IN MANOSQUE

(23)

In Manosque ist die Jungfräulichkeit eine ernste Angelegenheit

5, Rue Voland, 04100 Manosque (Privathaus)

Im Jahr 1516, in dem Frankreich über die Schweiz siegte, machte der französische König François I. Halt in Manosque. Die Stadtoberen organisierten rasch eine, dem königlichen Besuch würdige, Zeremonie und wählten das hübscheste junge Mädchen aus, um ihm, wie es die Tradition verlangte, die Schlüssel der Stadt zu überreichen. Die Wahl fiel auf Mademoiselle de Voland, die einzige Tochter des Konsuls. Doch der König interessierte sich mehr für die Augen des schönen Mädchens als das kalte Metall der Schlüssel. Er bestand darauf, dass sie während des Essens, das am selben Abend im Haus ihres Vaters stattfinden sollte, an seiner rechten Seite sitzen sollte. Während des Mahls, bei dem jede Menge Pierrevert floss, konnte der König nicht widerstehen und küsste ihre nackte Schulter. Mademoiselle de Voland war nicht gewillt, ihre Jungfräulichkeit aufs Spiel zu setzen und wollte sie auf keinen Fall einer königlichen Laune opfern. Daher bat sie, den Tisch verlassen zu dürfen und versteckte sich in ihrem Schlafzimmer, wo sie sich die Wangen mit ihren langen Nägeln zerkratzte, auf die Wunden Schwefel auftrug und diesen entzündete. Als sie zum Tisch zurückkehrte, hatte sie ihr Gesicht mit einem schwarzen Schleier verhüllt. Der König forderte sie auf, den Schleier zu lüften und als er das Gesicht des jungen Mädchens sah, war er von ihrer Tat ergriffen. Er beschenkte sie reich und verlieh den Einwohnern der Stadt, die er „bescheidenes Manosque" nannte, zahlreiche Privilegien. Es gibt verschiedene Versionen dieser historischen Tatsache, deren Wahrheitsgehalt nicht unbedingt garantiert werden kann. Einige erzählen, dass sie einen jungen Mann heiratete. Andere meinen, dass sie mit dem königlichen Silber ein Kloster für reuige junge Frauen aus Marseille gründete. Schließlich behaupten manche, dass die junge Madame Voland ihr Gesicht erst NACH dem Besuch des Königs zerkratzt habe und nicht währenddessen ...

MUSEUM FÜR MOTORRÄDER, MODE UND MILITARIA

Diener mussten neue Schuhe einlaufen!

Avenue Marcel Paul, 04220 Sainte-Tulle – 04 92 78 38 04
musee3m-moto-mode-militaire.blogspot.com - claude.tiano@wanadoo.fr
Besuche nur nach Voranmeldung
Wenn man von Manosque nach Sainte-Tulle kommt, befindet sich das Museum gleich zu Beginn auf der linken Seite. Die Avenue Marcel Paul ist die Hauptstraße (RN96), die durch Sainte-Tulle führt

Das herrliche Privatmuseum für Motorräder, Mode und Militaria beherbergt, wie der Name schon sagt, eine Sammlung legendärer Motorräder, verschiedenste historische Kleidungsstücke sowie Militärausrüstung und -uniformen.

Obwohl die vielen Exponate eine gewisse Unordnung vermitteln, fesselt Claude Tiano mit den Geschichten rund um die Ausstellungsstücke die Aufmerksamkeit der Besucher. Dabei konzentriert er sich auf einige der ganz besonderen Exponate. Besonders faszinierend ist die Schuhsammlung. Von einigen Exemplaren aus dem 18. und 19. Jh. lernen wir, dass Schuhe damals nicht an die jeweiligen Füße angepasst wurden. Es gab keinen linken oder rechten Schuh. Die Träger mussten sie erst „einlaufen“, bis sie sich an die Fußform angepasst hatten. Einige Damen und Herren waren so vorausschauend, Sklaven mit ihrer Schuhgröße einzustellen, damit diese die Schuhe für sie „vortragen“ konnten! Unter den Museumsschätzen sind vor allem die fantastischen, aus Reifen gefertigten Schuhe besonders erwähnenswert. Man kann sogar das Michelin-Männchen, das Logo der gleichnamigen Marke, auf der Sohle erkennen. Da während des Zweiten Weltkriegs der Reifenmarkt nicht unbedingt florierte, war die Herstellung von Schuhen eine geniale Idee zur Wiederverwertung der Lagerbestände. Doch die Hauptattraktion sind vielleicht ein Paar rot-blauer *Espadrilles*, die im letzten Krieg besonders populär waren. Junge Frauen trugen sie mit weißen Söckchen und ließen so geschickt die Farben der französischen Flagge entstehen.

Wie der Elefant auf das Wappen von Dauphin Kam und das Nashorn auf jenes von Saint-Maime

Um die Staatskassen zu füllen, erließ Ludwig XIV. (1638–1715) im Jahr 1696 eine Verordnung, die das Tragen von Wappen regelte: Unter anderem mussten Städte und Dörfer ihre Wappen registrieren lassen. Als man das Dorf von Dauphin bat, die Elemente für sein Wappen auszuwählen, ließ es keine bestimmte Präferenz erkennen und überließ die Entscheidung darüber dem Parlament der Provence. Dieses Gremium berücksichtigte die Attribute und Charakteristika des Dorfes, um passende Vorschläge machen zu können und kam zu dem Schluss, dass das gewählte Element die „stille Stärke" des Dorfes widerspiegeln sollte. Ein Parlamentsmitglied, das gerade von einer weiten Reise zurückgekehrt war, schlug den Einwohnern vor, dass möglicherweise ein Elefant diese Eigenschaften verkörpern könnte. Also gaben die Einwohner von Dauphin ihren Segen zur Wahl des Dickhäuters, der ihre loyale Stärke, ihren Mut und ihre Solidarität repräsentieren sollte.

Um nicht von ihren immerwährenden Rivalen übertrumpft zu werden, entschied sich das benachbarte Dorf Saint-Maime, das zu Beginn ebenfalls wenig Interesse an der Symbolik ihres Wappens gezeigt hatte, für ein „noch stärkeres" Tier: das Nashorn. Seine überlegene Stärke hatte es 1517 in einem vom portugiesischen König Manuel I. organisierten Kampf zwischen den beiden exotischen Tieren unter Beweis gestellt. An der Nordseite des Torre de Belem in Lissabon (siehe Foto unten), ist, zur Erinnerung an das herrliche Tier, das der Sultan von Cambaia Don Manuel I. geschenkt hatte, noch immer ein Nashorn zu sehen. Der Elefant weigerte sich, auf dem Strand vor dem Turm zu kämpfen und machte sich aus dem Staub. So wurde das Nashorn zum „stärksten Tier der Welt" erklärt. Das siegreiche Nashorn sollte Papst Leo X. erhalten. Während seiner Reise kam sogar François I., um es auf dem Château-d'If in Marseille zu bewundern. Doch das Nashorn starb während seiner Reise nach Rom auf hoher See. Sein Körper wurde zurückgeholt und schließlich, wie vorgesehen, dem Papst übergeben, allerdings ausgestopft!

NOTIZEN

Im September 1995 hielt sich Thomas Jonglez in der Stadt Peshawar auf. Sie liegt im Norden Pakistans, zwanzig Kilometer von der Stammeszone entfernt, die er ein paar Tage später besuchen wollte. Dort kam ihm der Gedanke, alle verborgenen Winkel seiner Heimatstadt Paris, die er wie seine Westentasche kannte, schriftlich festzuhalten. Auf seiner Heimreise von Beijing, die 7 Monate dauerte, durchquerte er Tibet (wo er heimlich, unter Decken in einem Nachtbus versteckt, einreiste), Iran und Kurdistan. Er reiste dabei nie im Flugzeug, sondern per Boot, Zug oder Bus, per Anhalter, mit dem Rad, dem Pferd oder zu Fuß und erreichte Paris gerade rechtzeitig, um mit seiner Familie Weihnachten feiern zu können.

Nach seiner Rückkehr verbrachte er zwei großartige Jahre damit, durch die Straßen von Paris zu streifen, um gemeinsam mit einem Freund seinen ersten Reiseführer über die verborgenen Orte seiner Stadt zu schreiben. Während der nächsten sieben Jahre arbeitete er im Stahlsektor, bis ihn seine Entdeckerleidenschaft wieder überfiel. 2003 gründete er den Jonglez Verlag und zog drei Jahre später nach Venedig.

2013 verließ er mit seiner Familie Venedig auf der Suche nach neuen Abenteuern und unternahm eine sechsmonatige Reise nach Brasilien mit Zwischenstopps in Nordkorea, Mikronesien, auf den Salomon-Inseln, der Osterinsel, in Peru und Bolivien. Nach sieben Jahren in Rio de Janeiro lebt er heute mit seiner Frau und seinen drei Kindern in Berlin.

Der Jonglez Verlag publiziert Titel in neun Sprachen und 40 Ländern.

Werner Lips

CITY|TRIP PLUS LISSABON

Nicht verpassen!

Karte S. 3

4 **Praça do Comércio [W22]**
Vom Praça do Comércio bis zum Praça Figueira erstreckt sich die Baixa, ein lebendiger Stadtteil mit zahllosen Cafés und Pastelarias, der nach einem verheerenden Erdbeben am Reißbrett entstanden ist (s. S. 22).

5 **Elevador de Santa Justa [V20]**
Ein im wahrsten Sinne des Wortes „bewegendes" Monument der Eiffel-Schule. Ein Aufzug, der Ober- und Unterstadt verbindet, mit einer Aussichtsplattform auf 32 m Höhe (s. S. 23).

11 **Kathedrale Sé Patriarcal [X21]**
Sakralmonument und archäologische Stätte in einem, errichtet auf dem Fundament einer maurischen Moschee (s. S. 34).

33 **Hieronymus-Kloster von Belém [G24]**
Musterbeispiel des weltweit einmaligen Baustils der portugiesischen Manuelinik. Mit seinen Museen und den Sarkophagen von Königen, Entdeckern und Literaten ist dies eine der Hauptattraktionen der Stadt (s. S. 64).

36 **Torre de Belém [D26]**
Auf den Spuren der portugiesischen Entdecker: Die einst kanonenbewehrte Verteidigungsanlage an der Tejo-Mündung ist UNESCO-Weltkulturerbe und das Wahrzeichen Lissabons (s. S. 68).

42 **Museu Nacional do Azulejo [b17]**
Für Liebhaber der blauen Kacheln. Die in einer ehemaligen Klosterkirche untergebrachte Sammlung aus dem 15. bis 18. Jh. ist ebenso sehenswert wie der prunkvoll ausgestattete Sakralbau selbst (s. S. 79).

43 **Parque das Nações [g4]**
Das moderne Expo-Gelände bietet u. a. ein Ozeanarium der Superlative. Es ist das zweitgrößte seiner Art weltweit und vereint künstlich fünf verschiedene Unterwasserklimazonen (s. S. 80).

55 **Palácio Nacional de Sintra [II B1]**
Das Aushängeschild portugiesischer Schlossarchitektur, an dem Ludwig II. seine Freude gehabt hätte, steht mit seinen unübersehbaren Zwillingsschloten zentral im Altstadtkern (s. S. 101).

Tram Nummer 12
Eine nostalgische Stadtrundfahrt, die ihresgleichen sucht. Auf den 90 cm breiten Schienen geht es durch teilweise sehr enge, urige Gassen steil hinauf und hinunter (s. S. 24).

Leichte Orientierung mit dem cleveren Nummernsystem
Die Sehenswürdigkeiten sind im Text und im Kartenmaterial mit derselben **magentafarbenen ovalen Nummer** 1 markiert. Alle anderen Lokalitäten wie Geschäfte, Restaurants usw. tragen ein **Symbol und eine fortlaufende rote Nummer** (1). Die Liste aller Orte befindet sich auf S. 248, die Zeichenerklärung auf S. 252.